Chanoine Ed. ALBE

CAHORS

INVENTAIRE RAISONNÉ & ANALYTIQUE

DES

ARCHIVES MUNICIPALES

Première Partie

XIIIe SIÈCLE

(1200 — 1300)

CAHORS

Inventaire raisonné des Archives Municipales

PREMIÈRE PARTIE.

Le XIIIe Siècle.

I.

—« *INTRODUCTION* »—

Ce premier volume, nous le disons tout de suite, n'offrira pas un grand intérêt, l'intérêt de la nouveauté s'entend, à ceux qui auront lu avec soin l'*Histoire du Quercy* de Guillaume Lacoste et le volume d'Emile Dufour sur la *Commune de Cahors au Moyen Age,* car les deux auteurs ont parcouru d'assez près les registres et les parchemins que nous analysons. Cependant même ces lecteurs trouveront ici des renseignements curieux qui ont échappé à ces deux auteurs, soit parce qu'ils ont lu un peu vite ou n'ont pas assez comparé les documents entre eux, soit parce qu'ils n'ont pas été à même de consulter certaines sources auxquelles nous avons eu la chance de puiser. Ces renseignements permettent sur plus d'un point de corriger, d'éclaircir ou de compléter ce qui avait été déjà dit sur la Commune de Cahors. Les notes que nous avons pu ajouter y contribueront aussi, pensons-nous, bien que l'insuffisance des documents ne nous ait pas permis de les donner toujours aussi nombreuses et aussi claires que nous aurions voulu.

Nous avons suivi constamment l'ordre chronologique, qui permettra de se reporter facilement à nos auteurs locaux pour retrouver les documents ou pour voir le parti qu'ils en ont tiré. Mais des titres généraux qui reviennent, avec les mêmes matières, permettront de suivre aussi l'histoire de telle ou telle affaire, de telle ou telle institution, de tel ou tel travail. On pourra voir grandir peu à peu le rôle de l'intervention du roi dans les affaires de Cahors, jusqu'à la préparation du pariage qui en fera en réalité le vrai maître de la ville. On verra surtout les longs démêlés qui divisent pendant tout ce siècle les consuls, nés avec lui, et les évêques dont l'autorité seigneuriale décroît peu à peu devant ce double pouvoir qui ne cesse de grandir dans la ville jusqu'au moment du pariage : l'autorité royale et l'autorité consulaire. Ces démêlés prennent parfois une forme assez vive. Nos auteurs n'ont pas peut-être assez mis en relief la violence du mouvement communal à chaque instant entravé et toujours grossissant, bien que certains détails racontés par Lacroix, l'historien des évêques de Cahors, eussent pu la faire deviner. Elle ressortira de certains documents que nos auteurs locaux n'avaient pas connus ou dont ils n'avaient pas tiré parti. Mais il ne faut rien exagérer : à cette époque, comme d'ailleurs encore, au siècle suivant, ces violences n'étaient que passagères. Si l'on en jugeait d'après certains *factums*, tout était à feu et à sang dans la ville, et voilà que peu de temps après, les passions étant un peu apaisées, des accords ou du moins des trèves se concluaient, et dans le bienfait de la paix provisoire évêques et consuls travaillaient au bien commun du pays.

Il faut bien se rappeler, en parcourant cet inventaire, qu'il ne s'agit que des archives municipales de la ville de Cahors, et donc de l'histoire de la commune avant tout. Ce n'est pas l'histoire complète de Cahors qu'on y trouvera : les fondations religieuses, l'histoire des communautés et des églises n'y venant que par le hasard de quelques papiers mêlés aux autres. Ce n'est pas surtout l'histoire complète des évêques de Cahors : on la connaîtrait mal, en ne connaissant de cette histoire que ce qui se rapporte aux démêlés avec les consuls. Dans ces démêlés, en général, c'est le seigneur surtout qui est en cause. C'est le seigneur qui s'oppose aux entreprises contre ses droits et sa juridiction ; ce n'est pas en son nom personnel qu'il parle ou qu'il agit d'ailleurs : il parle et agit au nom de son Eglise de Cahors. C'est une première différence avec les seigneurs séculiers plus directement et plus personnellement intéressés. Mais il est en même temps l'évêque, le chef de la religion dans le diocèse et, comme tel, son autorité n'est pas contestée, sauf, un moment, par ceux qui penchent vers l'hérésie albigeoise. Dans cet inventaire presque jamais l'évêque ne paraît en tant que chef de la religion, et c'est pourquoi, nous le répétons, il ne faut pas chercher ici l'histoire religieuse de Cahors.

Ces bourgeois, si violents quelquefois, nous dirions presque si anti-cléricaux, sont respectueux de la religion, ils la pratiquent dans tous ses détails, ils en observent tous les préceptes, sauf sans doute celui de la charité ; ils protestent contre les excommunications, mais ils se soumettent pour pouvoir approcher de la sainte Table, et, sur leur lit de mort, quand ils dictent leurs dernières volontés, ils consacrent généreusement une partie de leur fortune à fonder des chapellenies, (1) à donner des legs nombreux aux églises, aux couvents, aux hôpitaux. Il faut se rappeler cela pour comprendre ces retours, ces accords si vite suivis de nouveaux démêlés, ces soumissions qui ne sont que des trêves ; pour comprendre la facilité avec laquelle le seigneur, qui ne peut pas oublier qu'il est en même temps évêque, pardonne à ses adversaires, qui sont ses enfants spirituels.

II.

—« *NOTE BIBLIOGRAPHIQUE PRÉLIMINAIRE.* »—

Nous avons utilisé pour ce volume 1°) *les Chartes,* presque toutes sur parchemins originaux, qui sont à la Bibliothèque de la Ville. Il y en a deux séries : la première, la plus importante, comprenant les documents dans l'ordre des matières cotés de AA à ZZ ; la seconde, moins intéressante, comprenant des documents d'ordre privé ou ajoutés en supplément ; ces documents sont simplement numérotés ; nous les indiquons ainsi : *Chartes,* n°.........

2°) Les *Registres.* A. Il y a le *Te Igitur,* le plus ancien, déjà publié par la *Société des Etudes du Lot* (2) ; nous en signalons, çà et là, pour la clarté du développement historique, quelques actes plus importants, que nous mettons à leur date, ou nous le citons, comme référence ; nous donnons d'ordinaire le folio du manuscrit ; puis du tirage à part (3), nous citons tout à la fois la page et le numéro.

(1) Beaucoup de ces chapellenies ont les consuls pour patrons ; aussi en est-il souvent question dans les registres municipaux, notamment dans le *Te Igitur.*

(2) Par MM. Lacombe, Combarieu et Cangardel. Il aurait été bon de faire une table chronologique, pour compenser ce qu'il y a de confus dans la composition de ce volume formé de cahiers divers.

(3) MANUSCRITS DE LA VILLE DE CAHORS — LE Te Igitur, *publication de la Société des Etudes littéraires, scientifiques et artistiques du Lot,* Cahors, imp. Laytou, 1888, in-8° de 427 pages.

B) Le *livre tanné,* est un registre composé comme le *Te Igitur,* sauf dans sa seconde partie où l'ordre chronologique est régulièrement suivi. Il y a très peu d'actes du XIIIe siècle, sauf quelques pièces non datées et deux ou trois copies d'actes. Ce registre est au contraire très important pour le XIVe et le XVe siècles.

C. Le *livre noir* est un très grand registre, composé au XVIe siècle de copies de chartes disposées dans l'ordre chronologique. On a relié à la fin un cahier, de même format, où sont les documents concernant l'Université de Cahors, documents publiés dans leur *Histoire de l'Université...* par MM. Baudel et Malinowski *(Bulletin de la Société...)*

D. Le *livre nouveau,* 2 volumes en trois tomes, paginés et non foliotés, les deux premiers tomes se suivant pour la pagination. Ce sont des copies sur parchemin, faites à la fin du XVIIe siècle, de bon nombre des documents des archives municipales, disposées par ordre de matière, mais dans un ordre différent de celui d'aujourd'hui. Ces copies sont ouvent très défectueuses.

3o) Les *manuscrits.* A. La Bibliothèque possède en manuscrit les *Chroniques* de l'abbé de Foulhiac et de l'abbé Salvat, qui écrivaient, l'un au XVIIe siècle, l'autre à la fin du XVIIIe. Nous n'avons jamais cité le premier parce qu'il est entré tout entier et mot pour mot dans l'*Histoire du Quercy* de Lacoste ; nous avons cité quelquefois le second, surtout son 4e volume où sont des copies de documents, malheureusement fort peu de documents ~~originaux~~ inédits. B. Le *Codex privilegiorum episcoporum cadurcensium.* Sous ce titre on a relié 4 cahiers sur parchemin, dont le premier comprend les bulles diverses de l'évêque Hugues Géraud et trois de ses ordonnances, ainsi que des bulles anciennes adressées à ses prédécesseurs ; les trois autres sont des rapports adressés au nouvel évêque sur les affaires du diocèse par le juge du Quercy ou par le clerc Gaubert Pelphi qui fut secrétaire de plusieurs évêques. Nous avons eu à citer ce manuscrit qui porte le no 41.

4o) *Archives étrangères.* A. *Archives du Vatican :* registres, dits vaticans, des papes du XIIIe siècle, publiés quelques-uns ou en cours de publication. B. *Archives nationales :* Fonds du *Trésor des Chartes, des Olim.* La plupart des pièces dont nous nous sommes servis ont été publiées soit dans le Recueil des *Layettes du Trésor de Chartes,* 5 volumes parus ; soit dans la *Correspondance d'Alfonse de Poitiers,* publiée par M. Molinier ; soit dans les volumes de M. Beugnot sur les *Olim ;* tous ouvrages édités dans la *Collection des Documents inédits de l'histoire de France,* imprimée par l'imprimerie nationale; quelques documents ont été donnés par M. Boutaric dans son 1er volume des *Arrêts du Parlement.*

5°) *Bibliothèque nationale.* Manuscrits. Nous citons souvent la collection bien connue des copies de « Doat » ; les volumes 118 à 122 se rapportent à Cahors. — Quelques-unes des pièces de cette collection sont en copie aux Archives départementales du Lot, fonds Lacabane, F. 176 et 177.

6°) Outre ces diverses références, nous citons aussi très souvent les ouvrages imprimés suivants (en donnant seulement le titre en abrégé) soit pour montrer que les auteurs ont utilisé les documents ici analysés, soit pour donner une note, soit pour rectifier quelque inexactitude :

A. *Bulletin de la Société des Etudes... du Lot ;* 38 volumes ou années, y compris l'année 1913 (38e volume).

B. Lacoste, *Histoire générale de la province du Quercy*, édit. Cangardel et Combarieu, 4 vol. in-8°, Cahors, Girma, 1883 et suiv. ; pour cette période nous citons le tome II presque toujours.

C. Dom Vaissète, *Histoire du Languedoc ;* édition Privat.

D. Dufour, *La Commune de Cahors au Moyen Age,* documents historiques et coutumes. Cahors, 1846. Cet ouvrage, pour lequel l'auteur a utilisé les parchemins et les registres des archives de la ville, renferme, outre le texte des *coutumes*, de nombreux documents, *in extenso* ou en abrégé, pour la période qui nous occupe. L'auteur n'a pas connu ou utilisé la collection Doat et a ignoré les documents du Vatican et quelques autres comme ceux des *Olim.* Il a même négligé quelques parchemins fort importants de nos archives, nous ne savons trop pourquoi. Certaines identifications de noms de personnes et de lieux sont erronées. Dans l'ensemble, pour l'époque où il a été écrit, le volume est sérieusement documenté.

F. Daymard, *Le Vieux Cahors*, paru dans le *Bulletin de la Société des Etudes du Lot*, tirage à part, Cahors, 1909. On verra par les fréquents renvois que nous faisons à ce livre toute l'estime que nous en avons, malgré les observations que nous pouvons faire. Nous lui reprocherons la forme de ses références qui ne permet pas de se rendre compte tout de suite de leur valeur. Or ces références sont de valeur très inégale et beaucoup ont besoin d'être contrôlées.

G. Lacroix, *Series episcoporum Cadurcensium*, Rousseau, Cahors, 1617 ; une traduction avec notes, trop souvent fautives, a été publiée par M. L. Ayma ; Cahors, 1878, deux volumes. Nous renverrons au texte et à la traduction.

H. Malinowski, *Notice sur les monnaies des évêques et des consuls de Cahors frappées sous la 3e race des rois de France,* dans *Revue de l'Agenais,* 2e année, 1875, p. 224 et suiv. Il y a beaucoup d'erreurs dans cette notice.

I. Ed. Albe, *Autour de Jean XXII,* série de notes sur ce pape et les familles du Quercy, parues dans les *Annales de Saint-Louis des Français.* Les tirages à part (Rome, Cuggiani, 1902-1904), comprennent 4 parties en 7 fascicules, dont la pagination forme deux volumes : 1re partie : *Avant le pontificat ;* 2e partie : *La Cour d'Avignon ;* 1er fascicule : Le frère et les sœurs du Pape ; 2e fascic. : Familles de Jean et du Pouget ; 3e fascic. : Famille de Cardaillac ; 4e fascic. : Famille de Castelnau, etc. ; 3e partie formant le 2e volume : *Prélats originaires du Quercy ;* 6e fascic. : Les Quercynois hors de France et 7e fascic. : Diocèses de France.

Les autres ouvrages n'étant cités qu'une fois en passant auront la référence entière.

* * *

Nous avons eu plusieurs fois l'occasion de relever des erreurs chez ceux qui nous ont précédé ; nous n'y avons mis aucune malice et d'ailleurs nous n'avons que peu de mérite, ayant eu la bonne chance de pouvoir consulter des sources qui ne leur avaient pas été accessibles ou qu'ils n'avaient pas connues. Malgré cela nous aurons commis nous-même, par ignorance ou par oubli, plus d'une erreur moins facilement excusable. Nous prions nos lecteurs qui les auraient remarquées de vouloir bien nous les signaler (l'*erratum* serait mis dans le prochain volume), comme aussi nous les prions de vouloir bien nous dire ce qui laisse à désirer dans ce premier volume, pour que nous nous efforcions de mieux faire dans les autres. Nous remercions de tout cœur les membres de la *Société des Etudes,* M. le docteur Darquier, maire de Cahors, et M. Palame, bibliothécaire de la ville, pour la facilité que les uns nous ont obtenue, et que les autres nous ont accordée dans la consultation des archives municipales.

INVENTAIRE RAISONNÉ

DES

Archives Municipales de Cahors.

PREMIÈRE PARTIE.

LE TREIZIÈME SIÈCLE.

N° 1. NOVEMBRE 1203.

—

Le comte de Toulouse et la ville de Cahors.

Lettres de sauvegarde données aux habitants.

Le comte de Toulouse, en son nom et au nom de ses amis, prend sous sa protection et sa sauvegarde ses chers et fidèles amis, les bourgeois de Cahors, et tous les autres habitants de la ville, avec tout ce qui leur appartient, quand ils passeront sur ses terres, chemins et routes.

Fait à Castelsarrazin, au mois de novembre de l'an 1203, etc.

Per nos et per omnes amicos nostros, bona fide, recepimus sub securitate et protectione nostra dilectos et fideles nostros burgenses et omnes alios homines, cum universis rebus suis, caturcensis civitatis, eundo et redeundo per terras, caminos et stratas nostras.

In signum autem securitatis nostre, presentem cartam jussimus sigillo nostro imprimi.

Apud Castrum Sarracenum..... mense novembri, anno millesimo ducentesimo tertio, teste Arnaldo Calveria...

[1] Doat, tome 118, fol. 1 — (cf. archives du Lot, F. 176) ; d'après l'original en parchemin aux archives de l'Hôtel de ville de Cahors — Cet original a disparu. L'*Histoire du Languedoc* (éd. Privat, tome VI, p. 210), en fait mention, d'après « les archives de l'Hôtel de ville de Cahors », mais Lacoste, *H. du Q.*, tome II, p. 139, ne paraît avoir connu que la mention de dom Vaissète. — Dufour, *Commune*, p. 22, de même].

N° 2. 24 Aout 1207.

Actes des consuls de Cahors.
Accord entre eux et les consuls de Toulouse.

Les consuls de la ville de Toulouse ont fait un accord avec le Conseil communal de Cahors au sujet de toutes leurs demandes et plaintes réciproques, sauf les dettes et les dépôts. Il a été décidé que les consuls de Toulouse, pour eux et leurs collègues, pour tous les habitants de leur ville, faisaient remise de tout ce qu'ils demandaient au sujet des *marques* (droit de représaille, dit du Cange) et rapines (droit de prise ?) qu'ils pouvaient prétendre, ou autres choses analogues, à l'exception des dettes et des dépôts, et sans rien retenir. Même déclaration de la part des consuls de Cahors, qui sont représentés par cinq d'entre eux : Géraud Scribe (?), Arnaud Alquier, Pierre Donadieu, Pierre Escafre et Guillaume Maury. Les poursuites devront être faites devant les consuls de la ville des personnes poursuivies.

Fait à Toulouse, le 8e jour avant la fin d'août (24 août) 1207, sous le règne du roi de France, Philippe-Auguste, l'autorité du comte de Toulouse, Raymond, l'épiscopat de Foulques (1).

[Doat, vol. 118, fol. 3 — Archives du Lot, F. 176 et 177 ; l'original en parchemin d'après lequel fut faite la copie de Doat a été connu de dom Vaissète, qui cite directement l'Hôtel de ville de Cahors *(Hist. du Lang.*, éd. Privat, tome VI, p. 258) ; il a disparu de nos archives. L'abbé Salvat mentionne ce document au 1er volume de ses *Chroniques* (man. de la Bibl. de la ville, p. 97). M. Dufour, en son *Histoire de la Commune de Cahors*, ne fait aucune allusion à cette pièce pourtant si importante : c'est la première mention connue du consulat de Cahors. Lacoste, *H. du Q.*, tome II, p. 144, ne semble avoir vu que l'indication de l'*Hist. du Languedoc*].

N° 3. 20 Juin 1211.

Le comte de Toulouse et l'évêque de Cahors.
Hommage de l'évêque à Simon de Montfort.

L'évêque de Cahors, voyant le comte de Toulouse condamné, reprend régulièrement l'hommage qu'il faisait pour le comté de Cahors et va

(1) Témoins : Bernard de Comminges, Bernard Jourdain de l'Ile, son frère Jourdain ; Guillem de Pouzan, Hugues de *Palatio*, Arnaud Odon ; les consuls de Moissac, Ratier de Castelnau, Arnaud de Montaigu, Etienne de (la) Valette ; Raymond de Caussade, Jourdain Esquieu. Le notaire fut Guillem de Saint-Pierre. Acte en latin.

prêter le serment de fidélité à Simon de Montfort, qui lui en donne l'investiture, dans les mêmes conditions (1).

Parmi les témoins de cet acte, frère Dominique (Saint Dominique) et le banquier R. de Cahors (2).

[Texte dans *Hist. du Lang.*, tome VIII, p. 611, d'après *Trésor des Chartes*, J. 890, n° 4 ; dans Doat, tome 120, fol. 3, d'après *Registrum curie Francie*, JJ. XXX[A], fol. 12 ; dans Salvat, mn. déjà cité, tome 4, p. 197. Voir Lacroix, *Series episc. Cad.* § 85 ; Lacoste, *H. du Q.*, tome II, p. 155 — Dufour, *Commune de Cahors*, p. 13].

N° 4. Octobre 1211.

L'évêque de Cahors et le roi de France.

Hommage de l'évêque à Philippe-Auguste.

Lettre de Philippe-Auguste faisant savoir que l'évêque Guillaume est venu vers lui, offrant l'hommage et la fidélité pour le comte et la cité de Cahors. Le roi de France l'a accepté comme son homme-lige et l'a autorisé à reprendre, s'il le peut, les possessions de l'évêché qui sont détenues par le comte de Toulouse ou ses partisans. Il promet que si quelqu'une de ces possessions vient entre ses mains, directement ou

(1) L'évêque avait reçu l'investiture de la ville et du comté de Cahors en 1088, du comte Guillaume de Toulouse. Nous n'avons pas le texte de cet acte. En revanche nous avons celui d'une donation analogue qui aurait été faite en 1090 par le comte Raymond, son frère et donataire universel (Texte dans Dufour, *Commune* etc., p. 14, note, d'après le manuscrit de Salvat, tome 4e). Ce document est regardé comme apocryphe par les auteurs de l'*Hist. du Lang.* (tome III, p. 454, 466 ; tome IV, p. 191 et 199) et par Lacoste. Le principal argument est tiré de ce que la donation est faite à Etienne, évêque de Cahors qui n'a pas pu exister à cette date ; mais sans doute il n'y avait que l'initiale dans le document, et tout le monde sait combien, dans les chartes de cette époque, il est facile de confondre S. et G. C'est Géraud et non Etienne qu'il faut lire. On ne voit pas bien d'ailleurs pourquoi on aurait fabriqué une fausse pièce de donation pour 1090 dès le moment qu'on en aurait eu une d'authentique pour 1088, tandis qu'on comprend fort bien que Raymond, devenu donataire des biens de son frère, ait confirmé l'acte fait par lui. En tout cas il est bien sûr que l'évêque de Cahors agissait au XIIe siècle comme seigneur direct de Cahors et que ce n'est pas Simon de Montfort qui lui a donné ses pouvoirs. Il y a eu, en 1211, simple changement de suzeraineté.

(2) R. de Cahors, que plusieurs auteurs appellent Raymond de *Salvanhac*, appartenait à la famille cadurcienne de *Salvanhic*, du nom d'une terre située en la paroisse de Vers : c'est ainsi que le nom est toujours écrit dans les documents. Il avait prêté de l'argent à Simon de Montfort qui lui engagea les châteaux de Pézenas et de Tourbes, que plus tard Saint Louis racheta. En écrivant *Tornes*, plusieurs de nos auteurs locaux se sont rendu impossible l'identification de ce dernier lieu. Daymard, *Le Vieux Cahors*, p. 255.

indirectement, il fera droit à l'évêque selon les us et coutumes de France (1).

Fait à Paris l'an 1211 (2), au mois d'octobre.

[Arch. municip. *Te Igitur*, fol. XXXI ; éd. imp. n° 319, p. 136 — Lacroix, *Series*, etc., § 85 ; trad. Ayma, tome I, p. 301. — Salvat, mn. cité, tome 4, p. 197 — Voir Lacoste, *H. du Q.*, tome II, p. 158 — *Hist. du Lang.*, tome VI, p. 364 ; Dufour, *Commune*, etc., p. 13].

Nos 5-6. 1211 ET JUILLET 1212.

L'évêque de Cahors et les consuls.

Conventions au sujet de la monnaie.

5. Par la première, Guillaume de Cardaillac promet de ne pas changer la monnaie, de n'en diminuer ni le poids ni l'aloi, et de faire fabriquer cette monnaie à 4 deniers d'argent (1211).

6. La monnaie au denier 4 ne plaisant pas aux Caduciens, ils demandèrent la monnaie au denier 3, offrant à l'évêque une somme de 10000 sols, et reconnaissant que chaque évêque pourrait changer la monnaie une fois dans le cours de son épiscopat. Il fut entendu qu'on n'accepterait plus de deniers ruthénois ni de vieille monnaie caorsine. L'évêque remet aux consuls et aux bourgeois les torts qu'ils ont eus envers lui. (1212) (3).

[Lacroix, *Series*, etc., § 87 — Trad. Ayma, tome I, p. 304 — Doat, vol. 118, fol. 7 — Salvat, *mn. cité*, tome I, p. 112 — Malinowski : *Notice sur les monnaies des évêques de Cahors*, etc., dans *Revue de l'Agenais*, 1875, p. 266].

---

(1) Le nouveau changement de suzerain s'explique fort bien. L'évêque de Cahors se rend compte du peu de sûreté de la fortune de Simon de Montfort et il aime mieux devenir vassal direct que sous-vassal du roi de France. Cet acte, qui ne lui donne aucune possession de plus, a une très grande importance pour l'histoire de Cahors. Même avant que les possessions du comte de Toulouse viennent à la couronne, le roi sera intéressé à s'occuper plus directement des affaires de cette ville. Au fond, c'est la préparation lointaine du pariage.

(2) Du même mois d'octobre, lettres de sauvegarde données par le roi en faveur de *Raymond d'Arcambal*, bourgeois de Cahors. Ce nom d'Arcambal (*Arcambaldi*) reparaîtra souvent dans cet inventaire. [Delille, *catalogue des actes de Philippe-Auguste*, Paris, 1856].

(3) Il dut y avoir un grand procès devant le nouveau suzerain de Cahors dans le courant de cette année 1212 ; le procès se termina par cet accord. Il y est fait allusion dans l'Enquête de 1246-1247 (voir cette date) : « le contant que li bourjois avoient contre l'avesque Guillalme de la neire monnoie, qu'il en alèrent plaidier par devant le roi Phelipe. »

N° 7. AVRIL 1214.

Le roi de France et la ville de Cahors.

Lettre à l'évêque et aux bourgeois.

Il leur dit de ne laisser entrer dans sa ville de Cahors (1), *in villam nostram Caturci*, aucune personne suspecte « *de quo debeat haberi suspicio quod vobis malum inferre possit* » et de se méfier de ceux qui prennent la croix pour commettre toutes sortes de dommages.

Fontainebleau, année 1214, mois d'avril.

[Archives municipales, *Livre noir*, fol. 18, d'après un original qui portait le sceau royal sur cire blanche — cf. Dufour, *Commune*, p. 20].

N° 8. 2 JUIN 1216.

Actes des consuls de Cahors.

Bulle d'Innocent III pardonnant aux consuls l'offense faite à son Légat.

Les consuls avaient fait fermer les portes de la ville, lors du passage du Légat, Robert de Corson. Menacés d'excommunication, ils se soumirent et envoyèrent au Pape deux bourgeois : Bertrand de Begous et Raymond de Ratier (2), pour porter des excuses. De plus ils donnèrent au comte de Montfort une somme d'argent. Innocent III leur écrit pour les assurer de son pardon et les relever de la sentence encourue.

Fait à Pérouse, le 4 des nones de juin.

[Arch. municip. AA 58, parchemin original (0,23 sur 0,29) auquel il manque la bulle de plomb — Voir Lacroix, *Series* etc., p. 95, trad. Ayma, p. 320 ; dom Bouquet, *Hist. de Fr.*, XIX, p. 604 — Doat, 118, fol. 13 ; Archives du Lot, F. 176 — Dufour, *Commune*, etc., p. 23 ; Lacoste, *H. du Q.*, tome II, p. 178 — *H. du Lang.*, VI, p. 447].

---

(1) Le roi l'appelle *sa* ville, parce qu'il en est devenu suzerain en raison de l'hommage de l'évêque.

(2) *B. de Begon* (Lacroix). Ce nom de Bezon ne se retrouve plus ; tandis que pendant longtemps on comptera des membres de la famille Ratier, *Raterii*, rarement de *Rateria*, à Cahors. Nous pensons qu'il faut traduire Bernard de Bégous ; on trouve en effet plus loin, documents n°s 35 et 45, Hélie de Begous et Hélie Beguo, qui doivent être le même personnage. Nous aurions là l'origine du nom actuel de Bégous, près Cahors, qui a remplacé l'ancien nom de Calzegia (voir doc. n° 24).

N° 9. 25 Octobre 1217.

L'évêque de Cahors et les consuls.

L'évêque Guillaume accorde le retrait lignager.

C'est le droit en vertu duquel celui qui voudrait recouvrer une terre vendue par ses parents pourrait la racheter, dans les huit jours qu'il saurait la vente, en donnant la somme payée. Il faut que la vente ait été approuvée par le seigneur suzerain de la terre.

[Arch. municip. AA 1, charte originale, avec le sceau de l'évêque (0,36 sur 0.31) ; FF 1, copie [0,20 sur 0,23], anciennement n°s 1 et 2 — *Te Igitur*, fol. XLIII^ve ; *éd. imp.*, n° 342, p. 173 — *Livre noir*, fol. XVIII ; *Livre nouveau*, tome I, p. 179 ; dans le texte des *Coutumes*, article 40 — Doat, 118, fol. 9 — Archives du Lot, F. 177 — Voir Dufour, *Commune* etc., p. 18 et p. 222].

N° 10. Juin 1219.

Navigation du Lot.

Accord entre l'évêque et les consuls.

Guilhems, per la gracia de Deu avesques de Caorz, a totz les fiels (1) que aquestas letras veyran, salutz. Nos volem que sia saubut (2) que, per lo comunal profeh de la ciutat de Caors e per lo profeh de nostre autra terra e de nostres castels que nos avem en la ribeira d'out, avem donat e autreiat per totz tems, per nos e per nostres successors, als cossols e a la universitat de Caorz, que lo comis de laiga, de Caortz tro a Fumel, estie totz tems ubertz e delhiures, si que naus e pertraitz (3) en pusco pajar (4) e dechendre delhiuramen, e li pas del cami d'aquesta aiga devo esser davas aquesta part de la riba ou li cossol de Caorz, ni (5) li autre prohome, conoicheran que mai valha aubs (6) (a obs) del cami, e aqueh meeih (7) pas d'aquesta aiga devon esser tan larc (8) quei (9) molis navenes (10) en pusca paiar e dechendre delhiurament,

(1) fidèles.
(2) su.
(3) bateaux de voyageurs ? ; *naus* : bateaux ordinaires.
(4) passer — plus bas *paiar*.
(5) et.
(6) pour faire le travail, pour l'œuvre : *ad opus*.
(7) Ces mêmes passages.
(8) larges.
(9) que les.
(10) moulins portés sur des bateaux.

e nulhs homs no deu far, en aquest sobredig cami de l'aiga, paicheira ni nulh autre encombrament, per que lo naus el pertrags non an delhiurament (1) aici que desus es dig.

E nos avem autrejat e covengut als ciutadas de Caortz que se nuls hom faia negu encombrament en aquest cami sobredig, que nos lhui o fagessem mourre (2) a nostre poder. E per so que aquestas sobredichas causas aio maior fermetat, avem facha sagelar aquesta prezen carta de nostre sagel.

Actum anno ab Incarnati *(sic)* Verbi MCCXVIIII, mense junii.

[Arch. municip. HH 1 (anciens n°s 1 et 2), de 0,12 sur 0,26, d'où le sceau a disparu ; accompagné d'une copie du 17e siècle sur papier — *Livre nouveau*, tome III, p. 63, copie très défectueuse— Voir Dufour, *Commune*, etc., p. 20 ; Lacoste, *H. du Q.*, tome II, p. 193 ; Doat, vol, 118, fol. 16].

N° 11. 1er NOVEMBRE 1220.

L'évêque et les consuls.

Accord provisoire au sujet d'un appel au Pape.

L'évêque promet, jusqu'aux octaves de Saint-Michel, de ne pas demander au Pape ou au Légat de lettres qui puissent porter préjudice aux habitants de Cahors, ou, s'il en demandait, de ne pas en user. Les consuls lui font à leur tour la même promesse. Ils avaient fait appel contre une de ses décisions (3) et il jugeait nul cet appel ; il ne fera rien contre cependant et l'appel restera valable jusqu'à la date ci-dessus fixée. Cet acte est rapporté et scellé par deux archidiacres, P. et A., l'official W. et un autre personnage, sans doute un homme de loi, *magister, Aymericus,* qui promettent de servir de témoins aux consuls et aux habitants si l'évêque manquait à sa parole.

Cahors, le 1er nov.

[Doat, vol. 118, fol. 19 — d'après l'original en parchemin des archives de l'Hôtel de Ville. Ce document a disparu. Lacroix, *Series*, etc., p. 96, ne l'a pas connu. Il n'y est fait aucune allusion dans Dufour, ni Lacoste].

---

(1) libre passage.

(2) du latin *movere* : enlever : nous le lui ferons enlever.

(3) Nous n'en connaissons pas le sujet, sans doute il s'agit de quelques articles des *coutumes*.

N° 12. FÉVRIER 1222.

L'évêque et les consuls.

Bulle d'Honorius III au sujet de leurs démêlés

« Bulle de citation signifiée au nom des consuls à l'évêque Guillaume touchant la juridiction temporelle. »

[Dufour, *Commune de Cahors*, p. 20 ; sans autre référence que ces mots insuffisants : *Rep. des arch. com.* — La pièce n'existe pas aux Archives. Il y a un répertoire des archives qui ne nous apprend rien sur ce que dit M. Dufour].

N° 13. FÉVRIER 1224.

Le roi de France et l'évêque de Cahors.

Hommage de l'Evêque à Louis VIII.

Lettre du roi rapportant que l'évêque de Cahors lui a fait le même hommage qu'à son père, et ajoutant qu'il promet expressément de n'aliéner jamais du domaine de la Couronne la ville et l'évêché de Cahors.

Paris, l'an du Seigneur 1223, au mois de février.

[Arch. municip. *Te Igitur*, fol. XXXI ; éd. imp. n° 318, p. 135 — texte dans Lacroix, *Series* etc., p. 87 ; tr. Ayma, tome I, p. 303 ; Lacroix semble croire que l'acte de Louis VIII rappelle mot à mot celui de Philippe-Auguste ; mais il n'y a pas dans celui-ci la promesse relative à la non-aliénation — Voir Lacoste, *H. du Q.*, tome II, p. 216].

N° 14. JUIN 1224.

Bourgeois et marchands de Cahors.

Achat d'une maison qui doit rente à la Charité de Pentecôte. (1)

Dame Peyrone, femme de Daide Manent (2) et dame Raymonde sa fille, femme de Gélis, en leur nom et au nom d'autre Daide Manent, fils

---

(1) Le livre nouveau a mis en marge : rente due à l'*Hôpital*. Sur la Charité de Pentecôte, voir M. Daymard, *le Vieux Cahors*, p. 43.

(2) Les noms de *Manent* et plus bas de *Ferrer* sont Catalans. En 1257, un B. Manent se fait recevoir citoyen de Cahors (*Te Igitur*, éd. imp. n° 166, p. 95). Nous trouverons plus loin d'autres preuves du commerce avec la Catalogne. Cela explique la promesse de faire garantir l'acte par l'évêque et les consuls de Pampelune.

du premier, vendent à Géraud (Guiraud) Gros (1), et à ses héritiers, à Pierre Ferrer et à Guiraud Agarn, une maison de pierre, le terrain sur lequel elle est bâtie et la moitié de mur (mur mitoyen) qui est entre cette maison et celle des enfants de Guiraud Elias ; elle est située sur la rue communale (est-ce la *carreria major?)* Le prix fut de 47 marcs d'argent. Il est à noter que les garanties sont données *« segon los fors e las costumas de Caortz »* (2) et d'autre part que les vendeuses promettent de fournir des lettres de garantie scellées des sceaux de l'évêque et des consuls de Pampelune.

La maison devait être tenue en fief de dame Guillemette, femme de Galhard de Lard (3), car la vente est faite avec son autorisation et les dames Manent la prient de vouloir bien donner l'investiture aux acheteurs susdits, Ferrer et Agarn, qui reçoivent aussi au nom de G. Gros. Réserve est faite de 8 deniers de cens annuel payables à la Saint-Salvi, de 2 sols d'acapte payables suivant le cas et de 10 sols de cens payables à la Pentecôte, pour l'œuvre de la Charité de Cahors, cens légué à cette œuvre par Bernard Manent.

Fait au mois de juin, l'an MCCXXIII. Etaient témoins : Beneitz Johans (4), Guiraudz de la Sudrie (5), Guiraudz Aimerics, Bernardz de Sanh Peyre, Pons de Sanh Peyre, Guiraudz Barrils, Bernardz Calvelhs, Ramondz Balharcz, Peire Donadeus del pont, Helias d'Albusso, W. de Forcas, Arn. del bosc, Peire Danis, Peire Alamans, Beneitz de Bocaval, W. Rotbertz, Guiraud de Vairac, W. de Pena (6).

[Arch. munic. Chartes, n° 1 (ancien n° 23), de 0,38 sur 0,24 ; copie du 17e siècle sur papier ; copie très défectueuse dans *Livre nouveau*, tome III, p. 190 ; voir Dufour, *Commune*, etc., p. 20].

---

(1) C'est le nom du fondateur de l'hôpital de la *Grossia* (voir plus loin, n° 104).

(2) Première mention certaine des coutumes de Cahors.

(3) Sur les Delard, marchands qui deviendront seigneurs, voir Ed. Albe : *Les marchands de Cahors à Londres*, 1908, p. 8. Voir plus loin la chapellenie Delard ou Dellard, n° 106.

(4) Sur les *de Jean*, dont Benoît est le vrai fondateur, voir Ed. Albe : *Les marchands* etc., p. 15 et 27, et : *Autour de Jean XXII*, 2e partie, chapitre IIIe.

(5) Les *La Sudrie*, ou Sudre, dont une branche se fixa en Limousin (cardinal Sudré, au XIVe siècle), sont encore représentés par les La Sudrie de Calvayrac, près Prayssac.

(6) Les noms ci-dessus ne se retrouvent guère dans nos documents, à l'exception de celui de *Donadieu* que nous rencontrerons très souvent.

N° 15. 24 Décembre 1224.

L'Evêque et les Consuls.

Convention au sujet de la monnaie.

L'évêque de Cahors, Guillaume, cède aux consuls, pour six ans, à partir du 1er janvier 1225, le droit de battre monnaie, moyennant une somme de 6000 sous ; ils pourront d'ailleurs ne pas l'exercer tout ce temps s'ils le désirent, mais dans cet intervalle l'exercer quand ils voudront ; l'évêque abandonne tous ses émoluments là-dessus, à l'exception du sixième qui lui revient par droit seigneurial et des amendes ; le Chapitre, qui avait un droit sur la monnaie, et les maîtres monnayeurs donnent leur consentement, mais réservent leur droit.

[Arch. munic. DD 1 (anciens nos 2, 3, 113) de 0, 20 sur 0,29, d'où le sceau attaché par des cordelettes de cuir a disparu — Lacroix, *Series* etc., p. 89 ; trad. Ayma, p. 307 — Doat, 118, fol. 21 ; Salvat, *mn. cité*, tome 4 — Voir Lacoste, *H. du Q.*, tome II, p. 219 ; Dufour, *Commune*, etc., p. 16-17 ; Malinowski, *Monnaies*, etc., p. 266].

N° 16. 10 Oct. 1225.

Le comte de Toulouse et la ville de Cahors.

Il promet de protéger les consuls dans leurs démêlés avec l'évêque.

Le comte de Toulouse, passant sous les murs de Cahors, au moment où les contestations entre les consuls et l'évêque semblaient le plus vives, promet de les recevoir sous sa protection *(manutentia nostra et captennio nostro)* dans leurs démêlés avec l'évêque.

Fait dans l'église Saint-Géry, aux portes de Cahors (1), le 6 des ides d'octobre, l'an 1225 de l'Incarnation du Verbe.

[Doat, vol. 118, fol. 24 — Archives du Lot, F. 176 — Lacroix, *Series*, etc., p. 96 : trad. Ayma, p. 322 — d'après un document de l'Hôtel de ville qui s'est perdu. Voir *Hist. du Lang.*, VI, p. 593 — Lacoste, *H. du Q.*, tome II, p. 219 — Dufour, *Commune*, etc., p. 21].

---

(1) Sur cet édifice, qui n'existe plus aujourd'hui, remplacé par l'entrepôt des tabacs, voir Daymard, *Le Vieux Cahors*, p. 175.

N° 17. 13 Mai 1226.

L'évêque et les consuls.

Démêlés portés à Rome — Bulle à ce sujet.

Bulle du pape Honorius III à l'évêque d'Albi, aux abbés de Belleperche et de La Garde-Dieu (1), pour une enquête sur une plainte des consuls contre l'évêque. Cette plainte contenait ceci :

Des citoyens de Cahors avaient fait de la fausse monnaie. L'évêque refusa de les juger selon les coutumes de la ville et se permit encore d'autres torts à l'encontre des dites coutumes. Les consuls firent appel à Rome, fixant le terme de cet appel au dimanche de *Lætare*, actuellement passé. L'évêque lança contre eux l'excommunication, malgré cet appel. Il obtint ensuite de l'archevêque de Bourges et du légat, le cardinal diacre Romain, du titre de Saint-Ange, que cette sentence serait observée, mais il ne leur avait pas parlé de l'appel. Enfin, devançant les messagers des consuls, il aurait obtenu même du Pape, avant le terme de l'appel, des lettres qui étaient en sa faveur, pour l'observation de sa sentence ; enfin, après ce terme expiré, il poursuivit les consuls devant la curie royale.

Lorsque les messagers des consuls parurent devant le Pape, ils trouvèrent devant eux un envoyé de l'évêque, sans autre mandat que de les contredire.

Les commissaires s'informeront de la vérité, annuleront la sentence d'excommunication portée après un appel régulier, entendront les deux parties et termineront le débat si elles y consentent, sinon ils enverront à Rome le procès pour le faire terminer par la curie romaine, etc.

Donné au Latran, le 3e jour des ides de mai, an Xe de notre pontificat (2).

[Arch. Vatic. *Reg. Vatic.*, 13 fol. cxxvi' — Voir le texte : Biblioth. nationale, fonds Moreau, mss. du Theil — Analyse dans Pressutti, *Regesta Honorii Papæ III, ex Vaticanis archetypis*, Romæ, 1888, n° 5929].

---

(1) L'évêque d'Albi était *Guillaume Petri*, mort en 1230 ; l'abbé de Belleperche, au diocèse de Toulouse, *Bernard-Guillem de Scampodio* ; l'abbé de La Garde-Dieu, au diocèse de Cahors, *B. Bonus* (Moulenq, *Documents hist. sur le Tarn-et-Gar.*, tome I, pp. 115 et 268).

(2) Cette même année les Dominicains étaient appelés à Cahors. Leur première installation avait lieu près de l'église Saint-Géry. (Voir Lacroix, *Series*, etc., p. 93 ; tr. Ayma, p. 315 ; Daymard, *le Vieux Cahors*, p. 91 ; il y a quelques erreurs).

N° 18. 24 Octobre 1227.

Les marchands de Cahors.

Traité avec le vicomte de Turenne (1).

Ramundus vicecomes Turenne, universis presentes litteras inspecturis salutem. Universitati vestre ex tenore presentium volumus fieri manifestum quod nos concordavimus, convenimus seu etiam pactum fecimus cum consulibus et civibus Caturcensibus quod mercatores et burgenses et trocellos Caturcenses aliasque eorum res custodiemus et guidabimus atque defendemus de omnibus hominibus per totam terram nostram, eundo, redeundo vel morando, a terra videlicet sive districtu vicecomitis Lemovicensis et a terra sive districtu vicecomitis de Ventedorn usque ad locum sive castrum qui vocatur Montvalent seu etiam usque ad locum qui dicitur Perisag (2), si hoc maluerint mercatores vel burgenses caturcenses, scilicet unumquemque mercatorem vel burgensem sine trocello pro quindecim solidis turenensis monete, mercatorem vero cum trocello similiter pro xv solidis turenensibus trocellum vero sine mercatore eodem modo pro xv sol. tur.; ultra predictam summam nichil petemus vel exigemus nomine pedagii vel guidagii sive tolte, nec peti nec exigi faciemus, nec ut aliquis de nostris hominibus hoc faciat tolerabimus. Immo, predicta summa prestita, eosdem mercatores, burgenses et trocellos atque alias eorum res custodiemus..... ab ista scilicet die usque ad annum. Post annum vero, eisdem consulibus et civibus et iam firmiter promisimus quod mercatores, etc., per totam terram nostram custodiemus.... scilicet mercatorem cum trocello pro x sol. turen., ratione tolte et pro xII denariis pro pedagio, trocellum autem sine mercatore similiter, etc., mercatorem vero sive burgensem sine trocello eodem modo, etc., et ultra istam summam nichil ab eis exigemus, etc.

Hec autem conventio, de x sol. turenen. tolte, eisdem consulibus et civibus caturcensibus est a nobis concessa et promissa ut teneat inter nos et ipsos quamdiu eis placuerit.

Et in testimonium omnium predictorum nos eisdem consulibus et civibus caturcensibus presentes litteras concessimus sigilli nostri munimine roboratas.

Datum Caturci, anno Verbi Incarnati M° CC° XX° VII°, die septima exitus mensis octobris.

---

(1) Le vicomte de Turenne promet le sauf-conduit sur ses terres aux marchands de Cahors et à leurs marchandises, depuis les limites de la vicomté de Limoges et de la vicomté de Ventadour jusqu'aux lieux de Montvalent et de Peyrissac, moyennant une redevance de 15 sous turennais par personne ou par trousseau de marchandises, la première année, et de 10 sous, 12 deniers, les années suivantes (10 sous de tolte, 12 deniers de péage).

(2) Peyrissac, près Thémines ; la paroisse actuelle de Thémines, où se trouvait le château, n'était autrefois qu'une annexe de Saint-Martin de Peyrissac.

(Arch. municipales BB 1 — petit parchemin, de 13 de long sur 19, duquel on a enlevé le sceau,— coté autrefois n° 4, et 8 bis, et E. D. 2 bis ; avec la fausse date du 7 octobre.)

N° 19. 12 Sept. 1228.

Les consuls de Cahors et le Chapitre.

Leurs démêlés portés à Rome — Bulle à ce sujet.

Bulle de Grégoire IX adressée à l'abbé de Grandselve (1), au prévôt de Saint-Raphaël, dans le diocèse de Périgueux, et à l'archidiacre de Villemur, dans le diocèse de Toulouse, pour qu'ils informent au sujet de la vérité des faits argués par les consuls de Cahors et qu'ils fassent, si ceux-ci ont raison, observer la sentence d'excommunication lancée sur leur demande par le prieur de Saint-Cyprien (2), délégué apostolique, contre le prieur et le sacriste de l'église cathédrale, dans l'affaire de la cloche.

Pérouse (3), le 2e jour des ides de septembre, an 2 du pontificat.

[D'après Doat, tome 118, fol. 26 — cf. Archives du Lot, F. 176.]

N° 20. Octobre 1229.

Le roi de France et l'évêque de Cahors.

Hommage à Louis IX.

Lettre — renfermant celle de Louis VIII — par laquelle le roi de France fait savoir qu'il a reçu l'hommage et le serment de fidélité de l'évêque de Cahors, dans les mêmes conditions (4).

Fait à Paris, l'an du Seigneur MCCXXVIIII, au mois d'octobre.

---

(1) Grandselve (aujourd'hui dans le Tarn-et-Garonne) était une abbaye du diocèse de Toulouse. L'abbé, à cette date, s'appelait Hélie Garin (peut-être des Garins ou Garis, seigneurs de Linars et Concorès près Gourdon) ; cf. Moulenq, *Documents sur le Tarn-et-Garonne*, tome I, p. 199. Il contribua beaucoup à faire faire la paix entre le roi et le comte de Toulouse.

(2) Sans doute Saint-Cyprien, au diocèse de Périgueux.

(3) Le scribe de Doat a écrit : *Parisiis.*

(4) Dans le traité du 12 avril 1229 entre le roi de France et le comte de Toulouse, le roi remettait au comte le diocèse de Cahors, à l'exception de la cité et des fiefs que possédait dans ce diocèse, au moment de sa mort, le roi Philippe-Auguste (*Histoire du Languedoc*, tome VIII, n° 271, col. 888 — Lacoste, *H. du Q.*, tome II, p. 225).

Archives munic. *Te Igitur*, fol. xxxi — éd. imp. p. 135 à 157, n° 318 — Lacroix, *Series*, etc., § 85, avec la date de 1228, trad. Ayma, p. 303. Lacoste, *H. du Q.*, tome II, p. 224, dit, d'après Baluze, que le roi lui promit de ne jamais aliéner cet hommage des évêques de Cahors, ni l'évêché. En fait, cette promesse était dans l'acte de 1224 et fut confirmée par celui de 1229. Lacoste met comme Lacroix la date de 1228.

N° 21. NOVEMBRE ET DÉCEMBRE 1229.

L'évêque et les consuls de Cahors.

Démêlés réglés par l'archevêque de Bourges et le Légat du Pape — (Affaire de la cloche).

I. — ENQUÊTE DE L'ARCHEVÊQUE DE BOURGES (27 nov. 1229).

Un des sujets de difficultés entre l'évêque et le Chapitre d'une part et les consuls et citoyens de l'autre était la sonnerie d'une cloche de la Cathédrale ; peu important en soi, mais sans doute symbolique de choses plus importantes. L'archevêque de Bourges, Simon, chargé par le Légat de faire une enquête, constatait qu'il y avait de part et d'autre des usages établis et que les deux parties avaient en fait des droits sur la sonnerie de cette cloche. Les citoyens de Cahors interrogés s'appelaient Raymond Archambaud, G. d'Ussel et Léger Brunel.

Fait à Cahors, le mardi avant la fête de Saint-André, apôtre, l'an... 1229.

II. — CONFIRMATION PAR LE LÉGAT DE L'ACCORD PASSÉ ENTRE LES PARTIES (30 décembre 1229).

La cloche reste propriété du Chapitre, mais les deux parties en useront dans les cas indiqués par l'enquête.

Fait à Malause, le 3 des kal. de janvier... 1229.

Arch. munic. FF 2 (anciens n°s 5, 2) de 0,18 sur 0,22 ; ce parchemin ne contient pas la confirmation du Légat qui donne le résumé de l'accord ; — Lacroix, *Series*, etc., p. 97, trad. Ayma, p. 322, et Doat, 118, fol. 28 ; cf. Archives du Lot, F. 176) donnent les deux pièces — Voir Lacoste, *H. du Q.*, tome II, p. 228.

N° 22. 28 Mars 1230.

L'évêque de Cahors et les consuls.

Il leur emprunte pour payer ses créanciers lombards.

L'évêque Guillaume, en son nom et au nom du Chapitre, reconnaît qu'il a reçu des consuls et des citoyens de Cahors une somme de 200 marcs d'argent qu'ils lui ont prêtée pour les intérêts de son Eglise et spécialement pour payer les Lombards Juvénal (1) et compagnie. En gage, il donne, avec le consentement de son Chapitre, tout son droit seigneurial de monnaie et les revenus qu'il en tire, ses moulins et ses droits sur les moulins, les eaux et les chaussées depuis la Roque jusqu'au port Bullier (2), sous cette réserve qu'il a déjà hypothéqué cette monnaie et ces moulins pour une somme de 128 marcs d'argent qu'il doit à Raymond d'Arcambal et à Pierre Margot (3), et que diverses personnes ont certains droits sur les eaux : l'archidiacre de Cahors, pour un emplacement de moulin (4) ; Pierre Arnaldy, pour un autre, et maître Aymeric, pour une moitié ; enfin, qu'il doit à vie treize setiers de blé, dix à un certain Gilles et trois à la religieuse Marsebelie (5).

Quand l'évêque aura remboursé sa dette aux consuls, les gages seront rendus par les consuls.

Fait à Cahors, le 5e jour des Calendes d'avril 1330.

[Arch. munic. CC 50 (anciens n°s 5 et 4 ter), de 0.30 sur 0.20 ; parchemin original avec sceau de cire jaune pendant à une cordelette de soie — Doat, 118, fol. 30. Voir Lacoste, *H. du Q.*, tome II, p. 229 — Dufour, *Commune*, etc., p. 18 ; Malinowski, *Monnaies*, etc., p. 267].

---

(1) C'est la seule pièce où il soit parlé de ce Juvénal. Il est fait encore allusion aux usuriers lombards dans le document n° 30.

(2) Les consuls avaient encore au XIVe siècle le droit de pêche sur cette partie du Lot. Le port Bullier était au pied de la ville haute, sous le quartier de la Barre ; le pont neuf fut fait un peu en aval.

(3) Chapellenie Margot, dans le *Te Igitur*, éd. imp., p. 212, n° 368 (ch. Jacme Margot).

(4) Sur les revenus qu'il avait ainsi, l'archidiacre Gausbert d'Antéjac, mort en 1230, fonda des aumônes pour 4 pauvres et 4 chapelains. (Doat, vol. 120, fol. 5) — Il en est question dans les Statuts du Chapitre, un peu plus tard. (Lacroix, *Series*, etc., p. 116).

(5) Sans doute prieure des Bénédictines de la Daurade.

N° 23. 30 Mars 1230.

L'évêque de Cahors et les consuls.

Nouvel emprunt.

Deux jours après, l'évêque faisait une reconnaissance aux consuls de Cahors pour une somme nouvelle de cent livres caorsines qu'ils lui avaient prêtée. En retour, il donne en gage le port Bullier et le port Saint-Jacques (1), avec les mêmes droits qu'il y possède lui-même, déduction faite des frais de nefs et de salaire des passeurs *(deductis expensis navium et pontaneriorum)*, promettant bonne et sûre garantie aux consuls et à la cité. Et s'il y a quelques difficultés au sujet de ces gages, on prendra hypothèque pour ces cent livres sur la monnaie et les moulins déjà engagés pour 200 marcs.

Cahors, le 3e jour des Calendes d'avril mille deux cent trente.

Arch. municip. DD 2 (anciens nos 7 et 5), de 0,11 sur 0,21 ; parchemin original avec fragment du sceau épiscopal — *Livre nouveau*, tome I, p. 184, où il y a la date : *tertia aprilis*, avec cette analyse : « Achats par Mrs les consuls du Sr Evesque du port Bullier et du port Saint-Jacques » ; analyse reportée sur le parchemin. Voir Lacoste, *H. du Q.*, tome II, p. 229 ; et Dufour, *Commune*, etc., p. 19, qui tous les deux ont fait quelque confusion.

N° 24. 13 Mai 1232.

Eglises de Cahors.

Union à l'église Saint-Jacques de Cahors de l'église de Galessie.

L'évêque Guillaume fait savoir que le légat du pape, *Walterius*, évêque de Tournai, sur la demande du curé de Saint-Jacques (2), maître Pierre Arnald, qui se plaignait de la pauvreté de ses ressources, a uni à son église l'église Saint-Sulpice de *Calzegia* (3), comme à une église-

(1) Le port Saint-Jacques était situé un peu en amont de l'église Saint-Urcisse, au-dessus probablement du moulin du même nom.

(2) Saint-Jacques, ou Saint-James : cette église, dont une rue de Cahors porte encore le nom, a disparu depuis la Révolution. Cf. Daymard, *le Vieux Cahors*, p. 150.

(3) C'est l'ancien nom de l'église Saint-Sulpice de Galessie (Arcambal), qui resta depuis ce temps annexe de Saint-James. Toutes deux appartenaient d'abord à l'évêque de Cahors, comme collateur ; il les passa au Chapitre en 1254, en échange de l'église d'Espère qui lui

matrice, à perpétuité, en présence de l'évêque de Cahors qui a mis son sceau à l'acte d'union.

Cahors, le 3e jour des ides de mai de l'an du Seigneur 1232.

[Doat, vol. 120, fol. 8].

N° 25 — 23 Février 1233

Actes des consuls de Cahors.

Traité d'alliance avec divers seigneurs et d'autres villes contre les routiers.

Un traité d'alliance fut conclu entre de nombreuses villes et seigneurs pour réprimer la cruelle rapacité des routiers et conserver la paix du roi. Les confédérés s'engagent à s'aider et se protéger les uns les autres contre tous ceux qui les attaqueraient et molesteraient injustement, à protéger et à défendre les maisons religieuses. Ceux qui sont à la tête de la confédération sont Raymond, vicomte de Turenne; Bertrand de Gourdon ; Bernard (de Ventadour), abbé de Tulle ; les consuls de Cahors (1) et ceux de Figeac. Les autres confédérés sont (2) : L'abbé et la ville de Marcillac, l'abbé et la ville de Maurs, messire Gisbert de

allait mieux par suite du voisinage de son château de Mercuès. (Doat, 120, fol. 17— « propter vicinitatem quam habet cum castro nostro de Mercues ») — Lacoste, tome II, p. 233 et 285, a identifié, avec Arcambal. Au XVIIe siècle, en effet, on trouve : la vicairie perpétuelle de Saint-Sulpice et Saint-Antoine d'Arcambal, unie au chapitre de Cahors. *(Bibl. de la ville, pouillé Dumas, fonds Greil)*. La chapelle de Galessie existait encore au moment de la Révolution. La paroisse actuelle d'Arcambal (alias du Bousquet) n'a pour titulaire que Saint-Antoine. Page 285, où il mentionne l'acte d'échange ci-dessus, Lacoste a mis : Saint-Laurent d'*Exupère*, pour *Espère*.

(1) Les consuls de Cahors sont Raymond d'Arcambal, Galhard de Lart, Pierre Beraldi, Guilhem Bertrand, Pierre de Vairac, Arnaud Berenger, Bernard *Fabre*, René Delpech, Hugues de la Mothe, Pierre Maury *(Maurini)*, Géraud de Blas et Arnaud de Vairols.

Les consuls de Figeac sont : Bernard de Vedilhac, Déodat de la Caze, Etienne de las Boigues, Sestairol, Guilhem Rei, Géraud Ferrier et Bernard de Grèzes. Ils s'engagent sous réserve du droit suzerain de l'abbé, comme les consuls de Cahors sous réserve des droits seigneuriaux de l'évêque.

(2) Cet acte n'étant imprimé que dans le livre de Justel, qui n'est pas à la portée de tous, nous pensons qu'on lira avec intérêt la liste des confédérés : on voit qu'il y a parmi eux des seigneurs de l'Auvergne (Maurs, Saint-Etienne, Trioulou, Saint-Constant, Saint-Santin, Montmurat) et des seigneurs du Rouergue : La Vinzelle, Sonnac, La Roque-Bouillac, Calmon d'Olt — (Lacoste a mis : Caumont). — Nous avons marqué les localités auvergnates d'une *, les localités rouergates de deux **.

Castelnau et ses vassaux, les chevaliers Aymeric, Galhard et Hugues de La Roque (Toirac) et leurs hommes, les hommes des *castra* de Cardaillac et de Thémines, les chevaliers et les hommes de Camboulit, de Corn, d'Anglars, les hommes de la ville de Faycelles, ceux du *castrum* de Sénaillac, les chevaliers et les hommes de Trioulou*, les seigneurs, les chevaliers et les hommes de la Vinzelle**, de Mealet*, de Montmurat*, le prieur et les hommes de Saint-Constant*, les hommes des villes de Saint-Etienne (près Maurs*), de Saint-Cirgue, de la Capelle-Bagnac, le seigneur de Calmont**, ses villes et forts, ses chevaliers et ses hommes, les hommes du *castrum* de Saint-Sentin*, les seigneurs et les hommes de Felzins, les chevaliers et les hommes de Lentillac, de Sonnac**, les seigneurs, les chevaliers et les hommes du *castrum* de Lavergne, les hommes de la ville de Bia (Bio), Galhard et Raymond d'Assier et leurs hommes, les hommes des villes d'Yeeps, de Fons, de Livernon, Deodat et Guilhem du Bouysson, les seigneurs, les chevaliers et les hommes de La Roque-Bouillac**.

(*Archives munic.* AA 1 (parchemin de 36 sur 31, écriture : 34 sur 30) — coté auparavant n° 8). — Texte reproduit dans les « Preuves de la maison de Turenne », par Justel, p. 43 : mais à la suite, et de même d'après les Archives de l'Hôtel de ville de Cahors, est un autre document, daté de la vigile de Saint-Mathias (23 février), d'après lequel les consuls et les hommes de Cahors ne seront point tenus de suivre le vicomte de Turenne au delà de la Dordogne, car tous les confédérés s'étaient engagés à marcher sous sa bannière.

— Cf. Lacoste : *Hist. du Quercy*, tome II, p. 230 : il met à tort comme date le 2 février 1230 ; il y a dans la vente : millesimo ducentesimo tricesimo secundo, mense februarii ; pour le second acte il met le 11 février, or il y a : en la vigile de Saint-Mathias 1232 (23 février 1233).

N° 26. Août 1235.

Actes des consuls de Cahors.

Ils authentiquent la donation de Guilhem Baussa à sa femme (1).

Li cossol de Caortz... volem far assaber quen Guillems Baussas, notre ciutadas, en nostra presenza estan,... donet... e desemparet... per totz temps a na

(1) Cette donation, faite par Guilhem Baussa à sa femme Bernarde de Durfort, est intéressante non seulement parce qu'elle est authentiquée par les consuls de Cahors, ce qui est une preuve de plus de leur influence ; non seulement parce qu'elle est sans doute, ainsi que l'indiquent les actes qui suivent (n°s 33, 52) une mesure de précaution contre le

Bernarda, sa molher (1), que fo filha, daissi enreire, an Durfort, totas las suas maios, en que el e ela estavo, ab totz los obradors que so desotz, ab totz sos intrars e ab totz sos ischies (issues) e ab totz sos apertenemens, ou mielhs ilh las au (ont) ni las tenos; e aquestas maios teno se d'una part ab la maio den Ramon de la foret que fo den P. de Bornazel, e d'autra part ab la maio que fo den B. de Cazals, e d'autra part ab lo mur del proboutat (2), e davant ab la carriera que hon ditz carriera maior (3)..

Derescaps *(de plus)* lhi donet, davant nos, la vinha que compret den R. Arcambal, que fo de sos botz (ses neveux), de R. e de W. de Salvanhic (4), que es els claus; e l'ort que compret de Arnauda Maurina que ste (se tient avec) ab l'ort den Aymar del bruelh e l'ort que compret d'en Peire Capdesoc que ste ab aquest avandig ort que fo de n'arnauda M., et l'autre ort que ste ab l'ort de la dona de Seishac, e totas las suas maios que avia de S. Andrieu ab lo verdier que si te, ab totz los apertenemens, que steno ab (se tiennent avec) la maio den W. Dessidulh (d'Excideuil), e las maios de... dal portal sagresta en que a III. estargas (étages) el seu ort que ste ab aquel den B. Faure, el seu ort de la ribeira que ste ab la terra den P. Vedal (Nadal) ; et aquestas maios de S. Andrieu e questa de portal sagresta, e l'ort que ste ab aquel den B. Faure, e l'ortz de la ribieira fo de la maire de sa molher, de la dona de Durfort (5); E tot zaques dos (don)...promes e covent formament Guillems Baussas a na Bernarda... que per negus temps... no revocaria... Derescaps (de plus), outre aisso cofesset... quel avia... receubutz... de la sosdicha na Bernarda ce

---

fisc de l'Inquisition, mais encore parce que la maison dont il s'agit au début de l'acte devait devenir en 1282 maison consulaire (n°s 74, 111 et 115).

(1) Guilhem Baussa fut condamné (voir doc. n° 30) par les inquisiteurs à un certain nombre d'années de séjour en Terre Sainte et sa femme, à quelques pèlerinages. On verra, par l'acte de l'évêque Barthélémy, en 1255 (n° 52), comment ils accomplirent leur pénitence.

(2) La *prévôté* était la partie du moustier qui avait servi d'habitation au *prévôt* du Chapitre. Il ne semble pas que ce titre existât encore au XIIIe siècle. Il est question de la place de la *prévôté* dans un acte de 1288 (voir n° 157), en même temps que de la maison Baussa devenue maison consulaire.

(3) La *carreria major*, ou grand'rue, partait du pont Vieux (rue Nationale actuelle) et, obliquant vers le moustier (Cathédrale et bâtiments du Chapitre), se continuait en passant derrière l'église Saint-Pierre (aujourd'hui rue de la Préfecture) jusqu'à la place du Change (des Tables) qui est la place des Petites Boucheries.

(4) Les Salvanhic, que l'on a appelés à tort *Salvanhac*, étaient des marchands de Cahors dont le nom revient assez souvent dans les archives du XIIIe siècle (voir le document n° 3 et n°s 38 et suiv.).

(5) Nous ne savons pas à quelle branche des Durfort appartenait la femme de Guilhem Baussa.

marcs d'argent al pes de Caortz, per nom dererat, losquals.... cofesset... quelh devia e aquesta hererat ; donava lhi CL marcs d'argent en oscl (1), que fosso CCCL marcs ab la hererat... e... empenhava lhi totz sos bes mobles e no mobles...

Nos cossol de Caortz, per pregarias den Guilhem Baussa e de na Bernarda... sagelem aquesta prezen carta..... en l'an MCCXXXV el mes d'aost.

(Arch. munic. *Charte* 9 — document compris dans un vidimus de 1282, voir cette date).

N° 27. FÉVRIER 1236.

Actes des consuls de Cahors.

Ils reçoivent, au nom des contractants, l'accord conclu entre l'évêque et Celebrun de Bélaye (février 1236).

Cette pièce, fort intéressante pour Bélaye, n'a d'autre intérêt pour Cahors (2) que le fait de montrer les consuls recevant un acte d'échange conclu par les soins de Gausbert de Domme entre l'évêque Pons d'Antéjac et Celebrun de Bélaye et son fils Pierre (3) : *« e en testimoni de totas aquestas causas, los cossols de Caours, en (et en) Gausbert de Doma, per pregarias del senhor avesque, e de Celebru de Belaic... fero sagelar, ab lor sagels, II cartas d'una eissa (même) forma e d'una eissa tenor, aquesta presente e autra, de lasquals n'a una lo senhor avesque e l'autra Celebru.»* Mais il n'y a eu qu'un sceau au parchemin : celui des consuls? celui de Gausbert de Domme? nous ne savons. — Cahors : 1235, mois de février.

(Archives munic. *Charte n° 2* (ancien n° 342 ou 171) de 0,50 sur 0,32, — voir Dufour *Commune*, etc., p. 24 ; il donne pour référence : *Archiv. Orig.*, n° 7. Il met : l'évêque *Guillaume*, au lieu de l'évêque *Pons*. — Lacoste, *H. du Q.*, tome II, p. 243, n'a pas commis cette erreur.)

---

(1) L'*osculum* était une donation que faisait le fiancé en donnant l'anneau de fiançailles ; et comme ce don se faisait à l'occasion du premier baiser, on l'appelait l'osclage ou l'oscle.

(2) On y trouve le nom du bayle épiscopal de Cahors : Guilhem Austorgue, dont il est fait mention dans l'acte d'excommunication des consuls en 1248 (voir cette date), ceux du bayle de Montcuq, Pierre *Martis*, et d'Humbert de Luzech. Tous trois sont cautions de l'évêque. Les cautions de l'autre partie sont : Bernard de Grézel, de Bélaye, Bernard de Floiras, Raymond Arnaud de Bos, de Montcuq.

(3) Dans l'acte on trouve mentionnés comme habitants de Bélaye : Adhémar de Floiras, Bernard Raymond, Galsan de Bélaye et sa femme Jordane, ceux-ci propriétaires de la maison dite de Pélagal. — Bélaye, ville autrefois importante, chef-lieu d'archiprêtré, a fait l'objet d'une importante monographie de M. l'abbé Lacoste, curé d'Anglars-Juillac (Cahors, 1909, in-8 — 322 pp.).

N° 28. 13 Octobre 1237.

—

Eglises de Cahors.

Accord entre les deux curés des Soubirous.

Guillaume de Cluzel, curé de Notre-Dame des Soubirous, et Guillaume de Concots, curé de Saint-Etienne des Soubirous (1), avaient quelques difficultés entre eux au sujet des droits paroissiaux, pour le territoire qui s'étend du pont de Soubirous jusqu'au bout de l'île (2) en longueur et, en largeur, de la route qui conduit à la Roque (3) jusque sur la crète.

Guillaume Ferrand, prètre, qui fut choisi comme arbitre, décida que les revenus et les charges de tout ce territoire seraient communs entre les deux curés et leurs successeurs.

Cahors, le mardi après les octaves de saint Michel, l'an 1237 (4).

(Doat, vol. 120, fol. 12 — d'après un vidimus de l'évêque Géraud, du mois de mai 1248.)

---

(1) Voir Daymard, *le Vieux Cahors* : Notre-Dame n'existe plus, et St-Etienne est devenu, depuis longtemps d'ailleurs, St-Barthélémy.

Lacoste prétend (*H. du Q.*, tome II, p. 377) que par lettres patentes du 5 juin 1288 l'évêque Raymond érigea en cure l'église de Saint-Etienne des Soubirous. On voit que cette érection était déjà ancienne. Lacoste a confondu avec une collation de chapellenie dans cette même église. Il en parle d'ailleurs à la page suivante. Quant aux noms des curés, ils semblent appartenir, le premier à la famille des seigneurs du Clusel près de Pontcirq (canton de Catus), le second à celle des seigneurs de Concots (canton de Limogne), beaucoup plus importante.

(2) Il s'agit du pont-levis de la porte des Soubirous. Quant à l'ile, elle existe encore ; il est probable que le territoire contesté allait jusqu'en face la partie septentrionale de l'ile.

(3) Le texte dit : qui conduit au château de la Roque. Il s'agit de la Roque des Arcs.

(4) La fête principale de saint Michel étant chez nous le 29 septembre, et le jour de l'octave tombant le 6 octobre, le mardi d'après se trouve donc être le 13. L'évèque Géraud reçut l'investiture du pape Grégoire IX cette même année, le 13 février 1237 (Arch. Vat. *Reg. Vatic.* 18, fol. 232).

N° 29. JANVIER 1238.

L'évêque de Cahors et les consuls.

Ligue conclue entre l'évêque et son Chapitre d'une part, et le menu peuple de la ville, contre les consuls et les bourgeois.

Cette ligue dans laquelle les uns n'ont vu qu'une alliance religieuse contre les hérétiques (1), et d'autres une alliance avec les seigneurs du pays contre les routiers (2), est une alliance politique conclue entre l'évêque et son Chapitre cathédral d'une part, et le menu peuple de la ville *(minores)* d'autre part, contre la faction bourgoises *(majores)*. C'est un épisode de la lutte entre l'évêque et les consuls.

Voici les principaux points de cette association : 1° Il est formé une Ligue entre Saint-Etienne (le Chapitre) et l'évêque de Cahors, Géraud, d'une part, et certains bons hommes de la ville ; 2° L'évêque défendra contre quiconque tout ligueur qui agira en son nom et au nom des conseillers de la Ligue ; 3° Il fera rendre justice à tout ligueur qui aura reçu quelque tort d'un autre ou d'un étranger à la Ligue ; 4° L'évêque ne se réserve sur les biens d'un ligueur défunt que les droits qu'il pouvait avoir avant la formation de la Ligue ; 5° On ne permettra pas l'entrée de la cité à un étranger qui aurait tué un ligueur ; 6° S'il y avait eu seulement des torts, l'entrée pourrait être permise avec le consentement du ligueur lésé ; et s'il y avait lieu, l'évêque ferait incarcérer le coupable jusqu'à complète satisfaction ; 7° Il est bien entendu et réglé que si un des *grands bourgeois* voulait entrer dans la Ligue, il ne serait reçu que si les conseillers de la Ligue étaient d'accord sur ce point avec l'évêque ; 8° Si un ligueur commettait quelque faute qui relevât de l'évêque, en tant que seigneur, celui-ci, de concert avec les conseillers de la Ligue, traiterait la chose de bonne foi ; 9° L'évêque ne recevra d'argent d'aucun des partis, pour ne pas « corrompre » l'association ; 10° Les ligueurs ont promis d'être toujours unis à l'évêque pour combattre tous ceux qui voudraient gêner les ligueurs en quoi que ce soit, pour défendre le droit épiscopal, pour s'opposer aux hérétiques (3) et à leurs fauteurs, pour garder la cité et y maintenir la liberté ; 11° On élira chaque année 10 ou

---

(1) Lacroix, *Series*, etc., p. 99 ; Ayma, I, p. 331.

(2) Lacoste, d'après l'abbé de Foulhiac, tome II, p. 331.

(3) C'est ce paragraphe qui a trompé Lacroix, et peut-être aussi l'abbé de Foulhiac.

12 conseillers; après la première année l'élection sera faite par l'évêque et les conseillers sortants; 12° Si un ligueur recevait quelque dommage d'un inconnu dans ses meubles ou ses immeubles, les autres le dédommageraient, chacun en proportion de ses ressources, suivant ce qu'auraient décidé les conseillers; 13° La Ligue est établie à perpétuité; 14° Tout cela est confirmé par serment, sous la réserve des libertés de la ville de Cahors.

Janvier 1237 (vieux style).

Voici le texte, inédit à l'exception d'un paragraphe :

« Geraldus, Dei gratia, Caturcensis episcopus, universis Christi fidelibus presentem paginam inspecturis salutem in Domino Jesu Christo. In nomine domini nostri Jesu Christi : 1° Incepit societas Beati Stephani Caturcensis, et nostri Geraldi, Dei gratia ejusdem loci episcopi, ex una parte et quorumdam proborum hominum civitatis ejusdem ex altera, in hunc modum ; 2° In primis quod nos pro nobis et ecclesia nostra promittimus et firmiter convenimus quod nos defendemus et manutenebimus viriliter et potenter omnes quicumque fuerint nobis in societate predicta ; 2° Ita videlicet quod si aliquis de societate aliquid, de mandato nostro et consilio virorum qui erunt nobiscum, pro tota societate predicta, faceret contra aliquem vel dampnum inferret eidem, quicumque ille esset, quod nos contra illum qui super hoc nostrum vellet socium impetere personaliter opponeremus et defenderemus eumdem ; 3° Item promittimus et firmiter convenimus quod si contingeret quod aliquis de societate vel extra societatem injuriaretur alicui de societate, nos sine dilatione et qualibet difficultate faciemus exhiberi nostro socio justicie complementum ; 4° Item promittimus et firmiter convenimus quod si contingeret, quod si aliquis de societate decederet, nos occasione istius societatis, nullum jus habere volumus in rebus illius nisi quod debebamus habere antequam societas ista facta esset ; 5° Item promittimus et firmiter convenimus quod si aliquis homo extraneus quicumque ille esset, aliquem civium nostrorum interficeret quod nunquam de cetero civitatem manifeste intraret ; 6° Item promittimus et firmiter convenimus quod si aliquis extraneus injuriaretur alicui sociorum, vel aliorum civium, non intret civitatem alicujus guidagio, sine voluntate illius cui injuriaretur, et si forte contingeret, nos debemus eum capere et ponere in custodia et ibi tenere quousque illi cui injuriaretur satisfactum fuisset ; 7° Item promittimus et firmiter convenimus quod si aliquis magnorum burgensium civitatis vellet nostram societatem intrare, quod non recipiatur nisi nostri consiliarii nobiscum super hoc concordarent ; 8° Item promittimus et firmiter convenimus quod si aliquis de societate nostra vel alicui, qui non esset de societate eadem, aliquam inferret injuriam pro qua nobis in dominio teneretur, nos, de consilio consiliariorum nostrorum, qui erunt de societate nostra, recipiemus pro jure dominii bona fide; 9° Item promittimus et firmiter convenimus quod nos ab aliqua partium nullam pecuniam recipiamus pro qua nostra societas in aliquo corrumpatur; 10° Preterea nostri socii qui sunt vel erunt in societate ista nobis firmiter promiserunt et convenerunt et tenentur promittere quod semper nobiscum erunt contra omnes homines et feminas, quicumque illi fuissent, qui contra nos vel contra aliquem sociorum nostrorum aliquid vellent obiicere occasione aliqua sive modo et quod nobiscum, pro defensione juris nostri,... erunt contra omnes homines... et quod nobiscum erunt contra omnes hereticos et defensores hereticorum, et quod nobiscum erunt ad defensionem et custodiam civitatis Caturci et ad observationem libertatis civitatis ipsius; 11° Preterea convenimus, tam nos quam socii nostri qui sunt ex societate nostra predicta, quod eligamus decem seu duodecim probos homines de societate quorum consilio nos tenebimur procedere in questionibus et negotiis societatis, predicte et illi debent mutari de anno in annum, si expedire videbitur, et totidem substituantur eisdem qui per nos et nostros consiliarios debent eligi bona fide; 12° Preterea convenimus nos cum sociis nostris, qui sumus in societate predicta, unanimiter et concorditer quod si alicui de societate nostra ab aliquo damnum in rebus suis mobilibus vel immobilibus occulte inferretur, quod socii societatis nostre tenentur emendare, per libram et solidum, ad cognitionem nostram et consiliariorum nostrorum, damnum predictum, et nos, sicut dominus, tenemur ista facere emendari sicut superius est expressum; 13° Preterea convenimus, tam nos quam socii societatis nostre, quod ista societas perseveret perpetuo duratura; 14° Et hec omnia, sicut superius sunt expressa, sunt sacramento firmata, universa et singula, tam a nobis quam a sociis societatis prædictæ, salvo jure nostri dominii, et salvis libertatibus civitatis Caturci; et ut maius robur obtineant que superius dicta sunt firmitatis, nos, Geraldus, Dei gratia Caturcensis episcopus, sigillum nostrum et sigillum B. archidiaconi et officialis Caturcensis, apponi fecimus huic carte.

Actum Caturci, anno verbi incarnati millesimo ducentesimo tricesimo septimo, mense januarii (1).

---

(1) Un formulaire des Archives Vaticanes mentionnant une bulle du pape Grégoire IX adressée à l'archevêque de Bourges au sujet du Chapitre de Cahors, composé de chanoines réguliers qui n'observaient pas la règle de l'ordre, rapporte un fragment de la supplique des chanoines qui ne pouvaient pas, s'ils étaient soumis à une règle monastique, se défendre, comme c'était nécessaire, *au milieu d'une nation perverse* : « Attendentes quod ecclesia ipsa, que posita est in medio nationis perverse, non posset ita per regulares sicut per seculares canonicos a pravorum oppressionibus defensari (*) ». Cette citation rappelle

(*) Archives Vaticanes, Formulaire d'Eboli, manuscrit 72 de l'armoire XXXI, fol. 56v.

(Bibliothèque nationale. Fonds latin, 5219, parchemin n° 4 : original, avec la place de deux sceaux; l'un a disparu ; il reste un fragment de l'autre de forme ogivale en cire verte : d'un côté une fleur de lys sur une longue hampe, avec un oiseau, à droite et à gauche, et les lettres — BERNA........ ARCHIDIACO....... ; de l'autre un évêque à mi-corps, en chape et mitre, avec la crosse, bénissant; on devine : SIGIL... GER... Copie dans Doat, vol. 118, fol. 60, d'après un parchemin « trouvé aux archives de l'hôtel de ville de Caors » (cf. Archives du Lot, F° 176). Voir la bulle d'Innocent IV — date 1245 (docum. n° 31). Fragment (article 9e) dans Lacroix, *Series*, etc., p. 99 — trad. Ayma, I, p. 331 — cf. Dufour, *Commune*, p. 25 — Lacoste, tome II., p. 248.)

N° 30. FÉVRIER 1242.

Bourgeois de Cahors.

Les biens d'un hérétique et l'évêque.

L'évêque de Cahors, Géraud, fait remise à Guilhem de Durfort, neveu de Bernarde de Durfort, épouse de Guilhem Baussa (1), citoyen de Cahors, de tous les droits qu'il pourrait avoir, pour fait de condamnation d'hérétiques, sur les biens desdits époux, à la date du départ du mari pour la Terre Sainte, à quoi il avait été condamné. Il reconnaît avoir reçu dudit neveu une somme de 50 livres tournois pour lui permettre de payer une partie de sa créance envers les usuriers lombards (2).

Cahors, février 1241 (v. st.).

[Archiv. munic. charte n° 9; document compris, comme le n° 26, dans le vidimus de 1282 — il a été publié par Ed. Albe : *L'hérésie albigeoise et l'inquisition en Quercy*, Paris, 1910, p. 40 — voir Lacroix, *Series*, etc., § 99, tr. Ayma, p. 331.]

---

des expressions analogues employées quelques années plus tard pour la ville de Figeac, quand les habitants en expulsèrent les religieux, « in medio pravae et perversae nationis ». (*Gallia*, tome I, *Instrumen.* 45, cf. Lacoste, tome II, p. 260).

(1) Voir le document n° 26.

(2) Voir le document n° 22.

N° 31. 12 Août 1245.

L'évêque de Cahors et le peuple.

La guerre civile à Cahors, d'après une Bulle d'Innocent IV.

Le pape charge l'évêque d'Albi (1) de faire une enquête sur les faits suivants :

L'évêque de Cahors lui a adressé une supplique de laquelle il ressort que les habitants de la ville épiscopale, autrefois très soumis, sont arrivés entre eux à un tel degré de discorde qu'ils ont soif du sang l'un de l'autre et que les exhortations de l'évêque ne peuvent rien obtenir. Alors, voyant le mal que ces dissensions font à la ville, l'évêque s'est adressé au parti populaire, aux *minores*, et ils se sont réciproquement engagés par serment à s'entr'aider (document n° 29). Mais le parti bourgeois, les *majores*, se tournant contre lui, a forcé par la terreur le bas-peuple à jurer qu'il ne garderait pas le serment fait à l'évêque. Evidemment ce dernier serment est nul, et si l'enquête démontre que les choses se sont ainsi passées, l'évêque d'Albi déliera le menu peuple de Cahors du serment fait aux bourgeois et fera observer celui qui a été fait à l'évêque.

« Innocentius episcopus, servus servorum Dei, venerabili fratri episcopo Albiensi salutem et apostolicam benedictionem. Sua nobis venerabilis frater noster, episcopus Caturcensis, petitione monstravit quod cum olim Burgenses civitatis Caturcensis, eidem episcopo in spiritualibus et temporalibus pleno jure subjecti, ad tantam discordiam ad invicem devenissent quod alter alterius sanguinem sitiebat, nec ipsius episcopi crebris exhortationibus et mandatis possent ad concordiam revocari, sed eorum de malo in peius pertinaci vesania crebrescenti videbatur tota civitas tendere ad ruinam, idem episcopus aliter occurrere discrimini tanto non valens, minorum civium ad id subsidium imploravit, set ipsi majorum civium potentiam metuentes eidem episcopo noluerunt assistere donec de juvando ipsos si dicti maiores eos, processu temporis, vellent opprimere, prestitit juramentum, eisdem minoribus jurantibus vice versa quod eidem episcopo assisterent juxta posse (2); cumque postmodum

(1) C'était cet évêque Durand, auparavant archidiacre de Bourges, qui avait été élu à Roc-Amadour, en 1228, par les chanoines d'Albi (Doat, vol. 105, fol. 283. *Revue rel. de Cahors et Roc-Amadour*, n° du 24 oct. 1908, p. 88).

(2) Pour cette alliance, voir la date de janvier 1238, le n° 29.

prefatus episcopus eosdem cives, predictorum minorum auxilio, ad concordiam revocasset, maiores tandem in ipsum et predictos minores nequiter sevientes, minores ipsos, post atroces injurias predicto episcopo et eisdem illatas, ad jurandum quod juramentum prefatum non servarent ulterius, per vim et metum... compulerunt; cum igitur primum juramentum rationabile fuerit et honestum, ex quo sequitur quod secundum fuerit prorsus illicitum et ideo non servandum, aliasque, juxta instituta canonica, ea que vi, metus causa, fiunt carere debent robore firmitatis, fraternitati tue per apostolica scripta mandamus quatinus, si premissis veritas suffragatur, prefatos minores absolvens, auctoritate nostra, a secundo prestito juramento, primum juramentum, prout est licitum, facias appellatione inviolabiliter observari, contradictores per censuram ecclesiasticam appellatione postposita compescendo. Datum Lugduni, secundo idus Augusti, pontificatus nostri anno tertio. (1) »

[Doat — vol. 119, fol. 202r — d'après un parchemin original des archives de l'hôtel de ville, qui a disparu.]

N° 32. DÉCEMBRE 1245.

Les églises de Cahors.

L'évêque Géraud donne l'église Saint-Pierre des Ortes (2) *aux Bénédictines de la Daurade de Cahors* (3).

Considérant, dit-il, la modicité des revenus de ces religieuses, il unit à leur mense l'église de Saint-Pierre des Ortes qui relève de lui et du Chapitre — 1245 — décembre (4).

[Arch. munic. Chartes, n° 3 (ancienn' 343), de 0,17 sur 0,20, où il manque le sceau, Lacroix, *Series*, etc., p. 100, tr. Ayma, p. 332 — voir Lacoste, *H. du Q.*, tome II, p. 262.

(1) Doat s'est trompé en attribuant cette pièce au pape Innocent VI et à l'année 1355. Elle n'a été connue ni de Lacroix, ni de l'abbé de Foulhiac, ni de Lacoste, qui n'avaient connu, on l'a vu, que de façon fragmentaire et erronée la bulle où il est question de la ligue conclue en 1238 entre l'évêque et le peuple de Cahors contre les grands bourgeois.

(2) Voir Daymard, *le Vieux Cahors*, p. 75, pour cette donation qu'il met à la date de 1243, et p. 189 (où il donne la date vraie); M. Longnon avait placé cette église dans le quartier des Ortes, au sud de Cahors. Elle était, en réalité, dans le quartier de Cabessut, tout près de la place actuelle de la Verrerie. Voir documents nos 60, 83, 89. Elle s'appelait indifféremment *de la Orta* ou *de Ortis*.

(3) Daymard, *Ibidem* : sur le couvent, p. 74; sur l'église, p. 179.

(4) Les religieuses cédèrent l'église Saint-Pierre en 1260 (cf. document n° 60). *3*

L'acte de Géraud est reproduit dans un *vidimus*, daté de novembre 1266, de l'évêque Barthélémy (1); arch. munic. *Chartes*, n° 6 (ancien. 346) de 0,12 sur 0,22, auquel manque le sceau.]

N° 33. 27 Avril 1246.

Le comte de Toulouse et l'évêque de Cahors.

Choix d'arbitres pour un accord.

Guiraud (Géraud), évêque de Cahors et le comte Raymond VII, fils de la reine Jeanne, voulant régler leurs différends (2), décident de prendre pour arbitres, le premier, Bernard d'Antéjac (3), archidiacre de Cahors, le second, Sicard Alaman. En cas de dédit, il faudra payer une somme de 1.000 marcs.

Les témoins sont R. Stephani, chanoine de Cahors, Me Guillaume de Clusel, Gisbert, recteur de l'église Saint-Julien, Géraud Barasc (4), Pons d'Artaud (5), Me Guillaume de Puylaurent, Bertrand de Castelpers, Adhémar de Miremont, Bérenger Alaman, R.-G. de Eiches, Beguon de (la) Barrière, B. Aimeric, Aimeric, portier — notaire Arnaud *Peregrinus*.

Fait à Rodez, le 5 des kalendes de mai 1246.

[Archives nationales, *Trésor des Charles*. J. 341, Cahors, n° 1, original — J. 312, Toulouse VI, n° 2, copie — copie dans Tulet, *Layettes du Trésor des Chartes*, tome II, p. 612, n° 3.509 — Lacoste, *H. du Q.*, tome II, p. 265.]

---

(1) Cette pièce est ainsi composée : « Nous, Barthélémy, etc., nous donnons vidimus de lettres de nous ? dont suit la teneur : Nous, Barthélémy, etc., donnons vidimus des lettres suivantes : « Nous, Géraud, évêque de Cahors, etc., décembre 1245. » Pour plus de certitude nous avons, ainsi que notre Chapitre, apposé notre sceau. Et en témoignage de ce que dessus, nous avons mis notre sceau aux présentes lettres. » Quand on a lu le document n° 120 (2e partie), il semble qu'on pourrait conclure à l'existence de deux évêques du nom de Barthélémy.

(2) L'accord dut se faire très bien puisque, trois ans plus tard, le comte de Toulouse mettait l'évêque de Cahors au nombre de ses exécuteurs testamentaires (*Hist. du Languedoc*, édition Privat, tome VIII, col. 1.257).

(3) Frère de l'évêque Pons d'Antéjac (1235-1236); voir l'enquête de 1250 — document n° 47 — voir Lacroix, *Series*, etc., p. 116 (trad. Ayma, I, p. 362).

(4) Neveu de l'évêque Géraud.

(5) *Astoaudi*, chancelier du comte de Toulouse.

N° 34. 12 Septembre 1246.

Le roi de France et l'évêque de Cahors.

Réponse à un mandement du sénéchal au nom du roi au sujet des démêlés avec les consuls.

Le sénéchal G. de Malemort ayant fait, de vive voix, connaître à l'évêque les lettres du roi de France, par lesquelles celui-ci lui donne la commission d'empêcher l'évêque de Cahors d'obliger les habitants de Cahors de comparoir devant lui pour choses qui ne relèvent que du roi, l'évêque répondit :

Il a reçu, comme ses prédécesseurs, la ville de Cahors du roi et de ceux qui l'ont précédé, et les évêques en ont fait l'hommage. Il se reconnaît donc pour vassal *immédiat* du roi de France ; mais les bourgeois de Cahors relèvent de lui directement et doivent se soumettre à sa juridiction. Or, les consuls actuels et ceux des deux années précédentes se sont soulevés contre lui, ont commis force insolences (1) et fait des règlements qui sentent la rébellion (2). Déférés par lui à l'archevêque de Bourges, son métropolitain, et aussi devant des prudhommes, promettant de se soumettre à ce qu'ils pourraient prouver être juste, ils s'y sont toujours refusés et il a fallu les excommunier. L'évêque n'a pas voulu joindre à cela une peine temporelle.

Il n'a donc fait aucun tort aux bourgeois ; c'est lui plutôt qui en a reçu, et il n'a pas à répondre au roi des prétendus torts dont on l'accuse, sauf le respect dû à la majesté royale, à moins d'appel de leur part à la curie royale. Pour lui, il ne croit pas que les lettres présentées par le sénéchal émanent de la *conscience* même du roi, car du roi et de sa curie il ne peut rien provenir que de juste et d'équitable.

Cahors, mercredi en l'octave de la nativité de Notre-Dame, 1246.

[*Registre du Trésor des Chartes*, aux Archives Nat. JJ. xxx, fol. 79 ; cf. J. 341, n° 2 ; imprimé in-extenso dans Teulet, *Layettes du Trésor des Chartes*, tome II, n° 3.543, pp. 634-635 ; copie dans Doat, tome 118, fol. 64 ; cf. Archives du Lot, F. 176, avec notes de M. Lacabane. Le sceau de l'évêque, en cire brune, sur double queue. Il est impossible de lire le nom ; mais dans l'ensemble le sceau paraît être le même, droit et revers, que celui de 1242 — cf. Lacoste, *H. du Q.*, tome II, p. 266.]

---

(1) « Graves et enormes injurias nobis et ecclesie nostre irreverenter nimis intulerunt necnon et quam plures violentias fecerunt et offensas. »

(2) « Statuta que infidelitatem sapiant. »

N° 35. 1246-1247.

Le roi de France et l'évêque de Cahors.

Enquête au sujet des droits du roi et de l'évêque sur Cahors (1246-1247).

Très probablement à la suite de la réponse faite par l'évêque au sénéchal de Quercy, une enquête fut ordonnée dont il reste au moins une partie. Elle a été publiée par M. Boutaric, dans le 1er volume des *Arrêts du Parlement,* d'après un rouleau qu'il ne donne pas en entier.

Il résulterait de cette enquête que pour toutes les contestations qui peuvent s'élever entre l'évêque et les consuls, c'est devant le roi que l'affaire doit être évoquée, tandis que l'évêque assurait que les consuls n'avaient à répondre que devant son tribunal. Les témoins apportent des faits pour montrer la « dreichure » du roi. Ces faits sont très intéressants.

Nous renvoyons pour les détails à l'ouvrage de M. Boutaric et nous ne donnerons ici que les faits qui sont rapportés et les noms des témoins. Quelques-uns, les plus anciens, notamment Hélie de Jean, ont vu la ville de Cahors soumise au roi Richard Cœur de Lion (1188); ce roi vint après la prise de Gourdon *« li rois Richars,* dit Hugues de St-Pierre, *vint a Caours quant il ot pris Gordon et prist serement dou consolat et de la gent de Caours* (1) »; il se fit suivre de quelques cadurciens pour aller faire le siège de Luzech, c'est Hélie de Jean qui le raconte : *« il vit que pour la semonse que li rois R. fist au bouriois de Caours qu'il le suivirent à ost, li communaus de Caours, pour aségier le chatel de Lusich. »* Il laissa, dit le même, un bailli dans la ville, malgré la juridiction de l'évêque qui avait pris parti contre lui : *« il vit que li rois R. mist son baillif à Caours en la dreichure l'evesque Girart de Caours, pour ce que cil evesques estoit inobediens à lui* (2) ».

Presque tous ont vu venir la sœur du roi d'Angleterre, la reine Jeanne, femme du comte de Toulouse, recevoir avec son mari le serment du Consulat et de la Communauté : *« Si vit la royne Jouanne, suer dou roi Richart ; et prist serement dou conseil de Caours e de tout lo communal pour segnourie,..... e vit e oï que li cuens de Tolose et la royne Jouanne, sa*

(1) Dans la partie publiée par M. Boutaric.

(2) Dans la partie inédite. — Aucun de nos historiens ne parle, je crois, de la venue à Cahors de Richard Cœur de Lion.

femme, prindrent serement, etc. » Raymond VII, de Toulouse, en fit autant : « *Si vit enquere que li cuens de Tolose, lor fiuz, prist autrefois serement de la gent de Caours* (1). » « *Si oï dire que la royne Jouanne et li cuens de Tolose, ses fiuz, prindrent serement*, etc. (2).

Tous parlent de deux affaires pour lesquelles il fallut aller, l'évêque comme les consuls, devant le roi de France ; une fois sous Philippe-Auguste, pour les difficultés concernant la monnaie de billon : « *pour le contant que li bourjois avoient contre l'évesque Guillalme de la neire monnoie, qu'il en alèrent pleider par devant le roi Philipe* », 1212 (voir doc., n° 5-6) ; et la seconde fois, sous Louis VIII, pour l'affaire de la cloche (1225-1226) : « *li cossolat de Caours pleidia par devant le roi Loys, a cel evesque, de une campanne — il dist qu'il fu par devant le roi Loys pour le pleist de la campanne.* » — « *et li rois Loïs definit ce plest.* » (Cf. doc. n° 21).

L'enquête fut conduite par messire Gautier d'Amtelle : « *ci est l'enquestes que messires Gautiers Damtelle a feiste de la dreiture le Roi quil doit avoier a Caours* ».

Elle se termine ainsi : « *Sire, je vos faz à savoier que je feite l'anqueste que vous me mandates, et si voil bien que vos sachiez que li evesques de Caours me vint defendre de par vous que je ne feisse l'anqueste, et sachies bien, pour voier, que je eusse eu CC autres tesmoins de la cité de Caours qui tout ce jureroient, mes il me semble que en avoie asez receu, et au preudesomes qui furent avecques moi a ceste enqueste faire.* »

Quarante-deux personnages, bourgeois de Cahors, comparurent devant le commissaire du roi : Pierre et Bernard de Limoges, Jaubert Grifon, Ranulphe Giraud, Bertrand de Jean *(Jouhan)*, Renaud de Concots, *Himbert* de Castelnau *(de Chastelnoef)* (3), Pierre Cazes, Géraud *(Giraut)* de Gontaut, Raymond d'Arcambal *(Raymuns Eichambaut)*, Hélie de Bégous *(Begos)*, Pierre Faure, que nous retrouvons, sous le titre de con-

(1 et 2) Mêmes notes qu'à la page 36.

(3) C'est sans doute le même que celui dont il est parlé dans la *Chronique de Guilhem Pelhisso*, qui enleva du cimetière le corps de son père, mort suspect d'hérésie, pour qu'on ne pût pas le passer par les flammes, ainsi qu'il fut fait pour d'autres (Ed. Albe, l'*Hérésie albigeoise... en Quercy, op. cit.*, p. 6, note 6). Il ne faut pas oublier que nous sommes à la date où les Inquisiteurs opéraient en Quercy. Les passions religieuses se mêlaient aux passions politiques. Ainsi s'expliquent mieux les longs démêlés des évêques et des consuls. — On ne sait pas d'où étaient ces de Castelnau. On trouve un lieu de *Castelnoel* près de Cahors : voir document n° 157, vers la fin.

seillers, englobés dans une sentence d'excommunication lancée, le 31 mars 1248, par l'évêque (document n° 37); Gaubert de la Salvetat, Arnaud Bérenger (ou Bringuier), Grimal Sudre, Bernard Faure, Pierre de Jean, qui sont parmi les consuls de Cahors excommuniés la même année avec les précédents; Raymond Ratier, Guillaume Albouy *(Alboin)*, Hélie de Jean *(Johan)*, Raymond Bérenger, qui appartiennent à des familles déjà nommées ou à des familles de quelques-uns des conseillers excommuniés; Guillaume de Penne, Pierre Donadieu *(Donnade)*, Raymond Dellard *(Dallart)*, Bernard Pélicier, Giraud de Catus *(Caturs)*, Pierre Vidal, Pierre Du Puy, de familles dont les noms reviennent souvent dans l'histoire de Cahors; et enfin Guillaume Boesse (ou Besse), Arnaud de Saint-Amand, Pierre Richard (ou Ricard), Hugues de Saint-Pierre *(Saint Pere)*, André Cavalier *(Chevalier)*, Guillaume de Rosières, Joubert de Gransaut, Donadieu *(Donedeu)* de La Garrigue, Géraud de Blas, Géraud de la Boucasse *(Bucase)*, Géraud Ferrier, Jaubert de Peyrusse *(Peruse)*, Géraud de Mechmont *(Melmont)*, Pierre de la Mote (1).

On trouve un grand nombre de ces noms dans le *Te Igitur.*

Archives Nationales, *Trésor des Chartes*, J. 1029, n° 8, reproduit en grande partie par M. Boutaric, *Arrêts du Parlement*, tome I, arrêts et enquêtes antérieurs aux *Olim*, n° 22. La partie non publiée par lui renferme aussi quelques détails intéressants qui se trouvent dans notre analyse (2).

N° 36. 5 Février 1247.

L'évêque et les consuls.

Bulle du pape Innocent IV au sujet de nouveaux conflits.

Le pape écrit à l'abbé de La Garde Dieu (3) : il a chargé le cardinal

(1) Plusieurs de ces noms se retrouvent dans la liste des marchands de Cahors qui faisaient le commerce avec l'Angleterre (Ed. Albe, *Les marchands de Cahors à Londres*).

(2) Cf. *Bulletin de la Société archéologique du Tarn-et-Garonne*, t. XI, p. 278, enquête datée, celle-ci du 23 sept. 1246, publiée par M. Rebouis, d'après les Archives du Trésor des Chartes, J. 1030, n° 71, au sujet de la mouvance du château de Brassac (Brassac, canton du Bourg de Visa); il y est également question des droits de l'évêque de Cahors et de ceux du comte de Toulouse par sa femme Jeanne d'Angleterre. Lacoste n'a pas connu notre enquête ni les détails qu'elle renferme sur le passage du roi Richard.

(3) C'était à cette date l'abbé Bernard II (Moulenq, *Documents sur le Tarn-et-Garonne*, tome I, p. 269).

Jean, du titre de saint Nicolas *in Carcere*, d'entendre les causes d'appel pour les difficultés concernant la juridiction temporelle de l'évêque (1); mais c'est devant le Pape lui-même que l'abbé devra citer l'évêque à comparoir dans le délai d'un mois après la citation reçue.

Donné à Lyon, le jour des nones de février, an 4 de notre pontificat (2).

[Lacroix, *Series*, etc., p. 101, d'après un document (3) des Archives de Cahors qui a disparu; *trad.* Ayma, tome I, p. 334. — Doat, tome 118, fol. 68, avec la date de 1246. — Archives du Lot, F. 176, voir Dufour, *Commune*, etc. (4), p. 27.]

N° 37. 31 Mars 1248.

L'évêque et les consuls.

Sentence d'excommunication contre les consuls et contre leurs conseillers (31 mars 1248).

La sentence est tout au long dans Lacroix, *Series*, etc., avec les considérants où sont rappelées les violences et les injures dont les consuls se seraient rendus coupables. Cette pièce a été tirée par Lacroix des Archives, depuis longtemps perdues, du Chapitre de Cahors. Pour la commodité des recherches, nous donnons la liste des personnages excommuniés. Nous avons déjà trouvé les noms de plusieurs d'entre eux.

Ce sont d'abord les consuls : Bernard Fabre, Pierre de Jean, Arnaud Bérenger, Bernard de Cabazac, Gausbert de la Salvetat, Guillaume Raymond, Grimald Sudre, Bernard Tournier, Etienne Sudre, Pierre de Salvanhic, G^me^ de la Sale et G^me^ del Casal.

---

(1) Ceci est rappelé dans une lettre de ce cardinal de l'année 1249. Voir plus loin, n° 38.

(2) Lacroix cite encore du même pape deux bulles adressées à l'évêque de Cahors, l'une, du 3 des nones d'août, an 3 (3 août 1245), au sujet des églises pauvres, et qu'il met à l'année 1247; l'autre, du 5 des ides d'août, an 3 (9 août 1245 — Lacroix met également 1247), par laquelle il se réserve à son égard le droit de censure ecclésiastique.

(3) Le Nain de Tillemont, dans son Histoire de saint Louis, tome III, p. 145, donne pour référence : *Invent.* tome V, Cahors, pièce 11, et Reg. 3, p. 77 — On en trouve copie dans le man. 41 (fol. 42v) de la Bibl. munic. de Cahors.

(4) M. Dufour commet ici une grosse erreur en assurant, en note, que l'abbaye de La Garde Dieu était dans Cahors. M. Daymard (*op. cit.* p. 118) le répète d'après lui. Cette erreur s'explique parce que l'abbaye possédait à Cahors une maison où elle mettait les grains levés sur des terres qu'elle avait aux environs. Mais l'abbaye se trouvait, depuis 1150, dans la paroisse de Viminiès, sur les bords de l'Embous (aujourd'hui commune de Mirabel, canton de Caussade).

Ce sont ensuite les bourgeois formant le conseil du consulat : Raymond d'Arcambal, Bertrand de Jean, Arnaud Ratier, Pons Rayne, Géraud Gros, Imbert de Castelnau, P. de Gourdon, P. Cazes, G. Sans-Peur, Vigouroux Monclar, P. Coutelier, G. Garibert, Gasbert Alboy, Gme Delplegat, G. de Cabazac, B. Desanlis, Arnaud Poujade, G. Boscasse, Arnaud Deltoron, Grimald de Domme, Gme Daurez, Gme Sudre, Raynald de Concots, G. de Gontaut, P. de Roumegous, B. Dalpnihac, Griffon, Hélie de Bégous, B. de Limoges (ou de Lémozy), P. de Limoges, Ranulphe Géraud, Raymond Maury, Arnaud Payssot, Géraud Faure, Pierre Faure, Pre Margot, G. Decrazy, P. de Vayrac, B. Artmand, Hugues de Bournazel, B. de Monmeja (1).

Dans les considérants de l'évêque nous trouvons les noms de Gme *Carcanh* (peut-être *Carcavy*), tué par des bourgeois presque entre les bras de l'évêque, de Bernard de la Vaysse, blessé seulement ; de Gme *Austorqua* (ou *Astorg*) son bayle.

Le clerc qui sert de notaire s'appelle Sans Peur.

[Lacroix, *Series*, etc., p. 103 — trad. Ayma, tome I, p. 338 à 342 — cf. Dufour, *Commune de Cahors*, p. 28 à 30 — Lacoste, *H. du Q.*, tome II, p. 267-268.]

Nos 38-45. Avril 1249 — Octobre 1250.

L'évêque et les consuls.

Les démêlés des consuls et de l'évêque de Cahors.

38. — Bulle du pape a l'évêque d'Agen (15 avril 1249).

Cette affaire des démêlés de l'évêque avec les consuls a été confiée aux soins du cardinal Jean, en qualité d'auditeur des causes, mais comme des factums *(libelli)* ont été envoyés des deux parts, le pape charge l'évêque d'Agen de faire une enquête sur leur contenu, en prenant, lui dit-il, beaucoup de précautions et en examinant de très près les réponses sur chaque article.

Lyon, le 17 des kalendes de mai, an VI.

(1) Quelques noms ont été mal traduits par M. Dufour ou par M. Ayma. M. Dufour met : *Salviac* pour la *Salvetat* ; tous deux : *Salvanhac* pour *Salvanhic* ; Lacroix a imprimé : *Salvanhie* ; (voir ce que nous avons dit au document n° 3 : cf. n° 38) — Sans-Peur est écrit par Lacroix *Senespaor*, très régulièrement ; B. *Arcmandi*, dans Lacroix, a été lu *Aromandi* par M. Ayma qui compare avec le nom de *saint Aromans* ; Lacroix a lu mal à propos *Monjuna*, avec barre sur l'*o* indiquant une abréviation : il y avait peut-être *Momeia* ; on lit *Monmieune* dans le *Te Igitur* (nos 6 et 378).

39. — Lettres du cardinal-auditeur a l'évêque d'Agen (12 juillet 1249).

Le cardinal Jean, du titre de Saint-Nicolas *in carcere Tulliano,* lui écrit que depuis longtemps il est chargé de cette affaire. Pierre Martin, qui était auprès de lui le procureur-fondé des consuls, a pris, pour le représenter auprès de l'évêque d'Agen (1), Pierre de Salvanhic et Ramnulphe Géraud, citoyens de Cahors. Il lui envoie les factums.

Lyon, le 4 des ides de juillet, an VI du pape Innocent.

40. — Citation des parties par l'évêque d'Agen (10 nov. 1249).

L'évêque d'Agen, délégué par le Souverain Pontife, charge le chapelain de l'église de Montauban d'adresser de sa part des lettres de citations, pour le vendredi après la saint André (3 décembre), à l'évêque de Cahors, aux consuls et à leur procureur Ramnulphe Géraud.

Donné à Montauban, en la vigile de saint Martin de l'année 1249.

41. — Comparution devant l'évêque d'Agen (3 décembre 1249).

Au jour assigné, comparaissent devant lui Guillaume de Gourdon, archiprêtre de Montpezat, procureur-fondé de l'évêque de Cahors, avec sa procuration bien en règle, datée du même jour, sous forme de lettre à l'évêque d'Agen « son ami très cher » ; et neuf consuls, agissant pour eux et pour leur procureur Pierre Martin. Ils disent que si leur présence ne suffit pas, Ramnulphe Géraud, qui a reçu de P. Martin mandat spécial, ainsi qu'on a vu par les lettres du cardinal, viendra en personne, et en effet le dit R. Géraud comparaît, apportant les lettres scellées du cardinal Jean qui témoignent de ses pouvoirs.

[Doat, vol. 118, fol. 70 — cf. Archives du Lot, F. 176.]

42. — Sentence arbitrale rendue par l'évêque d'Agen (janvier 1250).

Il rappelle que plusieurs points divisaient l'évêque de Cahors et les consuls : 1° l'excommunication lancée malgré appel au pape ; 2° une question de juridiction épiscopale : l'évêque assurant que les consuls relevaient de sa curie pour toutes sortes de causes, les consuls disant qu'ils ne ressortissaient qu'au tribunal du roi pour les affaires du con-

(1) Guillaume II de Pontoise (1248-1263), qui fut patriarche de Jérusalem.

sulat ; 3° une question de juridiction consulaire : les consuls prétendant qu'ils avaient le droit de faire des informations dans la ville et l'évêque assurant que ce droit appartenait à son bayle seul ; 4° une question de monnaie épiscopale : les consuls disant qu'elle n'avait ni l'aloi ni le poids réglementaires ; 5° une question d'administration : les consuls prétendant avoir le droit de faire des réglements et des statuts ; 6° une question de poids et mesures au sujet du blé ; 7° les ligues que l'évêque reprochait aux consuls de former contre son autorité ; 8° l'octroi, ou, *barre*, que les consuls avaient mis sur le pont sans sa permission ; 9° enfin les consuls attentaient aux privilèges des clercs. Et bien d'autres sujets de controverse étaient entre eux.

Voici la sentence d'arbitrage :

1° L'évêque relèvera tous les consuls, présents ou passés, morts ou vivants, des sentences d'excommunication qu'il a lancées contre eux et supprimera l'interdit qu'il avait prononcé contre la ville, sinon il paiera mille marcs d'argent ;

2° La question de juridiction, d'après laquelle les consuls devaient répondre devant l'évêque, restera jusqu'à nouvel ordre en suspens ;

3° Les informations seront faites à la fois par le bayle épiscopal et les consuls ;

4° La monnaie sera de 22 sols de poids, de 11 deniers et 1 obole d'argent, de 3 deniers moins une pogesie d'aloi ;

5° Les consuls ne pourront pas faire de règlements malgré l'évêque ;

6° L'évêque pourra permettre aux consuls de faire peser le blé ;

7° Les ligues formées devront être dissoutes. Et le plus tôt possible devront être terminées toutes les divisions qui bouleversent la ville ;

8° Les consuls paieront à l'évêque une somme de 500 marcs d'argent, poids de Cahors ; moitié aux foires de Provins, moitié aux foires de Lagny, ou avant l'époque de ces foires, s'ils le préfèrent. Ils auraient à payer mille marcs si, aux termes fixés, ils n'avaient quittance de l'évêque ;

9° Les autres points controversés resteront en l'état ;

10° L'évêque ne devra pas réclamer la maison où se vend le blé, contiguë avec celle du consulat ; mais le droit du Chapitre sur cette maison reste sauf ;

12° Si, dans cette sentence arbitrale, quelque solution était donnée contraire au droit de l'évêque ou aux coutumes de la ville, cette solution ne comptera pas.

Fait à Cahors, en l'église Saint-Etienne, en présence des parties, le 4e jour après les octaves de l'Epiphanie 1249 (1).

[Arch. munic. FF 3 (anciens nos 3 et 11) — parchemin original avec le sceau et contre sceau, sur cire brune, de l'évêque d'Agen, pendant à une queue de parchemin, longueur du parch. : 0,21 sur 0,22.]

43. — Paiement par les consuls a des citoyens de Toulouse d'une somme qu'ils leur devaient pour s'être occupés de cette affaire (23 jan. 1250).

Raymond de Jean, fils de feu Hugues, reconnaît que Jacques Donadieu, Pierre de Salvanhic et Arnaud Berenger lui ont payé une somme de 35 livres, moitié d'une somme qui était due audit Raymond et à maître Ramond Capellier, citoyens de Toulouse, à l'occasion de la cause qui avait été confiée à l'évêque d'Agen par le pape. Ces personnages avaient tous deux promis de s'en occuper, par actes passés devant Arnaud Laurent, notaire public de Toulouse. En même temps Raymond de Jean donne quittance à ceux qui l'ont payé, aux consuls (consuls hors de charge, présents ou futurs), et à la communauté de Cahors, etc.

Fait le 9e jour de la fin de janvier, sous le roi Louis, le comte Alfonse, l'évêque R. (2), de l'année MCCXLVIIII. Témoins : Isarn de Villeneuve, Bertrand de (las) Tours, Raymond Roux, légiste, R. *Loricarius*, qui était un des consuls de Toulouse ; Arnaud de Jean, frère de Raymond, Bertrand de Saint-Loup et Guilhem Hugues, son frère ; Guilhem de Jonquières. Pons Bastier, notaire public de la ville et du consulat de Toulouse. Les consuls de Toulouse ont apposé leur sceau.

[Arch. munic. CC 51 — (ancien. nos 2 et 10) : manque le sceau ; long. 0,22 sur 0,29].

44. — Acceptation de l'arbitrage par l'évêque de Cahors (février 1250).

Cette acceptation ne se rapporte qu'à la monnaie.

[Arch. munic. FF 4 (anciens nos 4 et 5) — manque le sceau, long. 0,21 sur 0,21 ; — *Livre noir*, fol. XVIII verso — imprimé dans Lacroix ; *Series*, etc., p. 105, § 105, trad.

(1) A remarquer ces dates : ce sont les dates de foires de Champagne où les Cadurciens se rendaient nombreux. Voir doc., n° 67.

(2) Ce doit être une erreur du scribe ; il faudrait un G. (Géraud) ; le R. est cependant très lisible.

Ayma, tome I, p. 342 — Lacroix a mis en tête du paragraphe la date de 1249 (vieux style) et celle de 1246 à la fin de l'acte — cf. Dufour, *Commune*, etc., p. 31, en note. Il dit à propos de l'acte d'arbitrage : « Nous ne possédons pas cet acte » ; il ne fait pas attention que c'est l'acte dont il donne ainsi la référence : « original, n° 8 », mais dont il n'a lu que le titre écrit au dos du parchemin ; or ce titre ne se rapporte qu'à la monnaie. Et de fait l'acte ci-dessus (n° 44) ne parle que de la monnaie — Lacoste a résumé tout cela aux pages 269-270 du tome II de l'*H. d. Q.*]

N° 45. OCTOBRE 1250.

L'évêque et les consuls.

L'évêque Barthélémy de Roux donne quittance du paiement de l'amende (octobre 1250).

Les consuls avaient été condamnés, on l'a vu, à payer 500 marcs d'argent à l'évêque Géraud : 250 aux foires de mai à Provins ou à Cahors, 250 aux foires de Lagny ou à Cahors. Son successeur, Barthélémy, évêque *élu*, non encore sacré, déclare que l'évêque Géraud a reçu cet argent et même, la première partie, un peu avant le terme fixé ; il en donne quittance aux consuls et à la ville, par lettres scellées de son sceau.

Cahors, l'an MCC cinquante, au mois d'octobre (1).

[Arch. munic. CC 51 bis — (long. : 19 sur 14) — manque le sceau — cf. Lacroix, *Series*, etc., parag. 107 : trad. Ayma, tome I, p. 346 — Doat, vol. 118, fol. 111, donne cette quittance, et de plus la quittance suivante, n° 47 janvier 1251.]

N° 46. (VERS 1250).

Le roi de France et l'évêque de Cahors.

Enquête au sujet de la levée de l'impôt public par l'évêque.

Le document que nous donnons ici est inédit et intéressant : c'est une enquête pour savoir de quelle façon se levait l'impôt public *(commune)*, établi en Quercy en vue d'obtenir la paix, soit par les armes, soit par des accommodements. Cette enquête n'est pas datée et elle est incomplète. Au dos du parchemin conservé on a écrit la date de 1290,

(1) Lacroix assure que l'évêque Géraud aurait donné une première quittance au mois d'avril. Dufour dit qu'il se trompe, mais la quittance de l'évêque Barthélémy déclare formellement que le premier paiement a été fait à l'évêque Géraud *avant* l'époque du terme fixé, qui était les foires de mai de Provins (cf. Dufour, *Commune*, p. 31).

après un coup d'œil trop superficiel, parce qu'il est dit que l'impôt fut établi au temps de l'évêque Géraud, mort depuis quarante ans, et qu'on n'a pensé qu'à Géraud de Barasc, mort en effet en 1250, au lieu de penser à Géraud Hector, mort en 1202. Mais comme, parmi les témoins, plusieurs se rappellent certains faits du temps de Simon de Montfort (témoin 4), il ne peut être question d'une date aussi éloignée de ce personnage que celle de 1290. D'ailleurs, parmi les témoins consultés à Cahors, plusieurs sont les mêmes que les témoins de l'enquête de 1246 : Hélie Begon, Raymond Ratier, Hugues de Saint-Pierre, Bernard de Limoges, Pierre Margot, Gasbert de la Salvetat, etc. De plus le but de cette enquête ne s'explique pas très bien en 1290, tandis que l'on comprend au contraire que, peu de temps après la mort du comte de Toulouse (1249), au moment même où l'on faisait rendre à son héritier, Alphonse de Poitiers, les hommages des seigneurs du Quercy (cf. Lacoste, *H. du Q.*, tome II, p. 273), le roi de France se soit occupé de ce droit, que revendiquait l'évêque de Cahors, de lever l'impôt de la paix. A tous les témoins on demande s'ils pensent qu'on peut conserver la paix dans le pays autrement qu'avec l'autorité royale, et tous répondent que non. Nous croyons donc que c'est vers 1250 que se place cette enquête, qui marque en réalité un progrès dans les relations du roi et de la ville de Cahors.

En voici le résumé. Au temps de l'évêque Géraud (-Hector), et pendant que la guerre sévissait dans le pays, sans doute au moment de la guerre entre le comte de Toulouse et Richard Cœur de Lion, il y eut un accord fait entre l'évêque, les barons et les principales villes du Quercy. On décida d'établir un impôt commun, dans le but d'avoir la paix. En règle générale les percepteurs en étaient les curés des paroisses (tém. 11) ; les fonds étaient réunis en partie à Cahors (témoin 11e), en partie à Figeac (tém. 23). Les contrevenants payaient une amende. Avec les fonds ainsi levés on payait, soit les soldats nécessaires pour forcer les récalcitrants, soit les arbitres et les pacificateurs, dont le nombre était fixé à dix ou douze. Les fonds inutilisés étaient partagés entre l'évêque et les autres pacificateurs (divers tém.), ou entre les barons et les pacificateurs, parmi lesquels était toujours l'évêque (tém. 23).

Cet impôt fut levé pour la première fois sous l'épiscopat de celui qui l'avait fait établir ; les souvenirs des témoins se portent à des levées qui eurent lieu sous son successeur Guillaume ; une fut faite par le comte de

Montfort, une autre par Guilabert de Maubuisson, sénéchal du Quercy (1); une autre par Guillaume *Calveira*, prévôt du comte de Toulouse (tém. 6); une autre par les pacificateurs (tém. 9). Pour ces levées, il fallait le consentement de l'évêque, des barons et des villes ; l'évêque avait l'autorité principale en cette matière : Guillaume de Cardaillac assurait avoir obtenu ce droit du roi Philippe-Auguste (tém. 13). C'était l'évêque qui convoquait les barons à Cahors et qui leur faisait jurer la paix (tém. 11 — cf. tém. 29).

Voici le texte du document. Nous le donnons en entier, bien qu'il soit d'intérêt général pour le Quercy et bien que la fin ne se rapporte pas directement à la ville de Cahors, puisqu'on entend des témoins d'autres villes. Mais cette pièce est importante pour l'histoire de la temporalité de l'évêque; elle explique ses prétentions.

Isti sunt testes de Caturcio.

1. Prior Caturcen. (2), juratus et interrogatus de levatione *communis* in Caturcinio, dixit quod ipse, tempore *episcopi Geraldi* qui decessit quadraginta anni sunt et amplius, vidit bis commune levarī, dicens quod pro pace servanda in diocesi levabatur, auctoritate episcopi, cum voluntate baronum et magnarum villarum, et inde fiebant emende et dabantur stipendia militantibus. Requisitus utrum in diocesi caturcensi possit pax servari nisi per regem, dixit quod non. Dixit etiam quando aliquid erat residuum de communi episcopus inde retinebat et distribuebat inter barones et pacificatores sive pactarios.

2. Bernardus (3), archidiaconus Caturcensis..., dixit idem de credulitate quod primus de scientia, addens quod tempore quo comes Montisfortis dominabatur pro rege, temporibus illis, cum consensu ipsius et voluntate episcopi, fuit levatum commune in Caturcinio, sicut audivit et credit, et postea Guilabertus, senexcallus domini regis ipsum commune cum voluntate episcopi levavit. Dixit etiam et constanter asseruit quod commune fuit statutum pro pace

(1) Ce Guilabert est nommé, mais avec le titre de *bailli* du Quercy, dans des lettres de 1233 où le roi fait connaître l'acte d'hommage de Guillaume de Gourdon (Archives du Lot, F. 98).

(2) C'était à cette date Géraud de Gourdon (Douais, *Docum. pour servir à l'Hist. de l'Inqon*, tome II, p. 40).

(3) Bernard d'Antéjac, frère de l'évêque Pons. Nous avons déjà trouvé son nom (Doc. n° 33).

servanda et quod nullo modo potest servari (pax) nisi per regem. Immo quum iste senescallus fuit a domino rege missus, tota terra erat in guerra.

3. Bernardus Helie, civis caturcensis juratus, dixit penitus idem quod Archidiaconus, excepto quod dictus archidiaconus dixit de credulitate super levatione communis, ipse dixit de scientia.

4. Helias Beguo (1), civis caturcensis, dixit idem quod Bernardus Helie, asserens quod vidit levari commune, tempore episcopi Willelmi, semel per pactarios, secundo per comitem Montisfortis, tertio per Guilabertum de Malboisso, sed Guilabertus non levavit in villa Caturcensi.

5. Raymundus Raters, civis caturcensis, juratus, dixit idem quod archidiaconus (2).

6. Hugo de S^{to} Petro, civis caturcensis, juratus, dixit idem quod Bernardus Helie, addens quod Willelmus Calveira, prepositus comitis Tholosani qui tunc habebat dominium in Caturcinio, quod habet modo dominus rex, cum voluntate episcopi et pactariorum levabat commune.

7. Bernardus de Lemotges, civis caturcensis,juratus, dixit idem quod Hugo de Sancto Petro.

8. Geraldus Maurezis, civis caturcensis,juratus, dixit idem quod Raimundus Raters.

9. Guaubertus de la Salvetat, juratus, dixit idem quod R. Raters, hoc addito quod ipse commune vidit semel levari per pactarios.

10. Petrus Marquotz *(sic)* (3), juratus, dixit idem quod archidiaconus, excepto quod Guilabertus non levavit ipse commune in civitate Caturcensi.

11. Frater G. Aimerici (4), *preceptor domus templi del Bastit*, Caturcensis diocesis, dixit quod Geraldus, quondam episcopus caturcensis, statuit commune levari in Caturcensi diocesi pro pace servanda, cum consilio baronum et magnarum villarum et statuit decem pacificatores sive pactarios, et levabatur commune per presbiteros parochiales, et ponebatur in archa apud Caturcum sub custodia bonorum virorum. Dixit etiam quod de ipso communi fiebant emende de infractione pacis et dabantur stipendia militantibus pro pace; de

---

(1) C'est sans doute le même qu'Hélias de Begos, du document n° 35.

(2) Nous avons déjà vu le nom de Raymond Ratier parmi les créanciers de l'évêque Guillaume de Cardaillac, en 1230 (doc. n° 22) et parmi les témoins de l'enquête de 1246 (doc. n° 35).

(3) Nous avons également vu le nom de P^{re} Margot dans l'acte de 1230.

(4) Ce commandeur n'est pas sur les listes du P. du Bourg, *Grand prieuré de Toulouse*. Il doit être placé entre Raymond de Bouyssou et Pierre del Castel. Peut-être appartenait-il à la noble famille des Aymeric, de Gramat, qui donna son nom à un quartier de cette ville : l'*Aymeriguie* — (Ed. Albe, *Possessions d'Obasine en Quercy*, page 188) — Le Bastit, commune du canton de Gramat.

hoc vero quod residuum esset, dixit quod nescit quid inde fiebat, nec per quem distribueretur. Requisitus utrum tunc demum debeat levari commune quando intervenit consensus episcopi, baronum et villarum, dixit quod nescit, sed tunc intervenit. Requisitus utrum episcopus sit caput pacis et communis, dixit quod credit quod est episcopus; dixit etiam quod episcopus convocabat barones apud Caturcum, et in manu sua jurabatur pax. Requisitus de comite Montisfortis utrum levaverit commune, dixit quod nescit. Requisitus utrum Guilabertus levaverit commune, dixit quod sic, de quibusdam locis cum voluntate episcopi et baronum. Requisitus utrum pax possit servari nisi per regem, dixit quod non.

12. Frater Willelmus d'Anglars, cisterciensis ordinis, juratus, dixit idem quod Templarius, hoc addito quod si aliquid residuum esset de commune, episcopus dividebat inter barones et pacificatores sive pactarios, et vidit levari commune per comitem Montisfortis et credit quod de voluntate et consensu episcopi.

13. Raimundus, archipresbiter de Vallibus (1), juratus, dixit de statuto communis et de aliis idem quod W. d'Anglars, hoc addito quod dicit episcopum dominum esse communis, ita quod quum aliquid residuum est, ipse dividit et distribuit pro voluntate sua, et *audivit dici a Willelmo episcopo* quod ipse obtinuit in curia domini regis Philippi, scilicet quod esset dominus communis contra barones.

14. Petrus, archipresbyter de Figiaco (2), juratus, dixit de auditu idem quod preceptor predictus, addito quod residuum communis dividebatur per episcopum inter barones. Dixit etiam quod Guilabertus levavit commune de concessione episcopi et super hoc vidit litteras episcopi et dicti Guilaberti.

15. Aymericus Piscis, archipresbiter Caturcensis (3), juratus, dixit quod tempore bone memorie Geraldi, quondam episcopi Caturcensis, fuit statutum commune, et de aliis dicit idem quod R. archipresbyter de Vallibus, addito quod tempore interfuit quando dominus rex Philippus dixit cum consilio sue curie quod barones non poterant sibi dare commune, quia ad episcopum pertinebat. Adjecit etiam quod in Caturco et in Figiaco et in tota diocesi levabatur commune.

---

(1) L'archidiaconé des Vaux comprenait deux archiprêtrés : celui des Vaux de Névèges et celui des Vaux de Lauzerte ou de Moissac. Quand on met «archiprêtré des Vaux» tout court, il s'agit du premier : Névèges, commune de Labarthe, canton de Molières (Tarn-et-Garonne).

(2) L'archiprêtré de Figeac avait pour chef-lieu de résidence Molières, en l'archiprêtré de Thégra.

(3) L'archiprêtré de Cahors avait pour chef-lieu de résidence l'église Saint-André, au centre de Cahors.

Isti sunt testes de Gordonio.

16. Willemus Pelegris (1), burgensis de Gordo, juratus, dixit quod ipse audivit dici quod commune fuit statutum de consilio episcopi et baronum et magnarum villarum pro pace servanda, et inde fiebant emende et stipendia dabantur militantibus, et duodecim fuerunt statuti pacificatores, et commune reservabatur in archa, in villa Caturci. Requisitus utrum episcopus ibi haberet jus, dixit quod nescit nec audivit dici, nisi sicut unus de pactariis. Requisitus quid fiebat de residuo communis, dixit quod dividebatur inter pactarios et barones. Dixit etiam quod viderit quod, ex concessione episcopi et baronum, *Guilabertus de Malboisso*, senescallus domini regis, levavit bis commune, et credit quod non de omnibus villis fuit levatum, sed de magna parte. Requisitus utrum partem reciperet ibi episcopus, dixit quod senescallus convenerat cum eo et recipiebat ibi partem, sed nescit quotam. Requisitus utrum pax possit servari per alium nisi per regem, dixit quod non.

17. Bertrandus Lastroa (2), juratus, dixit idem penitus quod W. Pelegris, hoc adjecto quod per comitem Montisfortis vidit levari commune ad faciendum ea propter que statutum erat commune ; de Guilaberto adjecit quod semel levavit de Gordonio, et dedit litteras quod de cetero non peteret, nisi per totam diocesim levaretur.

18. Deusdedit, burgensis de Gordonio, juratus, dixit idem quod dictus Bertrandus, excepto quod non vidit levari commune per Guilabertum, nisi semel.

19. R. Moliners, burgensis de Gordonio, idem dixit omnino sicut dictus Bertrandus.

20. R. de Casnac (3), miles, juratus, dixit idem de statuto communis quod Archidiaconus Caturcen. Dixit etiam quod non potest pax servari nisi per regem et nisi levetur commune.

Isti sunt testes Rupis amatoris.

21. Petrus Daureris, burgensis R. A., juratus, dixit idem quod W. Pelegris, excepto quod de Guilaberto dixit idem quod Deusdedit.

22. Poncius Daureris, burgensis ejusdem ville, dixit idem quod W. Pelegris.

23. G. Avalo (4), juratus, dixit idem sicut W. Pelegris.

---

(1) La famille Pélegri, de Gourdon, s'établit au Vigan dont elle eut, aux siècles suivants, la coseigneurie.

(2) Ce nom de *Lastroa* est fréquent dans les archives de Gourdon et de Figeac.

(3) Casnac. Ce nom rappelle celui du seigneur périgourdin, célèbre, ainsi que sa femme, par ses cruautés, et dont les Croisés détruisirent le château de Montfort sur Dordogne.

(4) De Valon — On sait que cette famille avait maison à Roc-Amadour et droit sur la vente des sportelles du pèlerinage.

Isti sunt testes ville Figiacensis.

24. W. Bels, burgensis Figiaci, juratus, dixit quod, cum quondam guerra erat in Caturcinio, episcopus et barones statuerunt quod levaretur commune pro pace servanda, et inde fiebant emende et dabantur stipendia militantibus. Requisitus quid fiebat de residuo si quid esset, dixit quod dividebatur inter pactarios et barones. Requisitus utrum episcopus distribueret commune vel haberet aliquid juris in eo, dixit quod non, nisi sicut unus de aliis baronibus. Requisitus utrum levaretur in Caturcinio velut in Figiaco, dixit quod sic, sicut credit, tempore comitis Montisfortis. Requisitus ubi servaretur commune levatum, dixit quod de Figiaco vel circa servabatur apud Figiacum, et de Caturco servabatur apud Caturcum. Requisitus utrum Guilabertus levaverit de Figiaco commune, dixit quod non, tamen gratis servierunt eidem.

25. Hugo Geraldi, burgensis Figiaci, dixit idem quod W. Beus *(sic)*.

26. W. Roberti, de Figiaco, idem dixit quod W. Beus.

27. Hugo Geraldi dal estanc, burgensis de Figiaco, idem.

28. Rigualdus Bels, juratus, dixit idem quod W. Bels, excepto de comite Montisfortis.

29. Stephanus Bels, de Figiaco, idem dixit quod R. Bels.

Testes de Cardalhac *(sic)*.

30. G. Amelii, miles de Cardeliaco, juratus, dixit idem quod Rig. Bels, excepto quod in manu episcopi jurabatur pax, et episcopus convocabat barones et apud Caturcum reservabatur commune.

31. Guaubertus de Sancto Brixio (Saint-Bressou), burgensis de Cardalaco, juratus, dixit idem quod G. Amelii, excepto de comite Montistortis.

(Archives nationales — *Trésor des Chartes* — Languedoc. J. 896, n° 33, parchemin.)

N° 47. Janvier 1251.

L'évêque de Cahors et les consuls.

Les consuls rendent une somme empruntée pour payer l'amende à eux imposée l'année précédente.

Bernard d'Antéjac, archidiacre de l'église Cathédrale, donne quittance aux consuls de Cahors d'une somme de trois cents livres qu'ils lui avaient empruntée pour payer ce qu'ils devaient à l'évêque Géraud. Lui-même devait cette somme au roi de France pour sa part du décime que le pape avait accordé sur tous les clercs du diocèse de Cahors.

Quittance scellée de son sceau.
Cahors, le premier mois de l'année 1250 (1).

[Doat, vol. 118, fol. 113, d'après une copie en parchemin des archives de l'hôtel de ville — qui a disparu.]

N° 48. JUILLET 1251.

Le Pont-Neuf.

Accord fait par l'abbé de Tulle entre l'évêque et les consuls au sujet des droits de péage.

Un pont nouveau était nécessaire, mais l'évêque voulait qu'on reconnût par avance son droit sur ce pont, puisqu'il avait le péage du bac. L'abbé de Tulle, assisté de l'archidiacre Bernard d'Antéjac, du bayle épiscopal Guilhem Austorgue (2), des citoyens P. de Vairac et Arn. Poujade, prononce, en qualité d'arbitre, que le pont se fera entre l'église de la Daurade et la maison de feu Gér. Barsil; que l'évêque y percevra un droit sur les étrangers, comme font les chanoines sur le Pont-Vieux; au bout de 3 ans, si l'homme qui percevra ce droit lève environ 10 livres, l'évêque recevra cette somme; s'il lève moins, les consuls parferont cette somme. Si le pont ne se faisait pas ou si l'on n'y pouvait passer, l'évêque aurait les mêmes droits qu'auparavant sur le port Bullier. Les consuls avaient, sur le port, un gage pour une somme de cent livres (3); cette somme restera à l'évêque tant que le pont ne sera pas bâti.

L'abbé de Tulle P., l'évêque B. et les consuls mettent leurs sceaux. Cahors, 1251, mois de juillet (4).

[Archives munic. DD 41 (anciens n^{os} : 11, 14, 16), manquent les trois sceaux ; long. 0,28 sur 0,23 ; *charte n° 118* (ancien n° 5), long. 0,31 sur 0,29 : *vidimus* de cet acte par l'évêque Raymond de Cornil — jeudi après la fête de la conversion de saint Paul, l'année 1283 (janvier 1284)—parchemin auquel manque le sceau de l'évêque — voir Dufour, *Commune*, etc., p. 41 ; Lacoste, *H. du Q.*, tome II, p. 277.]

(1) Donc 1251, puisque Géraud est mort en sept. 1250.

(2) Nous avons déjà vu son nom dans la sentence d'excommunication de 1248 (n° 37).

(3) Voir l'acte du 30 mars 1230 (document n° 23).

(4) Voir Daymard, *Le vieux Cahors*, p. 29, 30; il attribue à cette même date de 1251 un autre acte, au sujet de ce pont, qui est seulement de 1271 (voir document n° 82).

N° 49. NOVEMBRE 1251.

L'évêque de Cahors et les consuls.

Convention au sujet de la monnaie.

« L'évêque Barthélémy promet aux consuls de faire fabriquer de la monnaie nouvelle, à l'aloi de 3 deniers d'argent, valant 2 deniers et une obole de sterlings au marc, et de n'en point faire fabriquer d'autres poids et aloi (1). »

Extrait :

« ... Cum innovaverimus monetam Caturcensem et ipsam fecerimus operari in lege trium denariorum boni argenti ac legitimi, tenentis duos denarios et obolum sterlingorum tantummodo et non plus, usque ad finum argentum in qualibet marcha argenti et in pondere viginti solidorum et quatuor denariorum pro qualibet marcha, et debent fieri sex denarii tantum in libra qualibet obolorum, ad tres denarios, minus pogeza, legis talis argenti, sicut de denariis superius est expressum, et viginti solidorum ponderis pro qualibet marcha..... »

Cette monnaie devra être confirmée par les consuls et par tous les habitants de la ville et de la terre de Cahors.

L'évêque promet de la garder toujours identique pendant son épiscopat et de ne pas la changer.

Cahors, année 1251, mois de novembre (1).

[Doat, vol. 118, fol. 124 — d'après une pièce des archives de l'hôtel de ville, qui a disparu.]

N° 50. AOÛT 1254.

Le roi de France et l'évêque de Cahors.

Hommage de l'évêque Barthélémy.

Lettres de saint Louis constatant que l'évêque Barthélémy est venu au Puy en Velay lui faire hommage pour la comté et la ville de Cahors. Le

(1) Cf. le document n° 68 (5 déc. 1265), par lequel on voit que l'évêque a changé de monnaie ; à moins que, en 1265, il ne s'agisse d'un autre Barthélémy, ainsi que permettrait de le croire le document n° 118-120 (article 128).

roi lui a promis de ne jamais laisser sortir hors des mains royales ni son hommage ni l'évêché (1).

[Archives municipales : *Te Igitur*, fol. XXXI — éd. imp. n° 320, p. 138 — cf. Lacroix, *Series*, etc., p. 122; trad. Ayma, t. I, p. 374 — Lacoste, *H. du Q.*, tome II, p. 285.]

N° 51. DÉCEMBRE 1254.

Les consuls de Cahors et le Chapitre.

Accord au sujet de droits du Chapitre sur la maison Consulaire.

Cet accord, confirmé par l'évêque Barthélémy, comprend quelques autres choses qui faisaient l'objet de controverses entre le Chapitre et le Consulat.

D'abord, les consuls ayant acquis les droits de G. Bodis sur la maison devenue la maison communale (2), le Chapitre disait que cette maison était de son fief, qu'il y levait chaque année XVI deniers de cens et l'acapte à l'occasion; enfin qu'on ne lui avait pas payé le droit de lods et ventes pour cette acquisition. Les consuls reconnaissent les droits du Chapitre.

Le Chapitre possédait directement une moitié du champ de la Beyne (3) et avait, sur l'autre moitié, 3 sols de cens et l'acapte; cette première moitié ayant été acquise par les consuls, ils deviennent propriétaires du tout, sans aucun cens ni acapte, mais à la condition de payer au Chapitre 50 livres caorsines.

Enfin, sur la terre qui est entre le pont de Cahors et la terre de l'église Saint-Laurent (4), le Chapitre avait 2 sols de cens, l'acapte et le droit sur les ventes; or les consuls n'avaient pas payé pour les acquisitions faites et avaient accensé la terre à des gens qui y avaient bâti. Il est entendu que le Chapitre renoncera à ce droit qui lui est dû sur les ventes; ne

(1) Voir les nos 12 et 20.

(2) La maison communale fut changée ensuite et mise à la maison Baussa (voir doc. 115-116). M. Daymard n'a pas connu cette première demeure consulaire (*Le vieux Cahors*, p. 214).

(3) Le champ de la Beyne s'étendait depuis le pont actuel du chemin de fer sur le Lot jusqu'au viaduc de Fontanet. Sur l'emplacement de la petite chapelle de Vialars se trouvait l'église paroissiale Saint-Julien de La Beyne.

(4) Ancienne paroisse de Cahors — Voir Daymard, *Le vieux Cahors*, p. 185.

demandera rien aux gens qui ont bâti sur la terre à eux accensée, mais que si une de ces maisons se vend, on paiera le droit de vente au Chapitre.

L'acte est daté de 1234, « el mes de decembre » — Acte en roman.

[Arch. mun. FF 5, long. : 29 sur 28 (anciens nos 16 et 12); les deux sceaux du Chapitre et de l'évêque, sur cire brune, assez bien conservés, pendent par des cordelettes tressées. Tous les deux ont pour sujet du contre-scel la lapidation de St Etienne, mais d'un dessin différent. Le sceau de Barthélémy représente un évêque bénissant ; le sceau du Chapitre : en haut, le moutier à 3 tours, en bas, le pont à 3 tours et 4 arches.]

No 52. OCTOBRE 1255.

Bourgeois de Cahors.

L'évêque Barthélémy cède à Bernarde Baussa, qui a fini sa pénitence comme hérétique, tous les droits qu'il pouvait avoir sur ses biens.

Il s'agit des biens de Guillaume Baussa (voir documents nos 26 et 30). On apprend ici que Guilhem Baussa et sa femme Bernarde avaient été condamnés pour hérésie par les inquisiteurs P. *Sellani* et Gme *Arnaldi* (1), le premier à s'en aller vingt ans en Palestine, la seconde à certains pélerinages. Chacun d'eux fit sa pénitence. Baussa obtint remise d'une partie de sa peine et put revenir à Cahors avant l'expiration des vingt années. Ils se montrèrent depuis, tous les deux, bons chrétiens. Déjà l'évêque Géraud (2) avait fait, en faveur de Guillaume de Durfort, neveu de Bernarde, remise des droits qu'il pouvait avoir. L'évêque Barthélémy, avec l'approbation du Chapitre, fait de même en faveur de Bernarde, veuve de Guillaume Baussa, sans aucune réserve (3).

Donné à Cahors, le mois d'octobre 1255.

[Archives municipales de Cahors, charte no 9. L'acte de 1255, comme celui de 1242, est inclus dans un *vidimus* de l'official, de 1282 — voir Ed. Albe, *Inquisition en Quercy*, op. cit., p. 41, où sont *in extenso* les deux actes.]

---

(1) Ed. Albe, *op. cit.*, p. 6.

(2) A noter que, dans le document, qui est une copie de 1282, on a mis en toutes lettres *Guillaume* au lieu de *Géraud*, par fausse interprétation de la lettre G.

(3) Le même évêque, vers ce temps, donnait des lettres de rémission à une femme de Moissac, aussi condamnée pour hérésie (Ed. Albe, *op. cit.*, p. 21 et 43 ; d'après Doat). En mai 1257, il faisait un accord avec Alphonse de Poitiers qui se montrait plus exigeant que lui au sujet de la confiscation des biens pour crime d'hérésie (voir *ibidem*, p. 30 et 44).

N° 53. 29 Nov. 1255.

L'évêque et les consuls.

Bulle d'Alexandre IV en faveur de l'évêque.

Le pape donne à l'évêque Barthélémy le droit de dissoudre, en menaçant des censures ecclésiastiques, les diverses ligues qui se formaient dans la ville et dans le diocèse, au préjudice de la paix, et qui étaient la cause de beaucoup de violences.

[Lacroix, *Series*, etc., § 129, p. 133. — Voir Lacoste, *H. du Q.*, tome II, p. 288.]

N° 54. Janvier 1258.

Eglises et couvents de Cahors.

L'évêque Barthélémy donne aux Bénédictines de la Daurade l'église de la Madeleine-Aussac (1).

La médiocrité des ressources des religieuses qui ne peuvent, par suite, vivre selon les règles de l'ordre, ni conserver sa dignité au culte divin, décide cet évêque à adjoindre à leur mense l'église d'Aussac, sur laquelle elles avaient déjà le droit de patronage; elles jouiront désormais des fruits de cette église, en donnant la portion congrue au chapelain qui aura la charge des âmes.

Le Chapitre de Cahors approuve cette union. Il met son sceau à côté de celui de l'évêque.

Cahors, 1257, mois de janvier.

(Arch. munic. *Charte 4* (anciens n°s 344 et 1), parchemin de 0,15 sur 0,17 où pend encore une bonne partie du sceau du Chapitre ; (celui de l'évêque manque).

(1) La Madeleine-Aussac, ou la Madeleine del Peyrou, fait partie aujourd'hui du département du Tarn-et-Garonne, commune et canton de Montpezat. La maison que les Bénédictines y firent bâtir à une époque postérieure est encore aujourd'hui appelée « le couvent ». Le texte porte : *de Aussaco*, mais l'on ne peut confondre avec Aussac (de la commune de l'Honor-de-Cos, canton de La Française), qui n'appartint jamais à ces religieuses et fut uni, au XIVe siècle, au Chapitre de Montpezat. — M. Daymard, *Le vieux Cahors*, p. 75, n'a pas mis cette donation dans sa monographie des Bénédictines de Daurade.

Nos 55-58. MARS-AVRIL 1259.

L'évêque et les consuls.

Affaire de Raymond, frère de l'évêque Barthélemy.

55. — APPEL DES CONSULS AU ROI DE FRANCE (2 mars 1259).

Le frère de l'évêque avait, dans le désordre des troubles de Cahors, mis à mort l'archiprêtre de Saint-André de Cahors, Vincent. L'évêque, qui ne connaissait pas encore le rôle de son frère, avait chargé les consuls, en pleine cathédrale, de faire l'enquête et de poursuivre les coupables, même clercs. Les consuls n'avaient pas besoin de cet ordre, puisqu'ils sont, disent-ils, en possession de ce droit d'enquête (1). Ils firent l'information et trouvèrent que les meurtriers étaient Raymond, frère, et Pierre-Barthélémy, neveu de l'évêque. Mais alors, ce dernier aurait refusé de livrer les coupables aux consuls, ou plutôt il les aurait fait tirer de la prison consulaire par son bayle, et quand l'enquête de son official eut confirmé celle des consuls, il retint les coupables dans la prison épiscopale, une prison mal gardée d'où s'étaient échappés déjà des faux-monnayeurs et des cambrioleurs. Les consuls envoyèrent de meilleurs gardiens. L'évêque leur fit dire de les retirer. De plus il a voulu exclure les consuls du jugement, qui devait se faire en commun comme l'enquête.

En conséquence, les consuls font appel, pour le temporel, à la justice du roi; pour le spirituel, à celle du pape.

Fait à Cahors, le dimanche après les Cendres, 1258, en présence de B., abbé de Figeac, noble homme Déodat Barasc, les consuls de Moissac et de Montauban.

(Doat, vol. 118, fol. 125 à 130 — D'après l'original, avec 4 sceaux, des archives de l'hôtel de ville — Cet original à disparu.)

---

(1) Cf. la sentence arbitrale de 1250. On voit dans le *Te Igitur* (fol. LXVIv — éd. imp. n° 416, p. 247) qu'en mai 1258 les consuls et le bayle de l'évêque étaient d'accord pour quelque condamnation, ce qui prouve l'accord entre eux et l'évêque à cette date.

56. — Compromis entre l'évêque et les consuls, s'en remettant a l'arbitrage de Raymond, évêque de Toulouse (9 avril 1259).

L'évêque accepte, en prenant pour caution son oncle, P., doyen de l'église d'Angoulême. Les consuls disent que, si l'arbitrage ne peut avoir lieu dans le courant d'un mois après Pâques, ils sont prêts à comparoir devant le roi de France auquel ils ont fait appel, ainsi qu'il a été réglé avec Hugues Lemere, lieutenant du sénéchal de Quercy.

57. — Arbitrage dudit évêque de Toulouse (18 avril 1259).

Cette sentence, qui ordonne le bannissement, par l'évêque de Cahors, de son frère Raymond, et la punition des autres coupables, ainsi que le rétablissement de la paix entre les parties, mais qui condamne aussi certaines usurpations des consuls à l'egard des droits épiscopaux, est tout entière dans Lacroix. Mais celui-ci ne donne que les noms de deux témoins. Voici tous les noms cités dans l'acte : B., archidiacre-mage de Cahors ; maître Daurde Barasc ; G. Barasc ; Hugues de Lézergues ; Hector, sacriste ; Raym. d'Aymar ; Olivier de Penne ; G., archidiacre de Montpezat : chanoines de Cahors ; frère Bertrand, lecteur des Frères Prêcheurs ; frère Jacobi, prieur provincial en Espagne ; frère Etienne de Lumillon (?) ; frère B., gardien des Frères Mineurs ; les citoyens de Cahors : A. Béraldi ; Benoît de Jean ; Jacques Donadieu ; G. de l'Art *(de arte)*; Raym. Hélie ; Gausb. de la Salvetat ; A. Berenger ; maître A. de *Albinione;* Me Benoît de l'Ile ; maître Benoît, recteur de l'église de Saint-Léon ; et moi Rd Esquirol, notaire public du *castrum* de Puylaurent.

(Arch. munic. FF 6 (ancien n° 17), de 0,29 sur 0,19 — manque le sceau de l'évêque de Toulouse — Copie de la sentence d'arbitrage dans Lacroix, *Series*, etc., p. 131 — trad. Ayma, tome I, p. 388-9 — Doat, vol. 118, fol. 134' — Archives du Lot, F. 176 — cf. Dufour, *Commune*, p. 41 et Lacoste, *loc. cit.*)

58. — Sentence de l'évêque Barthélémy contre son frère (19 avril 1259).

Il obéit à l'arbitrage de l'évêque de Toulouse, bannit son frère à perpétuité, et se réconcilie avec les consuls (1).

(Texte dans Lacroix, *Series*, etc., p. 132 — trad. Ayma, tome I, p. 391.)

---

(1) Lacroix fait de cette affaire un exposé un peu différent de celui des consuls dans leur appel au roi. Il reconnait les torts des parents de l'évêque, mais il dénonce l'usurpation des consuls en matière de juridiction, et leurs violences pour s'emparer de la

N° 59. 1260.

Actes des consuls.

Ils authentiquent un arrentement de maison et terres au port Bullier.

Les consuls font savoir que dona Nadalia, femme de Pons Arcambal, et Guilhem de Bonconseil, R. del Tondedor, exécuteurs testamentaires de feu Benoît Rotbert (testament approuvé par l'officialité diocésaine), avaient arrenté à P. Rabaut et Jean Blat, pour 9 livres de rente annuelle, payables en 2 termes, les maisons et la terre confrontant avec la maison de B. Pélhissier (vanelle entre), la maison de Jacques Margot (les *piles* (1) communales et mejasserres entre), la rue du port Bullier, et le fleuve du Lot. Les pupilles, filles de Benoît Rotbert, Bernarde et Sibylle, approuveraient la vente à leur majorité.

Les consuls authentiquent l'acte de leur sceau.

Fait à Cahors, l'an m. cc lx, au mois de (le mot manque).

[Arch. munic., *Charte* 5 (ancien n° 26), long. 0,31 sur 0,23 — manque le sceau.]

Nos 60-61. Avril 1260.

Eglises de Cahors.

Les Religieuses de la Daurade cèdent à l'évêque l'église de Saint-Pierre des Ortes et reçoivent en retour l'église de Saint-Géry.

Géraude, prieure de la Daurade, fait savoir que sur la demande de l'évêque de Cahors, Barthélémy, très bon pour le couvent, auquel il a rendu de grands services, elle et ses religieuses lui cèdent l'église Saint-Pierre *de la*

---

personne du meurtrier. Le factum de Raymond de Cornil contre les consuls, en 1283 (voir document n° 120, articles 120 et 129), raconte la chose avec plus de différence encore : il dit, comme Lacroix, que les consuls envahirent la prison et en brisèrent les portes ; mais, d'après lui, Vincent était un neveu de l'évêque et le gardien du sceau épiscopal ; les consuls l'auraient tué, ainsi que son clerc Octoli ; le frère de l'évêque Barthélémy aurait été banni par les consuls. On voit qu'il est difficile, pour les faits où la passion joue un rôle, de connaître exactement toute la vérité. Raymond de Cornil était un contemporain.

(1) Il est question ailleurs de ces *piles* ou piliers qui devaient former, pensons-nous, un des côtés de la place des Changeurs, aujourd'hui place des Petites-Boucheries (voir document 82).

Orta, avec le sol où l'église est bâtie et le cimetière, tout le droit qu'elles peuvent avoir sur le territoire qui va de l'église au pied du pech de Rolle *(Roulla)*, le long de la rue qui commence à la maison de B. de Plangas, et en largeur, depuis cette rue jusqu'à celle par où l'on va à la Croix de Falguière, placée sur la grande route *(strata publica)* qui conduit au *castrum* de Saint-Cirq (la Popie). Elles gardent leur droit sur la paroisse *(jure parochianatus)*, les dîmes et autres appartenances.

Fait en notre Chapitre, le mardi après Pâques, 1260 (1).

[Arch. munic., *Charte 260*, copie authentiquée, du 20 avril 1617, sur papier, de l'acte original, qui a disparu.]

Le même jour, l'évêque Barthélémy, reconnaissant, leur donne l'église de St-Géry, près Bouziès *(S. Jori prope Vosias)* (2), en considération de la faiblesse de leurs ressources, sur le consentement de Philippe, archevêque de Bourges, et du Chapitre de Cahors, retenant seulement *l'institution* du chapelain.

[Arch. munic., Charte 57, trois chartes de dates différentes cousues ensemble; long. de celle-ci : 0,17 sur 0,28; fragment considérable du sceau épiscopal; manque le sceau du Chapitre; la seconde charte est un *vidimus* de celle-ci par Jean, archevêque de Bourges, donné à Cahors, le vendredi avant la fête des ss. Simon et Jude, 1270; long. : 0,16 sur 0,20, fragment de sceau; la 3ᵉ est un *vidimus* de l'official de Cahors, donné le mardi avant la saint-Laurent, 1272; long. : 0,28 sur 0,19. — La charte elle-même est reproduite dans Lacroix, *Series*, etc., § 125, trad. Ayma, I, p. 356.]

---

(1) Cette cession de 1260 n'empêcha pas les religieuses de demander, en 1266, *vidimus* de la donation que leur avait faite l'évêque Géraud en 1245 (voir document n° 32). — M. Daymard : *Le vieux Cahors*, p. 75, rapporte cette cession à la date de 1264. — En 1273, quelques jours avant sa mort, l'évêque Barthélémy recommandait à son clergé les quêteurs qui s'en allaient demander pour l'achèvement du monastère de la Daurade *(Gallia*, tome I, *Instrumenta*, p. 32, n° X).

(2) Saint-Géry, actuellement chef-lieu de canton de l'arrondissement de Cahors. Le titulaire de cette église semble bien avoir toujours été Saint-Didier ou Géry ; mais comme celui des Masséries, église autrefois annexe de la précédente, est Saint-Georges, on trouve quelquefois dans des documents, par confusion, l'église Saint-Georges de Saint-Géry ou l'église Saint-Géry de Saint-Georges. L'union de ces deux églises autorise Lacoste (tome II, p. 299), et Daymard après lui, à dire que l'évêque donna les revenus de l'église de Saint-Géry-Rive-d'Olt et de l'église Saint-Georges; mais, comme on le voit, ce n'est pas dans le document. Lacoste en fait même l'objet de deux donations : 1260 et 1264.

N° 62. 17 Juin 1260.

Le roi de France et l'évêque.

Alexandre IV confirme les privilèges concédés par le roi à l'évêque de Cahors.

Sur la demande de l'évêque de Cahors, le pape confirme tous les privilèges qu'il a reçus du roi et de ses prédécesseurs.

Anagni, le 15 des kal. de juillet, an VI (1).

[Bibl. munic., man. 41, *Livre des Privilèges*, fol. 41 — d'après un vidimus de 1313 — Lacroix, *Series*, etc., p. 122; trad. Ayma, tome I, p. 374.]

N° 63. 23 Nov. 1260.

Bourgeois de Cahors.

Un drapier de Lérida abandonne ses droits à un marchand de Cahors.

Etienne Arnald *(Arnaldi)*, drapier de Lérida, abandonne à Pierre Rubei (2), marchand de Cahors, tout son droit sur une créance qu'il avait contre noble Pierre de Montcade (? *Montecathon)*, sénéchal du roi et son procureur en Aragon, contre Pierre de Corbière *(Corraria)*, chevalier, et Ramond Ferradela, bayle à Senos (?), Ramond d'Aloss, demeurant à *Escarpion* (?). Cette créance est de 200 mazarins d'or (3), que doit le dit noble P. de M. à Etienne A. et à Pierre R., comme il conste d'un acte passé par Pierre de Castluz, notaire de Lérida, les autres étant ses cautions dans ledit acte.

Témoins : Pierre de Siran, savetier; Bernard de Pampanello, tondeur de draps; Olivier de Puigloneh, marchand.

Berenger *Rotondi* (Lerond), notaire public de Lérida.

Acte passé le 9 des kal. de décembre, MCCLX.

[Arch. munic., Charte n° 92 — long. 0,19 sur 0,22.]

---

(1) Alexandre IV fut élu en décembre 1254 ; par conséquent juin de l'an VI est bien juin 1260. Cependant le texte de Lacroix porte l'an 1259 de l'ère chrétienne.

(2) Ce nom de *Rubei* (Le Rouge, Le Roux ?) se retrouve souvent dans les archives de Cahors. Au XVe siècle, c'est un Rubei qui fonde le collège de Saint-Michel.

(3) Nous ne savons ce que peut être cette monnaie, car Du Cange n'indique pas autre chose, à ce mot, que des hanaps, gobelets, etc. Mais ce n'est pas ici le sens du contexte.

N° 64. 13 Janvier 1261.

Le Pont Neuf.

Bulle du pape Alexandre IV à ce sujet.

Le pape accorde à l'évêque de Cahors la faculté de prélever, jusqu'à la somme de 200 marcs d'argent, sur toutes les usures, rapines, biens mal acquis, dont on ordonnerait par testament la restitution, ou sur les sommes imposées aux personnes qui feraient commuer leurs vœux (1), pour servir à la construction du nouveau pont sur le Lot, en un point de la ville où le transit est le plus considérable (2).

Fait au Latran, le jour des ides de janvier, an 7.

[Doat, vol. 120, fol. 1. — On a mis à tort Alexandre III et la date de 1166. — Cette pièce manque aux archives de la ville (3).]

N° 65. Février 1261.

Actes des consuls.

Règlement donné à la léproserie d'au-delà du Pont-Vieux.

Les consuls, patrons de cette léproserie, située au faubourg St-Georges, administrée par deux citoyens, R. Senhoret et B. Rog, donnent aux lépreux qui y résident, et qui ont pour chef à cette date G. Dacio, un règlement assez large, concernant surtout la séparation des sexes, les bonnes mœurs, le respect du bien d'autrui et la paix de la maison.

[Archives munic., *Te Igitur*, fol. LVIII — éd. imp. n° 375, p. 219. Cette léproserie était sur l'emplacement de la place actuelle de Saint-Georges : on l'a confondue à tort avec l'hôpital de Cazelles, qui devint plus tard le couvent de la Merci. Voir Ed. Albe, *Les Lépreux en Quercy*, Paris, Champion — extrait de la revue le *Moyen Age*.]

---

(1) Exception est faite pour le vœu de se rendre à Jérusalem.

(2) « De novo supra fluvium de Loost, in quodam loco civitatis, *per quem transitus communis habetur.* »

(3) Elle faisait partie des archives du Chapitre de Cahors qui ont disparu à la Révolution. — Voir Lacoste, *H. du Q.*, tome II, p. 277. — Daymard, *Le vieux Cahors*, p. 30. — Cf. plus haut, Document n° 48, et plus bas, nos 82-83.

N° 66. MARS 1261.

Bourgeois de Cahors.

Chapellenie fondée par Gaillard De Lard; les consuls nomment un chapelain.

Les cossols de Caorts, etc.

A tots et a cadun fam saber que la dona Guilhelma Dellart, molher que fou den Galhard Dellart, ciutada sa enreire de Caorts e ja deffunt, vent davant nos e mostret nos una carta..., facha del conven et de l'ordenh public de l'avandich Galhard Dellard, sagellada del sagel pendent del senhor Bourthoumiu, abesque de Caorts, en laqual carta... era contengut, mes *(entre)* las autras causas, quel dich Galhard Dellard habia laissadas... totas las rendas que ichirio e avendrio de totas las maisos e luechs que habia enviro la glieia St-Jamme de Caorts (1), als obs de capella *(chapelain)* que totz tems, cada dia que om deja celebrar per los mortz, celebre los divins offices per la sua arma, el mostier major *(en la cathédrale)* de Caorts, lasquals rendas voulio e comandava lo dich Galhard Dellard que la dona na *ultima (sic)*, sa molher davandicha, tengues e receves e prezes tant quant ela vivria, en fezes son obs del dich capella, e que ela aquela capella *chapellenie* a son bon arbitre establise en la dicha gleya, et, apres la mort delle, vol que los cossols de Caorts establiscou la dicha capela en la dicho glieya a lor bon arbitre, etc.

La dicha dona, na Guilhelma Dellard, volens obesir al comandamen e a la volontat de l'avandich Galhard Dellard son marit,... e per lo salut de l'arma del dich G. D., e coma almoinieyra e laissieyra *(légataire)* que ela era de lavandich G...., assy coma nos vim *(vîmes)* que era planieramen contengut en la avandicha carta, sagellada del sagel del dich senhor Berthoumiu, abesque, establit... la dicha dona, na Guillelma Dellard,... ab nostra volontat e ab nostre cossentiment, un clergue, so es a saber Aymar Guillem, que debia esser aordenats... a capela *(comme chapelain)* sobre aquesta capelania...

Il est entendu que le dit Aymar Guillem chantera la messe des morts à la Cathédrale, pour l'âme de Gaillard Dellard, tout le temps qu'il vivra, percevra les revenus des maisons et lieux que celui-ci possédait aux environs de l'église Saint-Jacques, et après sa mort, les consuls lui

[Arch. munic., *Livre nouveau*, tome II, p. 419, d'après un vidimus de l'official, daté du mercredi après la fête de sainte Agathe, février 1266 (1267.)]

(1) Voir le document n° 109 où sont indiqués les revenus de la chapellenie.

choisiront un successeur qui remplira les mêmes fonctions et percevra les mêmes rentes.

Fait à Cahors, le mois de mars 1260.

N° 67. JANVIER 1264.

Les marchands de Cahors.

On leur interdit provisoirement les foires de Champagne (1) (janvier 1264).

Lettre adressée à l'évêque et aux consuls de Cahors par les gardes des foires de Champagne pour le roi de Navarre, comte palatin de Champagne.

Deux marchands de Cahors, Pierre et Etienne de la Salvetat, frères, n'ayant pas payé une dette due par eux à un autre marchand de Cahors, Guillaume Durand, on avait une première fois interdit l'accès des foires à tous les marchands de Cahors, jusqu'au paiement de la dite dette. Cependant on leur avait ensuite permis de venir, par égard pour l'évêque et pour les habitants de la cité, bien que ce fût contre les coutumes des foires. Mais la dette restant impayée, on ne peut plus le permettre. Et même plusieurs marchands de Cahors, venus aux foires de Lagny, ont été incarcérés (c'étaient Gme Auriole et Pierre du Couillon), et on les eût retenus en prison jusqu'à ce que la dette eût été acquittée par les dits frères de la Salvetat et leur répondant Pierre Delport, n'eût été l'amitié qu'on a pour la ville de Cahors. Les dits marchands ont été relâchés, mais devront rester à la disposition des gardes des foires. On ne dit pas si les draps et autres marchandises qu'on avait saisis furent rendus en même temps.

Les gardes préviennent qu'on arrêtera tout marchand de Cahors, et qu'on saisira ses biens, tant que les héritiers de feu Guillaume Durand n'auront pas reçu satisfaction. Lagny, janvier 1263 (v. st.)

[Doat, vol. 118, f. 140 — cf. Bourquelot : *Foires de Champagne*.]

---

(1) En 1219, au contraire, la comtesse Palatine de Troyes, en reconnaissance des services que Gaillard de Lard et Bertrand de Jean, marchands de Cahors, lui ont rendus ainsi qu'à son fils, Thibaud, comte de Champagne, leur cédait en toute propriété, sauf la juridiction, deux maisons dans la ville de Provins, situées près de l'église Notre-Dame

N° 68. 5 DÉCEMBRE 1265.

L'évêque et les consuls.

La nouvelle monnaie.

Convention entre les consuls et l'évêque Barthélémy au sujet de la monnaie. Il promet de supprimer la nouvelle monnaie qu'il venait d'émettre, et qui était trop lourde, et d'en faire frapper d'autre qui aurait la même forme et le même poids que celle de son prédécesseur Géraud. Il s'engage, pour lui-même, à ne pas modifier celle qu'il va frapper, et pour ses successeurs, à ce qu'ils ne la changeront qu'une fois [au début de leur épiscopat]. Les consuls s'engagent à accepter cette monnaie nouvelle et acceptent aussi que les futurs évêques puissent la modifier une fois. Samedi après la fête de saint André, 1265.

(Archives municipales, DD 5 (ancien. FF, n° 5) ; long. 0,29 sur 0,19 (fragment très petit du sceau épiscopal), et encore DD 9 (ancien. 8 et 37), de 0,31 sur 0,29, qui est un *vidimus* de cette pièce par Pierre de Barbery, sénéchal ; daté du lundi après la fête des ss. Philippe et Jacques, 1286 (6 mai) — Texte dans Lacroix, *Series*, etc., p. 134 ; trad. Ayma, t. I, p. 394 ; texte également dans les *Esbats* de Guyon de Maleville *sur le pays de Quercy* (Cahors, 1900, p. 242), mais avec la date fautive du 5 sept. 1275 (1) — Doat, 118, fol. 143 — cf. Dufour, *Commune*, etc., p. 43 — Lacoste, *H. du Q.*, tome II, p. 310.)

N° 69. DÉCEMBRE 1267.

Actes des consuls de Cahors.

Chapellenies de Penne, dont ils sont patrons, fondées à Saint-Urcisse et dans l'hôpital consulaire.

Le testament de Jean de Penne, citoyen de Cahors, établit, à l'autel de *las clotas*, dans Saint-Urcisse, une chapellenie ; une autre, avec chapelle, sur le tombeau qu'a fait faire G. Mauris dans le cimetière de l'Hôpital

---

(Teulet, *Layettes du Trésor des Chartes*, tome I, p. 494, n° 1376). On a pu remarquer, aux documents 38-45, qu'on avait choisi à Cahors, comme termes de paiements, les foires de Champagne. — Il est question d'une saisie de chevaux opérée contre Gausbert de Capmas, sur la demande des gardes des foires de Champagne, dans le *Te Igitur* (fol. XVII^v, éd. imp., p. 73, n° 80), vers 1288 ; voir document n° 163.

(1) Le même Maleville donne ici, p. 244, un extrait d'un contrat passé par l'évêque Barthélémy avec Raymond Arcambal, en 1261, d'après lequel la maison où l'évêque faisait sa monnaie était voisine de l'église Saint-Jean (Saint-Jean de la Bonnette rouge. Voir Daymard, *Le vieux Cahors*, p. 157).

de la Grand' Rue (1), et si cette chapelle ne se pouvait achever, dans celle qui est commencée devant l'Hôpital de Soubirous (2). Les deux chapelains seront payés sur les revenus de sa maison. Il laisse cette maison à Guillaume de Cazèles, son neveu (3).

Si les conditions n'étaient pas tenues, les consuls de Cahors sont substitués aux héritiers.

« Vuelh e doni lo meu poder al cossolat que adoncs seria a Caors de prendre aquesta mia maiso, e quels la desso a l'hospital de Carriera major, e que l'hospital ne fes e complis so que jo ye establit dessus, e se l'hospital no ho fasia, doni poder als senhors, on sou las capelanias establidas, que els destreichessou aquel que tiendria las maisos, e se aquel que las maisos tiendria far non volhio tot so que jo y ai establit, quel senhor on sou las capelanias establidas prezesso e aguesso las mias maisos, e que els faguesso tot so que jo y ai establit... »

[Archives municipales. *Livre nouveau* II, p. 421 ; testament publié le vendredi avant la St Thomas 1271 (18 déc.); d'après un *vidimus* du lundi avant la sainte Catherine 1313 (23 nov.), *Te Igitur*, fol. LXXII[v] ; éd. imp., p. 270 — cf. Lacoste, *H. du Q.*, tome II, p. 312.]

N° 70. MARS 1268.

Les consuls de Cahors et le menu peuple.

Difficultés et accord au sujet des tailles.

Lettre dans laquelle les consuls font savoir que certains citoyens, appartenant à diverses catégories de métiers (4), se plaignaient d'être trop

(1) Voir Daymard, *Le vieux Cahors*, p. 37.

(2) Il y avait plusieurs hôpitaux dans le quartier haut, dans Soubirous : Hôp. Saint-Jean ; Hôp. Gros (bientôt) ; Hôp. de la Barre ou de Notre-Dame, peut-être différent de l'Hôp. Saint-Michel. Il est probable qu'il s'agit ici de l'Hôpital Saint-Jean de Soubirous.

(3) L'éditeur du *Te Igitur* a lu et compris G. *Mobot ;* il faut lire *mo bot : mon neveu* ou *mon petit-fils*. Le texte du *Livre nouveau* est ici moins fautif et plus complet : il met « *Guilhem mo nebout, fil d'en Guillem de Cazelas* ».

(4) Noms des représentants des divers corps de métier signalés dans l'acte :
Affanadors : Guiral de Saurs, P. Pelhissier, Esteve de Peirelha, R. del Cairou.
Saboliers : Galhartz de Bos, Martis Rotgiers.
Pelhissiers : B. de Planezas, Guillem de Godieiras.
Tessendiers : P. Pauto, G. Solelha.
Carpentiers : G. de Sigac (Figeac ?), B. Batalhiers.

taxés à la taille. Ils demandaient que tous les citoyens fussent taxés proportionnellement de la même façon.

Les consuls leur accordent qu'à l'avenir, « quand taille se fera, » elle sera au sol et à la livre (1), et tous ceux qui viendront porter leur argent seront crus (pour leur revenu) sur leur serment (2).

[Berger, *Layettes du Trésor des Chartes*, 4e volume 1902, p. 269 — n° 5376, d'après un *vidimus* de l'évêque Barthélémy, donné le 31 octobre 1269 — ibidem, n° 5590, p. 390 — cf. Archives du Lot, F. 177.]

N° 71. 4 DÉCEMBRE 1268.

Actes des consuls de Cahors.

Plaintes contre des officiers du comte Alphonse de Poitiers.

Lettre du comte à son sénéchal pour qu'il fasse une enquête sur les faits dont se plaignent les consuls de Cahors, à savoir que les bayles de Castelnau-Montratier et de Montcuq prennent des gages, contre tout droit, sur des hommes de la ville de Cahors; après avoir longtemps refusé, ils ont fini par les rendre, mais en se faisant donner de l'argent. De même le bayle de Caylus, sous prétexte de faire payer la créance de la femme d'Etienne Blandon (3).

[A. Molinier — *Correspondance d'Alfonse de Poitiers* — n° 2080.]

Massos : B. Mages, P. de l'Albugua.
Mapeliers : W. Dartitz, W. de S. Joan, G. Floritz.
Aquels de sobraigua : Joans Baudois, W. Delpuez.
Faures : G. de Maradena, A. Cabrol.
On voit que c'est le menu peuple de Cahors qui est ici représenté. C'est le commencement des graves troubles qui vont avoir lieu et qu'on a dénaturés.

(1) Le 28 juillet 1288, le *menu* peuple de Gourdon demandait la même chose aux consuls qui prétendaient pouvoir fixer la taille à leur estimation. Un accord avait lieu par devant le garde du sceau royal du Mont Domme (Archives de Gourdon, GG 2, deuxième partie du parchemin).

(2) Le 25 juillet 1264, les consuls avaient mis une taxe sur l'entrée des blés et des farines, ainsi que des noix (*Te Igitur*, fol. LXVIv; *éd. imp.*, p. 248, n° 417).

(3) L'évêque, lui aussi, s'était plaint des officiers du comte qui avaient pris des gages sur des hommes du faubourg de Cabessut « près de Saint-Pierre de La Orta ». On a vu qu'il était question de cette église à propos des religieuses de la Daurade (n° 32) M. Molinier a mis en note qu'il s'agit probablement du *mas de Lord* (c'est d'ailleurs *de Lard*), au nord et près de Cahors (*Correspondance d'A. de P.*, n° 1579). Les limites de la juridiction entre Cahors et la baylie de Caylus, qui venait jusque-là, n'étaient pas rigoureu-

N° 72. NOVEMBRE 1269.

Les consuls de Cahors et le menu peuple.

Le Parlement casse l'arrangement de 1268 comme obtenu par la violence.

Inquesta facta (1), de mandato Domini Regis, per RADULPHUM DE TRAPIS (2), senescallum Petragoricensem, et per priorem de Briva, ad sciendum utrum quedam littere, que dicebantur esse concesse a CONSULIBUS civitatis Caturcensis, qui tunc erant, popularibus ejusdem civitatis, super habendis et utendis libertatibus et super levanda collecta a quolibet civitatis per solidum et libram, fuerunt concesse per metum et minas, prout consules ipsius civitatis proposuerant, vel gratis, prout dicti populares proponebant. Quia sufficienter probatum est quod dicte littere per populares extorte fuerunt a consulibus predictis per vim et metum, pronunciatum fuit quod frangantur dicte littere et quod expresse inhibeatur dictis popularibus ne ipsi de cetero faciant colligationes, confratrias seu congregationes.

Expedite Parisiis, in parlamento Omnium Sanctorum, anno Domini 1269.

[*Olim*, édit. Beugnot, tome I, p. 314, n° XVIII.]

N° 73. MAI-JUIN 1270.

Les consuls de Cahors et le menu peuple.

Les troubles de Cahors — L'affaire de 1270.

L'exécution de l'arrêt du Parlement suscita dans la ville une émeute terrible. Voici en quels termes elle est racontée par la *Grande chronique*

sement délimitées. Voir la « dénommée » du mois de novembre 1288; document n° 155. Si nous faisions l'histoire de l'évêché de Cahors, au lieu de donner l'analyse des pièces qui forment l'histoire de la ville, nous aurions pu citer une masse de documents, la plupart tirés des volumes de la correspondance d'A. de P., qui sont très suggestifs sur les relations d'Alfonse et de l'évêque. Nous ne pouvons qu'y renvoyer.

(1) Enquête faite par le sénéchal, Raoul de Trapes, aidé du prieur de Brive, pour savoir si certaines lettres au sujet de la taille, accordées au peuple de Cahors par les consuls, avaient été concédées de bonne grâce ou arrachées par la violence (voir doc. n° 70). Comme ce dernier point parut le seul vrai, les lettres en question furent cassées. On verra les arrangements conclus en 1272 et en 1283.

(2) Raoul de T. sénéchal en 1266, 1269. Le prieur de Brive s'appelait *Pierre Savarin ;* chargé par le roi de départager les arbitres choisis par le comte de Poitiers et l'évêque de Cahors, il se trouvait là au moment de l'émeute qui éclata bientôt et dut prendre la fuite.

limousine : Le bayle du roi fut assailli, ainsi que le prieur de Brive; ils ne trouvèrent de salut que dans la fuite; un des plus riches bourgeois de Cahors fut brûlé dans sa maison avec ses enfants et ses serviteurs (?). Le roi envoya quelques troupes contre les rebelles. Cinquante et plus des émeutiers furent pendus, près de quatre cents furent bannis.

« Minores villae Caturcensis, propter discordiam quae erat inter majores, et propter tallias quae fiebant in villa, insurrexerunt contra burgenses et bajulum regis Franciae, et quemdam de ditioribus burgensibus ville, in domo sua, cum filiabus suis et famulis, turpiter combusserunt.

Baillivus latenter fugit, et prior Brivae, quem Rex miserat inquisitorem pro discordia, similiter.

Rex, qui erat tunc ad portum (1), voluit propter hoc partem exercitus mittere, ut dicebatur; tandem misit quosdam armatos qui plures ex minoribus ceperunt; et fuerunt suspensi usque ad 50 vel amplius, et exulati vel banniti circa cccc, qui capi vel inveniri non potuerunt; et fere villa fuit redacta ad solitudinem. »

[Bouquet, XXI, p. 775, d'après *Majus Chronicon Lemovicense* (2).]

---

(1) Ce détail fixe à peu près sur la date de l'émeute, saint Louis étant resté les mois de mai et de juin 1270 à Aigues-Mortes ou dans le voisinage.

(2) Aucun de nos auteurs locaux n'a bien connu la vérité sur cette affaire. Lacoste (II, p. 396), y a vu une émeute plutôt contre saint Louis lui-même, devenu impopulaire parce qu'il avait cédé le Quercy au roi anglais, et pour lequel on aurait refusé de payer la taxe mise par les consuls, tandis que l'émeute eut lieu au sujet du mode de répartition de la taille, et à l'occasion de l'arrêt du Parlement cassant l'accord obtenu par violence. Voir Dufour, *Commune*, etc., p. 10, 45, 55.

Nous avons dit : « Aucun de nos auteurs locaux n'a bien connu la vérité sur cette affaire. » Toutefois il est juste de reconnaître que Raphaël Périé, dont nous n'avons guère le goût de citer ordinairement l'*Histoire... du Quercy*, si pleine d'erreurs et de choses bizarres, s'est tout de même beaucoup plus rapproché de la vérité que Lacroix, Dominici, Dufour, Lacoste et les autres (tome IIe, 2e partie, p. 52 à 58). Il a su constater à Cahors la rivalité des bourgeois et du peuple; il a mentionné, sans en soupçonner la gravité, la révolte du peuple « lésé ou non par la répartition » de nouvelles taxes; il le fait descendre en armes sur la place publique; il ne dit pas qu'il se servit de ses armes, mais seulement (et là-dessus il s'amuse à son ordinaire), que le peuple fit décréter que désormais les comices se tiendraient dans le cimetière des pauvres. C'est à cause d'une « telle *révolution communale* » (elle n'est pas très visible dans le récit humoristique de Périé), que le roi Philippe III serait venu à Cahors, le 26 juin 1272, pour s'assurer par lui-même du résultat de l'œuvre qu'avaient accomplie, en octobre 1271, les deux commissaires qu'il avait envoyés (voir notre document 84).

N° 74. 23 Septembre 1270.

Bourgeois de Cahors.

Extrait du testament de Bernarde Baussa, née de Durfort.

Elle donne la rente et le loyer de sa maison de la rue des lainiers et de quelques boutiques (confronts : la halle au blé) pour fournir des vêtements aux lépreux des deux léproseries de Cahors (Bragayrac et Outrepont), et des léproseries de Castelnau, d'Auty, de Montpezat, d'Espanel et de Caussade (1).

Vidimus de l'official de Cahors, du mardi avant la fête de saint Michel 1270.

[Arch. munic., *Te Igitur*, fol. LVIII^v — éd. imp. n° 377, p. 223 — cf. Dufour, *Commune de Cahors*, p. 87, note.]

N°s 75-79. Novembre 1270.

Les troubles de Cahors. — L'affaire de 1270.

Divers arrêts du Parlement.

75. — Le roi fait saisir, puis restituer, la justice de l'évêque de Cahors, regardé comme responsable.

Occasione maleficii perpetrati apud Caturcum, de morte videlicet N. Johannis (2), qui interfectus fuit ibi, una cum aliis, pro facto tallie ibidem pro auxilio domini Regis levate, *disita fuit* per curiam *justitia totius terre episcopi Caturcensis*, tam in villa Caturcensi quam extra, pro eo quod dictus episcopus in hiis que per-

(1) Au bas du folio du *Te Igitur* on a ajouté : « Aquestos maio e obradors foro arrendutz am S. (Etienne) Dartitz, per prets de ? pessas de draps de la moysso de Caortz e de VIXX aunas de tela... e de IIII libras a pagar... cascun an, per complir la laycha. » Voir plus haut, documents n°s 26, 30, 51, au sujet des biens de la dite Baussa, et, plus bas, documents n°s 115 et 116. En 1282, la maison Baussa servait de maison consulaire, par usurpation, disait l'évêque de Cahors. Voir à la date de 1288, n° 157.

(2) Il n'est plus parlé de ce *de Jean*. C'est toujours, dans les actes suivants, un nommé *Donadieu* dont il est question. Les Donadieu étaient une famille ancienne de Cahors, très souvent nommée dans le *Te Igitur*. L'un d'eux fut marchand à Montpellier et bienfaiteur des Cordeliers de Cahors : il fit construire une chapelle dans leur église ; on a conservé, dans la chapelle actuelle du Lycée, deux inscriptions à son sujet (voir Daymard, *Le vieux Cahors*, p. 87).

tinebant ad ipsum, *super hoc dicebatur fuisse negligens et remissus* (1). Cum autem dictus episcopus postmodum peteret suam justitiam sibi reddi, tandem, post multa hinc inde proposita, reddita fuit sibi justitia sua, excepta justitia contra reos dicti maleficii exercenda, de qua fuit sibi responsum quod ad dominum Regem solum pertinebat, cum contra ipsum fuisset dictum maleficium perpetratum.

Parlement de la Saint-Martin d'hiver 1270.

[*Olim*, édit. Beugnot, tome I, p. 835, n° L. — Cf. Boutaric, *Arrêts*, n° 1628.]

76. — Refus de rendre aux consuls la cloche qui a sonné pendant l'émeute. On leur accorde que seuls les coupables du meurtre du bourgeois (Donadieu) auront à répondre des frais.

Supplicantibus consulibus Caturcensibus quod *campana sua*, quae per curiam saisita fuerat in manu domini Regis, reddere pro (2) eisdem; petentibus etiam per curiam provideri quod rei et culpabiles interfectionis predicti burgensis solummodo, et non alii de villa qui super hoc inventi fuerunt innocentes, ad dampna restituenda et solvendas expensas que facte fuerunt pro hujusmodi maleficio inquirendo et puniendo, vel adhuc oportebit fieri, cogerentur, responsum fuit per curiam quod admitteretur et fieret eorum petitio in hac parte; de campana vero predicta fuit eis responsum quod, quia in interfectione dicti burgensis et predicti maleficii perpetratione pulsata fuerat, non redderetur eisdem (*Ibidem*, n° LI).

77. — On rend les biens de deux Cadurciens soupçonnés du meurtre mais innocents.

Bona duorum hominum de Caturco, eo quod de dicto maleficio habebantur suspecti, fuerant apud Senonis arrestata ; set quia per inquestas super dicto maleficio per curiam factas, nec per filium etiam dicti interfecti, nulla potuit contra ipsos homines suspicio inveniri, bona sua sibi fuerunt per curiam restituta (*Ibid.*, n° LII).

78. — Les frais des informations qu'il a fallu faire seront payés par les coupables et non par les héritiers de celui qui a été tué.

---

(1) L'évêque, haut justicier, est rendu responsable de ce qui s'est passé, comme trop négligent et débonnaire. D'après un *factum* (document suivant, n° 80), l'évêque aurait été absent à ce moment. Le roi fait saisir la « justice » de toute sa terre; quand il la lui fait rendre, c'est en se réservant la punition des coupables de la mort des collecteurs.

(2) *Redderetur* ?

Cum ad sciendum veritatem supradicti maleficii facte fuissent per curiam quedam inqueste, pronunciatum fuit quod expense facte ab inquisitoribus qui ipsas inquestas fecerunt, a malefactoribus, et non a dicti interfecti heredibus vel ab aliis supra hoc innocentibus, redderentur (*Ibid.*, n° LIII).

79. — Les pertes subies par le fils de la victime et par d'autres citoyens pendant l'émeute seront indemnisées par les coupables, après estimation régulière pour les immeubles, et quant aux meubles, sur déclaration confirmée par serment.

De filio dicti interfecti et aliis qui ex malificio hujusmodi tam in dirutionibus domorum suarum quam bonorum suorum depredationibus, dampna sustinuerunt, pronuntiatum fuit quod, quantum ad immobilia, estimabuntur seu appreciabuntur dampna eorum et a malefactoribus sibi redderentur ; verum, quantum ad inobilia, ad juramentum suum taxatione per curiam perhibita redderentur sibi similiter dampna sua (*Ibid.*, n° LIV).

N° 80. VERS 1271.

L'évêque et les consuls.

Factum de l'évêque Barthélémy où il est fait allusion aux troubles de Cahors.

Ce factum devait être adressé au roi ou à son sénéchal, puisque l'évêque y demande, à la fin, l'annulation des prétendues coutumes de Cahors, du consulat et de la commune, qu'aucun évêque n'a jamais octroyés. Il se compose de 21 articles, et n'est pas daté (1).

---

(1) Ce factum est antérieur au 2 septembre 1272, où, cédant au sujet des coutumes don il avait demandé l'annulation, l'évêque consent à nommer des arbitres-experts pour s'en occuper (voir documents n°s 85 et 86). Il est postérieur au 3 juin 1264, date de l'autorisation donnée par Urbain IV de faire visiter son diocèse par procureur, « à cause du danger qu'il courait en certains endroits, ayant été récemment arrêté par noble homme Galhard de La Roque, lequel, aidé de plusieurs complices, osa s'emparer de sa personne, le conduire à travers les bois et les forêts et l'y retenir captif. » (Voir : Ed. Albe, *L'Hérésie Albigeoise... en Quercy,* ouv. déjà cité, pp. 22 et 46). En effet, il est fait ici allusion à cette audace sacrilège (article 16), à propos de Raymond de La Roque et de Sanche Bonnet qui s'emparèrent de l'évêque et le retinrent prisonnier dans les bois. Enfin, le factum doit être postérieur à la date des troubles de Cahors, puisqu'il est fait allusion à ces troubles, arrivés pendant que l'évêque était en pèlerinage à Rome (art. 16 et 17).

La plupart des détails de ce factum se retrouvent dans le début du textes des Coutumes qu'a publié M. Dufour, sous une forme indirecte (pp. 177 à 185).

Les consuls durent bien aussi présenter leurs prétentions, mais nous ne les avons pas pour cette période.

1. Les consuls se sont arrogé le droit d'avoir une prison à eux. — 2. Ils ont fait pendre aux fourches patibulaires, sans recourir à la curie dudit évêque. — 3. Ils ont refusé de rendre un justiciable de l'évêque, Pierre de Gransaut. — 4. Ils se sont arrogé le droit de punir eux-mêmes les falsificateurs des mesures et des draps. — 5. Ils ont fait mettre en quatre endroits des poids et mesures pour peser et mesurer les blés qu'on apporte en ville, même ceux des clercs, des chanoines, de l'évêque; ces quatre endroits sont : le pont (1), le port de Saint-Urcisse (2), le port Bullier; le dernier est à Soubirous, dans le barri, hors des murs, du côté du Lot; d'où un préjudice pour l'évêque et son église de plus de 3.000 sous. — 6. Ils lèvent sur le blé qu'on apporte à la Halle *(bladaria)* un droit qui porte à l'évêque plus de 150 livres de préjudice. — 7. Ils refusent de répondre, en tant que consuls, devant la justice épiscopale. — 8. Ils ont poursuivi violemment Hugues de Bournazel (3) qui avait fait appel contre eux devant cette justice, à tel point qu'il a dû y renoncer. — 9. Ils se prétendent maîtres des murs, des portes, fossés, places et rues de la ville; ils les ont occupés et y bâtissent ou donnent licence d'y bâtir à leur volonté. — 10. Ils ne permettent pas à l'évêque de faire faire par son bayle des enquêtes sur les crimes et délits, qui vont se multipliant; cependant c'est lui qui a le droit de justice haute, moyenne et basse. — 11. Ils veulent que leur sceau soit authentique et fasse foi dans tous les contrats. — 12. Ils ont exercé des violences contre Me Géraud Fabri, clerc de l'officialité, qui leur donnait tort, et il a été obligé de s'enfuir hors de la ville. — 13. Ils ont envahi le fief épiscopal de Toulousque (4). — 14. Et ils en ont arrenté des parties, dont ils ont perçu le cens ou les revenus. — 15. Ils ne permettent pas que la curie épiscopale puisse faire citer des témoins, quand on plaide devant la curie séculière (du sénéchal). — 16. Ils ont fait cause commune avec des bandits comme Raymond de La Roque et Sanche Bonnet, qui avaient

---

(1) On dit : le pont, sans plus; le Pont Neuf n'était pas encore fini : il s'agit donc du Pont Vieux.

(2) Le port de Saint-Urcisse est la même chose que le port Saint-Jacques. On se rappelle que Guillaume de Cardaillac avait hypothéqué ces deux ports (voir document n° 23).

(3) Ce personnage est nommé dans le *Te Igitur*, à diverses dates de cette période.

(4) Sur les limites des communes de Cahors et de Mercuès, commune de Cahors, paroisse de Saint-Henri.

fait l'évêque prisonnier dans les bois. — 17. Pendant que l'évêque était à Rome, en pélerinage, ils ont envahi et pillé les moulins de l'évêque et la maison de son bayle. — 18. Comme à l'occasion de leurs prétendus privilèges ils ont commis beaucoup de désordres, il faut que le roi annule ces dites coutumes, qu'aucun évêque n'a jamais octroyées. — 19. Et, de même, qu'il annule le consulat et la commune. — 20. *Supplément* : Ils ont encore établi une maison du poids (pour le blé), au port Bullier. — 21. Et ils en ont établi une autre sous le pont Vieux (1).

1. Primus est quod, cum ipse episcopus omne dominium, justiciam altam et bassam et omnem jurisdictionem temporalem et spiritualem et carcerem, nec debeat esse carcer nisi suus in civitate Caturcensi, consules.... injuriati sunt ei in hoc quod tres homines habuerunt et retinuerunt captivos in domo sua, in prejudicium episcopi, faciendo sibi privatum carcerem, cum ipse solus carcerem et prisionem in civitate habeat, nec debeat captus detineri nisi in carcere, et prisione ipsius episcopi, quantumcumque sit malefactor et hoc de novo fecerunt circa Pascha.

2. Secundus articulus est quod ipsi consules dictos tres homines de nova propria auctoritate suspenderunt vel suspendi fecerunt sine judicio, et sine voluntate episcopi et consensu, seu ejus locumtenentis, et in furcis justicie sue, nec ipsos, bajulo suo requisitos, reddere voluerunt, et hoc fecerunt in injuriam et prejudicium ipsius episcopi ad quem spectat justicia alta et bassa.

3. Tertius est quod, quum episcopus recessit a civitate Caturcensi ad veniendum ad istud parlamentum sancti Martini domini Regis, ipsi consules habebant et detinebant captum Petrum de Granssaut, civem Caturcensem, qui est homo justiciabilis episcopi, nec ipsum eidem episcopo reddere noluerunt, legitime requisiti, imo denegarunt, in ejus injuriam et prejudicium.

4. Quartus est quod ipsi consules aufferunt sibi justiciam de falsis pannorum mensuris et bladi et vini et olei et aliorum que mensurari possunt, et quosdam pannos, quos invenerunt non habere debitum modum ac mensuram, propria auctoritate combusserunt, in prejudicium ipsius episcopi et contemptum, in loco publico; qui panni et homo qui fecit eos erant incursi eidem episcopo.

5. Quintus est quod consules fecerunt pondus, ad ponderandum bladum qui portatur ad molendinum, et fecerunt quod de qualibet carta arriperent certam mensuram bladi, et illam mensuram levant, non tantum de bladis civium, set etiam de bladis clericorum et canonicorum ipsius episcopi, et, quod gravius

(1) Voir article 5; — nous retrouverons les six maisons du poids de blé (sortes de guérites d'octroi) dans la dénommée de 1288 (voir document, n° 157).

est, de bladis ipsius episcopi quando portantur ad sua molendina ; et istud pondus fecerunt in quatuor locis civitatis, videlicet, unum ad pontem et aliud ad portum sancti Ursicini et aliud ad portum Bullerium et aliud ad Sobiros, in barrio extra muros,versus flumen Olti,et istud fecerunt propria auctoritate, sine consensu et voluntate episcopi et contra prohibitionem ipsius episcopi et senescalli domini regis, in prejudicium domini episcopi et ecclesie Caturcensis ; et in isto pondere redditus fuerunt usque ad 3.000 solidorum, quos redditus sibi appropriaverunt indebite et injuste et contra libertatem ecclesiasticam.

6. Sextus est quod ipsi consules accipiunt certum quid de qualibet mensura bladi quod aportatur apud Caturcum ad vendendum in bladaria et ad Conquam, contra voluntatem episcopi, et in prejudicium ejus ; et de hoc percipiunt quolibet anno 150 libras et amplius.

7. Septimus est quod dicti consules contradicunt respondere coram episcopo sicut consules, quando aliquis conqueritur episcopo de eisdem consulibus, quod est in prejudicium ipsius episcopi, ad quem spectat tota jurisdictio, alta et bassa, in civitate Caturcensi.

8. Octavus est quod, quia Hugo de Bornazel, civis Caturcensis, conquestus fuit episcopo de ipsis consulibus, ipsi violaverunt domum suam et ipsum expulerunt et populum civitatis avocaverunt ad diruendum, sicut dicebatur, domum suam, propter quod necesse habuit se supponere voluntati eorum et renunciare clamori quam fecit episcopo et appellationi quam emiserat super hoc ad dominum regem ; et hoc fecerunt in opprobrium et contemptum regis et injuriam ipsius episcopi, et hoc fecerunt de novo.

9. Nonus est quod ipsi consules muros, portas civitatis, fossata, plateas, carrerias et loca publica, que omnia spectant ad ipsum episcopum ratione dominii, occupaverunt propria auctoritate et appropriaverunt sibi, et in ipsis bastiunt et faciunt bastiri domos et..... et dant licentiam in hiis edificandi pro sua voluntate, de facto cum de jure non possunt nec debent, in injuriam et prejudicium juris ipsius episcopi et ecclesie Caturcensis ; et in hiis faciunt redditus vel in aliquibus istarum usque ad 100 libras et amplius, de facto cum de jure non possent.

10. Decimus est quod quando fuerint homicidia, furta, compressiones mulierum et alia maleficia, sive sint manifesta, sive occulta, non permittunt quod episcopus inquirat de hiis vel inquiri faciat, dicentes quod secundum clamorem de hiis intromittere se non potest, propter quod remanent maleficia impunita et datur occasio delinquendi, quod est contra dominium episcopi, ad quem spectat jurisdictio alta et bassa, et contra publicam civitatis utilitatem.

11. Undecimus est quod ipsi consules volunt quod eorum sigillum sit autenticum in omni causa et in omnibus contractibus factis inter homines civitatis, quod in curia episcopi seculari et ecclesiastica faciat fidem et plenam probationem, quod est contra jus et dominium ipsius episcopi.

12. Duodecimus est quod, quia magister Geraldus Fabri, clericus, opposuit in curia officialis ipsius episcopi quod sigillum eorum et carte non faciebant probationem nec fidem, et quod erat privatum, non autenticum, fregerunt domum suam vel fecerunt frangi et discohoperiri, et in tantum terruerunt eumdem magistrum, minis et terroribus, quod necesse fuit de civitate recedere, ubi non fuit postea ausus habitare; quod est in prejudicium ipsius episcopi et dominium ejus et ecclesiasticam libertatem.

13. Tertius decimus est quod ipsi consules irruerunt in feodum ipsius episcopi, sine ejus voluntate et consensu, quod vocatur territorium de Tholosca, propter quod ipsum feodum est ei incursum de jure.

14. Quartus decimus est quod ipsi consules terras dicti territorii tradiderunt ad excolendum, sub censu annuo, et de fructibus ibi crescentibus ipsi percipiunt decimas, in prejudicium episcopi et ecclesie Caturcensis, potissime cum dicte terre ad culturam fuerunt de novo redacte.

15. Quintus decimus est quod, quando litigatur coram domino seculari vel in curia.... sui, ipsi consules non permittunt quod ipse episcopus vel bajulus suus compellant aliquem veritati perhibere testimonium in aliqua causa civili vel criminali, unde gravantur pauperes, quia non possunt dicere de jure suo propter deffectionem testium, nec permittunt quod juretur de calumpnia *(le reste de la ligne est effacé)*.

16. Sextus decimus est quod, quando fuit seditio... et *conflictus inter burgenses, dum ipse episcopus esset Rome,* fuit in illo conflictu, cum armis, Ramundus de Rupe et Sancius Boniti. . . . . *(trou de parchemin)* domini comitis fratris sui, et *qui ceperant ipsum episcopum et captum in nemoribus tenuerunt,* et ipsi consules, vel aliqui ex eis, scierunt dictos latrones ibi esse, nec prohibuerunt nec retinuerunt eos, imo aliqui ex eisdem consulibus receperunt eos in domibus suis et eciam convenerunt, in contemptum ipsius episcopi et dominii sui.

17. Septimus decimus est quod dicti consules invaserunt molendina ipsius episcopi, dum esset Rome causa perigrinationis, et domum bajuli sui Ramnulphi Geraldi, et de molendinis res episcopi et bajuli ceperunt, in injuriam et contemptum ipsius episcopi.

18. Octavus decimus est quod ipsi consules, occasione consuetudinum quas dicunt se habere, impediunt et perturbant justitiam et jurisdictionem et executionem jurisdictionis ipsius episcopi ; quare petit eas, idem episcopus, sicut justum fuerit, revocari, cum nullas habuerint ab ipso episcopo qui nunc est, vel ab ejus predecessoribus, quod ipse sciat.

19. Nonus decimus est quod dicti consules fecerunt et constituerunt sibi, propria auctoritate, consulatum et universitatem, in prejudicium et dispendium ipsius episcopi et ecclesie Caturcensis et sine ipsius voluntate et aucto-

ritatė, unde petit idem episcopus quod consules et universitas annullentur et dissolvantur.

20. Vicesimus est quod ipsi consules fecerunt et edificaverunt domum ponderis in portu Bullerii, quod est ipsius episcopi in prejudicium et in injuriam et contemptum.

21. Vicesimus primus articulus est quod ipsi consules fecerunt domum ponderis in territorio capituli Caturcensis, subtus pontem, in prejudicium ipsius episcopi et ecclesie Caturcensis, et de hiis omnibus et singulis supradictis petit idem episcopus jus sibi reddi et emendam fieri competentem, sicut dominus rex et consilium suum crediderint faciendum.

[Archiv. munic. ZZ 6, parchemin, long de 0,44 sur 0,24 — numéroté autrefois 18 et 129 — portant ce titre : « Articles que le s[r] Evêque produit contre les sieurs consuls sur la faction de son enquête »— sans date — on a ajouté : *néant.* — Plus anciennement il y avait : « Copia dels articles que baylet l'avesque ». L'inventaire actuel porte : « 13e siècle vers le milieu ».]

N° 81. VERS FIN MAI 1271.

Les troubles de Cahors. — L'affaire de 1270.

La juridiction de l'évêque et celle du roi.

L'évêque de Cahors avait réclamé, comme seigneur, les amendes qui devaient être imposées à propos du meurtre du collecteur de la taille et de sa famille; le procureur du roi disait qu'elles revenaient à son maître, puisqu'on avait tué un de ses agents dans l'exercice de ses fonctions. Le Parlement donne raison à l'évêque (1).

L'évêque avait demandé aussi que le sénéchal du roi ne tînt plus ses assises à Cahors. Le Parlement lui donne tort : le sénéchal fera selon l'usage.

(1) C'est ce qui a trompé nos auteurs locaux. L'amende imposée par les officiers du roi devant revenir à l'évêque comme seigneur, d'après cet arrêt du Parlement, et nos auteurs ne connaissant pas la cause de ces amendes, ils ont cru que c'était une condamnation pour ce qui avait été fait contre l'évêque (voir Dufour, *Commune*, etc, p. 55 — Lacroix, *Series*, etc., par. 137, p. 141 ; trad. Ayma, tome I, p. 410 — Lacoste, *H. du Q.*, tome II, p. 366). D'après Lacroix, l'arrêt du Parlement de 1271 fut cassé par un autre arrêt de 1287 ; mais cet arrêt que nous donnons (n° 149), d'après le *Te Igitur*, ne se rapporte pas aux mêmes affaires. Dominici, que cite M. Ayma en note, ne s'est pas trompé sur ce dernier arrêt, et l'application que le traducteur de Lacroix a faite de son texte est tout à fait erronée. Malgré ses erreurs et ses lacunes, cette fois, Raphaël Périé s'est plus approché de la vérité que les autres (v. document 73, note).

Plures cives Caturcenses quemdam alium civem Caturcensem, dum, de mandato senescalli Petracoricensis, una cum ipso senescallo, levande taillie pro dono domini Regis facte insisteret, una cum quibusdam suis liberis interfecerunt, propter quod fuerunt bona eorum commissa. Cum itaque *episcopus Caturcensis peteret incurrimenta* seu forisfacturas hujusmodi, que dominus Rex ad manum suam saisiverat, *sibi reddi, cum ad ipsum spectarent*, sicut dicebat, tanquam *ad dominum civitatis* Caturci, et ex adverso diceretur, pro domino Rege, quod, cum injuria facta esset ei, occidendo eum qui suo servicio insistebat, ad ipsum et non ad dictum episcopum pertinebant. Tandem dictum fuit, deliberato consilio, quod dicta incurrimenta debebant esse *episcopi* et ad eum spectabant, nisi dictus episcopus maleficii ejusdem in aliquo sit reus.

De eo vero quod petebat senescallum Petragoricensem prohiberi ne, pro domino Rege, apud Caturcum teneret assisias, ei fuit responsum quod, cum dominus Rex sit in saisina per senescallos suos hoc faciendi, ibi tenebit senescallus assisiam, sicut solet.

Parlement de Pentecôte 1271.

[*Olim*, édit. Beugnot, tome I, p. 861, n° XXIV.]

Nos 82-83. JUILLET ET SEPTEMBRE 1271.

Le pont Neuf.

82. — *Achat de quelque terre aux abords* (juillet 1271).

L'official fait savoir, par un acte scellé de son sceau, que Guiral (Géraud) Danis, fils de feu Pierre Danis, a vendu aux consuls, représentés ici par Bernard Ramon, Pierre de Bégous, Calveilh, Bertrand Dellart l'aîné, Gaucelme de Vairols, Guilhem de Lescure, Bernard Faure del pont, Bernard de Roieres, pour la somme de 100 livres, deux brasses de terre « al brassadal dal pont »; cette terre, avoisinant celle de Jacques Donadieu et celle des religieuses de la Daurade, devait servir à faire un passage allant du pont à la rue qui conduit des piliers (1) au port Bullier et au rempart de la ville qui est au long de la rivière du Lot. Et G. Danis pourra avoir ses entrées et sorties sur cette terre qu'il a vendue, et l'écoulement des eaux de son toit, s'il construit, du côté du pont, etc. (2).

(1) Voir document n° 59.

(2) « Ab aital covens quel digs G. Danis retent en aquesta venda que el eihs Guirals Danis e siei successor aio lor intrada e lor ishida per totz temps per aquela terra..... e

[Arch. munic. DD 4, parchemin, daté 1251 sur le dos, avec les nos 10 et 15 — Long. 0,30 sur 0,31. — Manque le sceau de l'official — Cf. l'acte suivant, qui ressemble à celui-ci — Voir au sujet du pont, documents nos 48, 64, 89, etc.]

83. — *Accord pour certains passages avec les Bénédictines de la Daurade* (sept. 1271).

Les consuls avaient besoin d'avoir un passage depuis le pont (ce pont qui permet de se rendre à la Orte ou la Rote) jusqu'à la rue par où l'on va du port Bullier aux piliers (la place des Petites-Boucheries), et à l'église Cathédrale. D'autre part, les religieuses de la Daurade n'avaient pas d'aboutissant à la dite rue ni de portes pour leur jardin le long de cette rue. Chacun réclamant à l'autre, on fait un accord. La prieure et ses sœurs donnent une brassée, de la largeur du pont, de la terre qu'elles avaient le long de la dite rue, jusqu'à la terre de Jacques Donadieu, et, de plus, la rente de 5 deniers de cens, l'acapte, les lods et ventes, qui leur étaient dus sur cette terre. Les consuls les autorisent à avoir leurs entrées et sorties sur ce passage, jusqu'auprès du pont, etc. (1).

[Arch. munic. BB 2 (34 de long sur 19 de large, écrit.: 30 sur 17) auquel manquent les sceaux; ce n'est peut-être qu'une copie. — *Livre nouveau*, tome III, p. 166. L'acte est en latin.]

---

ab aitals covens mai quel digs Guirals... posco far giet de taula (table de boutique: *taulier)* en deforas las lor maios en la dicha terra venduda e que aquel giet de taula aia mieg pe del pont, de foras, ses plus, de las pilas e de las coutz quel digs G. o siei successor faran en lor terra e que sus en solier de las lor maios, se ni fau, posco far giet de traus o d'autras cauzas dal pe del pont sobre la carriera, e ses plus, e que aia de la carriera entro al giet doas brassas daut al brassadal del pont, etc... » (La terre est grevée de 5 deniers de cens et d'une double d'acapte à payer aux religieuses de la Daurade. Les consuls en prennent la charge). C'est cet acte que M. Dufour et M. Daymard d'après lui ont mis à la date de 1251. Voir le *Te Igitur*, pour le règlement des « tauliers » et de l'écoulement de l'eau (éd. imp., nos 442 et 447, notamment page 287) — Le *pied du pont* dont il est question était une mesure de longueur conservée dans une des boutiques du pont Vieux.

(1) Les conditions, au sujet des écoulements d'eau et des « tauliers » de boutiques qu'on pourrait vouloir établir, sont analogues à celles de l'acte passé avec Danis. C'est presque la traduction en latin des formules romanes.

N° 84. 21 Octobre 1271.

Les consuls et le menu peuple.

Règlement provisoire, fait au nom du roi, au sujet de la levée des tailles.

Ce règlement est fait par Jean de Cremps, ou Descrems (de escrems) (1), et Henri de Gaudonvillers, chevaliers du roi, aidés de maître Nicolas de Verneuil, clerc du roi (2).

Fait à Cahors, le mercredi après la saint Luc, 1271 (3).

[Archiv. munic. CC 1, parchemin original, de 0,33 sur 0,28 — Copies dans le *Te Igitur*, fol. LXII^{vo}; éd. imp., n° 402, p. 238 : *Livre nouveau,* tome II, p. 373 — Doat, vol. 118, fol. 152; il met comme date : « après saint *Jean* l'Evangéliste » — Voir Dufour, *Commune*, etc., p. 46 — Lacoste n'en a pas parlé.]

N° 85. 2 Sept. 1272.

L'évêque et les consuls.

Accord pour nommer des arbitres au sujet des coutumes (2 sept. 1272).

Après de nombreuses controverses au sujet des coutumes, les deux parties nomment des arbitres : l'évêque choisit le sacriste de la cathédrale et son official; les consuls prennent les citoyens Guillaumon de

(1) L'*Histoire du Languedoc* (tome IX, p. 2), l'appelle Jean de *Cranis*, et M. Molinier pense que c'est le sénéchal de Carcassonne sous saint Louis — Henri de Gaudonvillers était bailly du Berry (*Ibidem*, p. 3). Les trois personnages ci-dessus étaient à Toulouse le 5 octobre 1271 (*Ibidem*).

(2) Il y a un autre règlement pour 1283. Comme il annule le précédent et que celui-ci est tout entier dans le *Te Igitur*, nous renvoyons au texte imprimé et à M. Dufour. Le roi avait hérité de son frère Alphonse de Poitiers et de sa belle-sœur, comtesse de Toulouse, morts tous deux vers la fin d'août (21 et 25) de cette même année. Ses commissaires mirent sous sa main,non seulement le Toulousain, mais encore le Quercy (janvier 1272), malgré les réclamations du roi d'Angleterre qui le revendiquait en vertu du traité de Paris de 1259. Il s'appuya, pour refuser cette restitution, sur la nécessité de faire l'enquête dont il était parlé dans ce traité (voir Ed. Albe : *Les suites du traité de Paris de 1259 pour le Quercy*).

(3) Le *Te Igitur* a bien la date *MCCLXX primo, die mercuri*, etc. Mais le traducteur a rapporté *primo* à *die* et traduit : 1270.

Jean et Bernard Lavernhe. Ils auront, pour cet arbitrage, jusqu'au prochain parlement de Pentecôte (1).

Les deux parties apposent leur sceau.

Fait à Cahors, le vendredi avant la Nativité de la sainte Vierge 1272 (2).

[Arch. munic. FF 7 (ancien n° 21); long. 27 sur 22; il reste, des deux sceaux, des fragments assez considérables. Cf. Dufour, *Commune*, etc., p. 43 — Lacoste, *H. du Q.*, tome II, p. 297-298.]

N° 86. 1273.

—

L'évêque de Cahors et les consuls.

Les coutumes.

Après un délai que nous ne pouvons pas connaître, les arbitres-experts nommés au sujet des coutumes apportèrent un projet (1) à l'évêque Barthélémy, qui semble l'avoir approuvé. C'était quelque temps avant sa mort, qui arriva en septembre.

L'acte se présente sous la forme d'un accord. Au début, l'évêque rappelle presque mot pour mot, ses griefs, exposés dans son *factum* de 1271, résume en quelques lignes les réponses des consuls, puis il annonce qu'après longue délibération avec le Chapitre de la Cathédrale et avec son métropolitain, l'archevêque Jean de Sully, il a fait un accord avec les consuls, par lequel il confirme les coutumes anciennes et en concède quelques-unes de nouvelles.

Vient tout d'abord le texte des coutumes anciennes. Dans le livre de M. Dufour, elles vont de la page 156 à la page 236, où commence le texte des coutumes nouvelles.

Elles comprennent 43 numéros; les autres 121; total 164.

---

(1) Si les arbitres n'ont pas dépassé les limites de leur mandat, la nouvelle rédaction des *Coutumes* devrait donc se placer entre cette date de septembre 1272 et la fin de mai 1273. L'évêque mourut en septembre 1273.

(2) On trouve dans le *Te Igitur*, pour cette année, des actes qui montrent le rôle ou l'ingérence des consuls dans beaucoup d'affaires : contre P. de Salvanhic (ce nom déjà si souvent trouvé; voir doc. n° 3 et n° 39), ils décident qu'il n'a pas droit au retrait lignager; qu'il sera obligé de faire, avec son voisin Huc de Bornazel, les frais du pavage des rues. Enfin ils décident mitigation de peines en faveur d'une femme condamnée par le bayle Gisbert de Jean (*Te Igitur*, fol. XXVII — *Ed. imp.*, n°s 300, 301 et 302).

(3) Voir le *Te Igitur*, édition imprimée, p. 59, note.

M. Dufour fait remarquer que l'acte d'accord, tel qu'il nous a été transmis par les copies du *Livre noir* (fol. LXVI à LXXXIII) et du *Livre nouveau* (tome I, p. 1 à p. 57), n'est pas terminé ; il n'y a ni date, ni noms de témoins, ni formules de garantie, etc. C'est que ce fut un simple projet, qu'on n'eut pas le loisir de discuter, peut-être à cause de la mort de Barthélémy, bien que les consuls de Cahors l'aient regardé comme très authentique (1). Toujours est-il que son successeur, Raymond de Cornil, refusera hautement de reconnaître ces coutumes ; et l'on en viendra aux 45 articles de privilèges que le roi de France et l'évêque accepteront au siècle suivant.

Quant aux anciennes coutumes, un autre texte se trouve dans le *Te Igitur* (fol. XXXV et suiv. — Edit. imp. n° 340, p. 149 et suiv.). Ce texte a été relié dans le volume dit du *Te Igitur*, mais il faisait partie d'un autre registre ; il est écrit d'une plus ancienne écriture et il a une pagination différente (de fol. XXXIII à XLV). Il offre quelques variantes avec le texte publié par M. Dufour.

Nos 87-88. 1273-1274.

Bourgeois de Cahors.

87. — *Testament de la veuve de Guiral de Guarembal* (24 août 1273).

Na Emara, molher que fui, sa enreire, den Guiral de Guarembal, ciutada de Caortz, etc.

Elle veut être ensevelie « en la glieia de mosenhor Sen Peyre (1) don ieu soi parroquiana ». *Elle fait des legs* « al senhor de la dicha glieia,... al capela major,... al sot capela,... a casque dels autres capelas,... à la obra de la dicha glieia,... à la recluza d'outral pont (2),... à casquina de

(1) Il est remarquable cependant que ce texte ne se trouve ni dans aucun des parchemins des archives municipales ni dans les manuscrits les plus anciens, comme le *Te Igitur* ou le *Livre tanné*, mais seulement dans des manuscrits-copies de la fin du XVIe siècle ou du XVIIe.

(2) Saint-Pierre, en ville, non loin de la Cathédrale (Daymard, *Le vieux Cahors*, p. 183).

(3) Pour les *Recluses*, voir Ed. Albe, article dans le *Bulletin de la Soc. Et. Lot*, 1912, p. 127.

las malaudarias de Caortz (1),... als fraires Menors (2),... als fraires Prezicadors (3),... als fraires del orde de Nostra Dona *(les Augustins)* (4),... als fraires del orde de Penedenza *(tiers-ordre de saint François)* (5),... als fraires del orde del Carme (6),... à las serors Menoretas (7),... à l'hospital de Carriera major,... als autres hospitals (8), à la molher de Gasbert de la Popia (9)... »

Parmi les témoins : Hug de S. Geri, W. Donadeu.

Fait en la fête de St-Barthélémy, 1273.

[Archives du Lot, H. 65, n° 39.]

88. — *Testament de Raymonde d'Arcambal, veure Truel* (10) (9 nov. 1274).

Celui-ci, trouvé au Cabinet des Titres, ne manque pas non plus d'intérêt. Nous y voyons mentionnés aussi les *Frères de la Pénitence*, les religieux mendiants, les hôpitaux, les reclus et les lépreux de Cahors; Raymonde Truel donne aux « frères du Temple de Cahors ». Elle était de la paroisse de Notre-Dame de Soubirous; mais elle veut être enterrée chez les Cordeliers, ses légataires universels, et donne non-seulement

---

(1) Sur les léproseries de Cahors, voir Ed. Albe : *Les lépreux en Quercy*.

(2) Daymard, p. 85.

(3) *Ibid.*, p. 91.

(4) *Ibid.*, p. 100.

(5) Le Tiers-ordre de saint François, appelé aussi Ordre de la Pénitence, était à l'origine organisé comme une congrégation régulière et avait des maisons comme l'Ordre premier des Frères mineurs. Il avait également une maison à Figeac. Ces maisons disparurent au XIVe siècle. Celle de Cahors était au quartier de Soubirous.

(6) Daymard, p. 97.

(7) *Ibid.*, p. 73.

(8) *Ibid.*, p. 36.

(9) Les membres de cette famille qui a donné son nom à Saint-Cirq-la-Popie, furent très nombreux jusqu'à la fin du XIVe siècle. Voir Ed. Albe, *Autour de Jean XXII*, 2e partie, p. 231.

(10) Ce nom de *Truel* ne se trouve pas dans le *Te Igitur*. Mais parmi les gens de confiance que le pape Jean XXII envoie porter en Italie de grosses sommes pour le Légat Bertrand du Pouget nous trouvons un Guillaume Truel, de Cahors (au moins en 1327).

au 1er chapelain, le seigneur *Jove*, et aux autres chapelains, mais encore à l'*escholier* de cette église; elle donne aussi à la *obra* du Moutier (Cathédrale).

Mentionnons des legs à sa « marâtre », Na Guillemette d'Arcambal, à ses frères, Arnaud-Bernard, Guillaume et frère Géraud ; à sa sœur religieuse de la Daurade ; à ses neveux, Bertrand de Lard, frère Arnaud et leurs sœurs, la « ménorette », ou Clarisse, et la religieuse des Bouysses (près Mercuès) ; à maître Pierre Buou, etc.

L'acte est passé le vendredi avant la saint Martin d'hiver 1274, en présence du gardien des Frères mineurs, frère Gasbert de Serazac, et d'un autre religieux de son Ordre, de Gme de Calvignac, de B. Lafaurie, etc.

Autorisé par son provincial d'Aquitaine, le Fr. gardien présenta le testament à l'official. Il nommait, comme son procureur, le citoyen Raymond de Montclar, son ami, pour s'occuper des legs et d'une créance (à peu près 26 sous de cens (1) sur le pech Saint-Etienne), qui est cédée à dame Sibylle Beraldi (*Sebelie de Laberaudia* : Voir plus loin, doc. no 143), pour une somme de 64 livres et demie. Acte passé à la fin de décembre 1275.

[Bibl. nat. Cabinet des Titres, *Pièces Orig.*, vol. 292, n° 6.337.]

No 89. 27 Juillet 1274.

Le pont Neuf.

Achat d'une terre appartenant à la Daurade, pour faire une place.

Les consuls jugeaient nécessaire d'avoir une place communale de l'autre côté du pont Neuf, pour diverses raisons : « *Mestiers e gran necessitat de plassa communal outra lo pont da la Orta* (2), *en la cal plassa las gens el pobles fosso alarguat* (aient la facilité) *desbatre* (de s'ébattre) *e de*

---

(1) Le cens est dû par les enfants d'Arn. Lascazas, Alasie de L., la femme de feu Pre *Rigaldo*, Gasbert et Hugues R., Géraud Aymeric, Gasbert de *Buxeriis* (Boissières), Bern. de Salviac, Jean et Arn. de Caihs, Gasbert de la Mota, Caercin de Concoretz, Bern. de Cardaliac, Pre de la Bruguière, Gme Faiart, Roger Coti, la fille d'Hugues de Born, etc.

(2) Le pont, à cette date, n'était pas fini : les couches en pierre n'étaient pas faites, mais on avait jeté sur les piles un tablier de bois.

deportar (jouer) *et de far las cauzas comunals que à la universitat aurio mestiers.* » Or, les Religieuses de la Daurade possédaient une pièce de terre et une vigne qu'elles louaient pour faire des jardins et qui faisaient bien l'affaire des consuls, surtout parce que le cens et la seigneurie directe en appartenaient au consulat. Quant à l'acapte, les consuls l'avaient acheté à Guillaume Frezapa.

Ils prennent donc cette pièce de terre et cette vigne pour en faire une place communale et reconnaissent à la dame prieure du couvent de la Daurade, « na Guirauda Maioffa », qu'elle la leur a arrentée pour 66 sols de cens de rente annuelle, payable à « Caramantran ». Ils promettent de les lui payer très régulièrement ; et si l'estimation de prudhommes et experts était supérieure à ce chiffre, ils payeraient la somme par eux fixée. La dite pièce est à l'entrée des combes Ruffenques (1); elle confronte avec le pied du pech de Rolle *(de roula)*, séparée par un chemin qui conduit à ces combes, d'autre part avec la vigne de G^me^ de Bonconseil et avec la carrière de pierres du consulat (2), chemin entre, et en dessous *(endejos)* avec les chemins communaux par où l'on va à Rolle et à Saint-Cirq ; enfin avec la terre du consulat achetée de P. de Margarida, pour agrandir la place.

Les religieuses et les consuls mirent leurs sceaux à l'acte (3).

Cahors, le vendredi après la fête de St-Jacques, en l'an de l'Incarnation de Notre Seigneur, 1274, au mois de juillet.

[Arch. munic., DD 6 (anciens n° 13, n° 22) — les sceaux manquent — long. 25 sur 24 ; écrit. : 21 sur 22 — Cf. Dufour, *Commune*, p. 49. — Voir plus haut documents 83-84, et plus bas document 148.]

---

(1) Il y a en effet cinq petites combes, formant le petit vallon qui sépare le pech de Rolle du pech de Saint-Cirq. Peut-être prenaient-elles leur nom de la famille de Roux *(Ruffi* ou *de Ruffo)*, qui donna à l'Eglise un évêque de Cahors et un cardinal.

(2) Il y a eu une carrière de pierres à l'entrée du vallon. C'est de là qu'on prit les pierres pour le pont Neuf. Voir document n° 148.

(3) Cette place fut appelée place de la Rode, du nom de la maison du sénéchal. Voir doc. 157, art. 6°.

N° 90. 16 Août 1275.

Le roi de France et la ville de Cahors.

Philippe III excuse les gens de Cahors de n'être pas venus à l'armée de Foix.

Les consuls de Cahors devaient s'être excusés de n'avoir pas contribué à la formation de l'armée envoyée contre le comte de Foix (1).

Philippus Dei gratia Francorum rex senescallo Petragoricensi salutem.

Cum nos hac vice sufferre velimus burgenses cadurcenses de hiis que ab his petebantur pro nostro exercitu Fuxensi, mandamus vobis quathenus ipsos super hoc minime molestetis.

Actum Parisius, in crastino Assumptionis beate Marie Virginis, anno Domini MCCLXXV.

[Archives municipales, *Livre noir*, f. 18v°. — Cette lettre est dans un *vidimus* du vendredi avant St-Pierre-ès-liens (31 juillet) 1276, donné, à la requête des consuls, par Bernard (2), prieur des Dominicains de Cahors, et Gaubert (3), gardien des Frères mineurs de la même ville; *vidimus* donné sous forme de lettre au roi de France. — Les annotateurs du *Livre noir* ont mis en marge cette fausse mention : « Lettre du roi... de ne pas troubler les Jacobins ni Cordeliers. » Le *vidimus* se trouve dans Doat, vol. 118, p. 156 : L'analyse de Doat est juste. Lacoste, *H. du Q.*, tome 2, p. 335, met la date de 1276 et la fausse analyse du *Livre noir*.]

N° 91. 13 Oct. 1275.

Les consuls de Cahors et le Chapitre.

Le droit de barre sur le pont Vieux.

Mandement de Jean de Villete, chevalier, sénéchal d'Agenais et de Quercy, à Me Guillaume de Saint-Mathieu, notaire public, de faire savoir

---

(1) Voir, sur cette expédition du roi de France, l'*Histoire du Languedoc*, tome IX, p. 11 à 21 (1272). Les gens de Cahors pouvaient se dire exempts du service du roi qui n'était pas leur seigneur direct, mais l'évêque pouvait être tenu, comme vassal, à moins qu'il n'eût un privilège spécial. (Voir à ce sujet le même volume de l'*Hist. du Lang.*, p. 21-23.)

(2) Bernard Stephani, des Stephani de Gigouzac, prieur pour la seconde fois (la première en 1270-1273), de la maison des Dominicains de Cahors; déposé en 1278, il fut de nouveau prieur en 1282 et en 1289. Il mourut en 1298 (Bernard Gui, manuscrit de la Bibl. de Toulouse 490, fol. 143).

(3) Gaubert ou Gasbert de Serazac (Sarrazac) qui présente à l'official, en 1274-1275, le testament de la veuve Truel (voir ci-dessus, n° 88).

au Chapitre de Cahors qu'il ne doit pas empêcher les consuls de lever le droit de barre qu'ils ont mis sur le pont pour sa réparation *« reffectionem »* (1). Le Chapitre avait lancé l'excommunication contre les consuls qui avaient mis ce droit et contre ceux qui le payaient; cela contrairement aux ordres du roi. Le sénéchal d'Agenais a été requis par noble homme Hodon de Faiolle, sénéchal de Périgord, de forcer ledit Chapitre et les vicaires [capitulaires] (2) à enlever la dite sentence d'excommunication. S'ils n'apportent pas de bonnes raisons, les chanoines seront cités à comparoir devant lui, à Lauzerte, le jeudi qui suivra la réception de ses lettres.

Fait à l'Hôpital de Dame Hélène (3), le dimanche avant la fête de saint Luc, 1275.

[Archives munic., CC 7 (ancien. 3 et 23), petit parchemin, de 0,17 sur 0,11, dont on a coupé la queue. — Lacoste, *H. du Quercy*, tome II, p. 344. Voir documents 92 et 114.]

N° 92. FIN JUIN 1277.

Le roi de France et la ville de Cahors.

Suppression provisoire d'un droit de barre *accordé.*

(Juin 1277.)

Le Parlement de Paris décide qu'on retirera le droit d'octroi ou de barre sur le pont de Cahors, réserve faite des droits des consuls, de la communauté et de l'église. Le sénéchal fera porter les comptes des recettes depuis le moment où les lettres permettant la barre furent

---

(1) M. Dufour, *Commune*, etc., p. 49, suivi par M. Daymard, *Le vieux Cahors*, p. 30, a cru qu'il s'agissait du pont Neuf. Il est clair qu'il est question du pont Vieux, sur lequel seulement le Chapitre avait des droits (v. document n° 97). Et d'ailleurs il s'agit ici non de construction, mais de réparation *(refectionem)*.

(2) M. Dufour a compris et traduit : *le viguier (vicarii)*. Mais il n'y avait pas de viguier à Cahors avant le pariage; tandis que, le siège épiscopal étant vacant à cette date, il y avait des vicaires capitulaires *(capitulum et ejus vicarios)*. M. Daymard, qui a trop suivi M. Dufour, renvoie au n° 33 de son Index bibliographique, qui est la *Statistique du Lot* de M. Delpon, il faut lire n° 32, qui est la notice sur la *Commune de Cahors*.

(3) L'hôpital de dame Hélène (domina Elena, dona Elena, na Elena et même Nalena, sans le mot hôpital, ce qui a trompé quelquefois les traducteurs du *Te Igitur)*, était ainsi nommé de sa fondatrice Hélène de Castelnau de Gourdon. C'est aujourd'hui L'Hospitalet, canton de Castelnau-Montratier.

obtenues du roi et appellera les témoins qu'il voudra pour son enquête (1).

Parlement de la Madeleine, 1277.

[*Olim*, édit. Beugnot, tome II, p. 93, n° XXI. — Cf. le document précédent où l'on voit l'existence de ce droit de barre en 1275.]

N° 93. 19 DÉCEMBRE 1277.

Les troubles de Cahors. — L'affaire de 1270.

Règlement du sénéchal au sujet de l'amende encourue.

Le sénéchal de Périgord, Limousin et Quercy, Simon de Melun, et le bailli d'Auvergne, Henri de Gaudonvillers (2), donnent des instructions au sujet de la levée des tailles nécessaires pour payer l'amende de 12.000 livres tournois tout d'abord fixée à l'occasion des troubles et du meurtre de Jacques Donadieu. La première taille ne suffisait pas; il en fallait une seconde. On devra porter sur cette taille les personnes qui se trouvaient hors de Cahors au moment où la première taille fut faite et qui sont rentrées, sans avoir été bannies; on devra rectifier la première taille dans le cas où certaines personnes auraient été taxées trop ou trop peu; la diminution ou l'augmentation se fera d'après les conseils de Raymond du Bruel *(Brolio)*, bourgeois de Figeac; on portera la taxe, en cas de vente ou d'aliénation de biens, sur les personnes qui auront acquis ces biens. La plus curieuse mention est celle des veuves qui mettent leur argent dans *des tirelires;* si elles ont économisé en vue de servir le parti contraire aux consuls et au roi, on les taxera selon la quantité de leurs biens. Raymond du Bruel se rendra compte de ceux qui ont déjà payé la taille pour qu'on ne la leur redemande pas. On s'appuiera, suivant le cas, soit sur des témoignages extérieurs, soit sur l'affirmation même des intéressés. Les gages saisis sans droit seront rendus, etc.

(1) Il est très probable qu'il devait y avoir eu des abus à l'occasion de ce droit de barre, et des plaintes de la part du Chapitre et des vicaires capitulaires. Cela se rapporte à l'extraordinaire état de trouble de cette époque où le siège épiscopal resta vacant pendant six ou sept ans (voir document n° 120).

(2) Nous avons déjà vu ce nom à la date de 1271 (document n° 85).

Ledit Raymond du Bruel devra fournir des comptes avant la fête de l'Ascension prochaine, etc.

Fait à la Souterraine, le dimanche avant la Noël, 1277.

Texte de ce règlement :

Universis presentes litteras inspecturis Symon de Meleduno, miles, senescallus Petragoricensis, Lemovicensis et Caturcensis pro domino rege Francie illustri; Henricus de Gaudonvillari, miles, baillivus Arvernie pro eodem domino Rege, salutem in Domino. Noveritis quod nos ordinavimus super tallia seu emenda duodecim millium librarum Turonensium quondam taxata domino regi predicto contra quosdam populares civitatis Caturci, ratione maleficii quondam commissi contra consulatum civitatis Caturci et Jacobum Donadei, quondam consulem dicte civitatis, inspectis primo taxationibus dictarum talliarum seu emendarum, veteribus et novis, et ita inspectis quod habeatur recursus ad taxationem veteris tallie pro emenda dicti domini Regis, que facta fuit pro facto dicti Jacobi Donadei; item quod adjungantur cum veteri tallia, facta antiquitus, persone que oblite fuerint ad talliandum in predicta tallia veteri; item quod adjungantur in predicta tallia ille persone que erant extra villam Caturcensem eo tempore quo predicta tallia fuerit facta, que persone postmodum revenerunt, que persone non fuerant bannite propter factum predictum; et est sciendum quod predicte persone oblite et que de novo revenerunt ad villam Caturcensem, que affugerunt timore et non erant bannite, per villam predictam ponantur in predicta tallia, pro tanta summa pro quanta summa posite fuerint in secunda taxatione; alie vero personne in statu suo remanebunt; et sciendum item quod si alique persone in prima tallia fuerint inordinate posite pro minori summa vel pro majori quam deberent, quod Remondus de Brolio, de Figiaco, burgensis, cum consilio bonorum et fide dignorum ville Caturcensis virorum, pro tempore quando prima tallia antiqua fuerit facta, quod ipse Remundus possit minuere summam taxatam et augere, cum consilio predictorum, prout sibi videbitur expedire, non obstante taxatione predicta, facta et ordinata per nos, sicut in quibusdam nostris aliis litteris, sigillis nostris sigillatis, plenius continetur; item fuit ordinatum quod si alique de personis, de talliis supradictis, vendiderint seu alienaverint hereditates seu successiones vel aliqua alia bona, a tempore prime ordinationis, quod si, tempore istius ordinationis predicte, persone solvende non fuerint, quod possit haberi recursus a collectoribus tallie supradicte ad predicta bona seu possessiones, que predicte persone habebant tempore prime ordinationis, ubicumque sint et a quocumque domino teneantur vel ubicumque potuerint inveniri. Fuit etiam insuper ordinatum quod si sint alique vidue in villa Cadurcensi que juvarent vel ponerent denarios in quibusdam vasis, que vulgariter appellantur apud Caturcum *Tireslires*, ad hoc quod esset in utilitatem populi contrarii parti domini Regis et consulum et consulatus Caturci, quod omnes ille vidue possint talliari, dum tamen probatum fuerit contra ipsas, per testes vel aliis documentis legitimis, vel per confessionem ipsarum, quod ipse teneantur ad taxationem tallie predicte, secumdum quantitatem bonorum ipsarum quam habebant tempore maleficii perpetrati. Item ordinatum fuit insuper quod dictus Raymundus inquirat diligenter vel inquiri faciat de solutione dicte tallie primo facte et si aliqui sunt qui fuerint talliati, et possint probare, per duos testes vel per unum testem bone fame, quod solverint talliam suam, vel partem dicte tallie, collectoribus qui tunc erant ex parte domini regis, quod ipse Raymundus collectores predictos compellat, vel eorum heredes, ad satisfaciendum illis qui probare poterunt, per unum testem fide dignum, usque ad trigipta (triginta) solidos turonenses, et illis qui probare poterunt per duos testes fide dignos satisfieri faciant in solidum eidem Raymundo, vel ejus mandato, pro Domino Rege in solutione illorum qui talhati fuerunt. Item ordinatum fuit insuper quod si aliqui sint bone fame et fide digni qui dicant se solvisse et de hoc non habeant testes quod ipsi credantur suo simplici juramento usque ad quindecim solidos turonenses. Ordinatum fuit insuper quod si aliqui, de Caturco vel extra, minati fuerint vel minari fecerint aliquas personas, et propter minas ipsorum receperint et habuerint indebite pecuniam, quod de hoc dictus Remundus inquirat et eos quos culpabiles invenerit compellat illos ad reddendum et restituendum illud quod injuste habuerunt illis personis a quibus habuerint. Insuper fuit ordinatum quod pignora que capta fuerint indebite, quod dicta pignora restituantur illis a quibus capta fuerint. Item precipimus dicto Raymundo quod ipse de supradictis taliter sibi provideat et caveat quod possit computare nobiscum de eis et reddere rationem infra Ascensionem Domini proxime venturam, de hiis que de supradictis fecerit et ordinaverit. Item volumus quod litteras quas dedimus super ordinationem predictam antea confectas, sigillis nostris sigillatas, in suo robore durent et valeant, hoc salvo quod volumus et concedimus quod omnia predicta in presenti littera contenta, prout superius est expressum, habeant valoris firmitatem. In cujus rei memoriam et testimonium, nos predicti Symon, Senescallus Petragoricensis, et Henricus de Gaudonvillari, Baillivus Arvernie, presentibus litteris sigilla nostra duximus apponenda. Datum et actum apud Subterraneam, die dominica ante nativitatem Domini, anno Domini M° CC° LXX mo septimo.

[Arch. munic. BB 3 (anciens n°s 24 et 53) — les sceaux manquent — long. 0,35 sur 0,27. — cf. Doat, 118, f° 158.]

N° 94. 17 Septembre 1278.

Bourgeois de Cahors.

Quittance par la veuve de Pierre Rubei.

Bernarde, veuve de Pierre Rubei (1), reconnaît avoir reçu de Pierre Froment et de Jacques des Fourques, exécuteurs testamentaires de son mari avec Guillem et Pierre Viguier, frères, la somme de 300 livres tournois que, dans le testament, son mari reconnaissait lui devoir, soit pour la dot, soit pour l'*osculum* (2).

Acte passé devant l'official du Chapitre de Cahors, siège vacant, le samedi après l'exaltation de la Sainte Croix, 1278.

[Arch. munic., Charte n° 94 — manque le sceau — long. : 15 sur 26.]

(1) Pierre Roux ou Le Roux. Nous avons déjà vu ce nom de Rubei (doc. n° 63).

(2) Voir note du document 26.

N° 95. 4 Novembre 1278.

Actes des consuls.

Règlement pour la mesure des terrains.

Ce règlement fut fait par Guilhaumon de la Bertrandie, B. Dellart, P. Johan (P. de Jean), bourgeois ; Guillaume Pélissier, changeur ; Guillaume Rollan, marchand (1) ; B. de Cazèles, Me Ar. Delbosc, maçon (2) ; Hugues Froment et B. Lombard, journaliers, et le bayle G. (3), à qui les consuls le remirent pour veiller à son exécution.

[Arch. munic. *Te Igitur*, fol. VIII ; écrit en caractères très soignés, mais les majuscules qui devaient être en rouge manquent — *éd. impr.* p. 30 et suiv. n° 30. — *Livre tanné*, fol. XII (15), d'une écriture semblable à celle du *Te Igitur*.]

(1) De tous les noms qui sont là, et dont plusieurs ont été déjà trouvés, nous relèverons celui-ci. Les de Roland, moins connus en Quercy que les de Jean, feront comme eux : ils deviendront nobles et même chevaliers. On en trouve plusieurs à la Cour de Jean XXII, spécifiés comme étant du diocèse de Cahors.

(2) Le maçon Ar. Delbosc est le constructeur du Pont Neuf. (Voir doc. 148).

(3) C'est sans doute Gausbert Audebert, nommé dans le *Te Igitur* pour l'année 1276 (voir doc. 86, note 2). Il avait remplacé (?) Gisbert de Jean (1272. *Te Igitur* n° 302).

N° 96. 1279 (?).

Actes des consuls.

Statuts du consulat.

Les consuls, profitant sans doute de la longue vacance du siège épiscopal, et s'appuyant sur le projet de coutumes soumis à l'évêque Barthélemy en 1273, firent une longue ordonnance sur le nombre, l'élection, les fonctions, les charges et les prérogatives des consuls. Le texte s'en trouve au *Livre tanné*, écrit en grosse et belle écriture gothique, avec des rubriques, et quelques lettres ornées. A la suite se trouvent quelques autres ordonnances écrites de la même façon et que nous donnons comme la première. Celle-ci a été traduite, seule, par M. Dufour qui l'a publiée dans l'*Annuaire du Lot*. L'ensemble formait un cahier qui a été relié en tête du *Livre tanné*, auquel il se rattachait moins qu'au *Te Igitur* où il eût été plus à sa place.

Nous ne pouvons donner la date certaine de ce document : il est postérieur à 1270, puisque, à cette date, le menu peuple ne faisait pas encore partie du consulat (document n° 70) ; à 1273, puisque l'organisation du consulat telle qu'elle est ici ne se trouve pas dans le projet de coutumes ; à décembre 1278, puisque l'article 12 contient mention d'une pièce qui porte cette date. Il est antérieur à 1284, puisque c'est la date du *factum* de l'évêque Raymond de Cornil (document n° 120), qui proteste contre les nouvelles usurpations, et même à 1280, année de la nomination de cet évêque.

Nous ne publions que le texte roman, avec le sens de quelques mots plus difficiles, renvoyant à la traduction de M. Dufour ceux qui ne trouveraient pas cela suffisant. On pourra comparer avec quelques fragments de 1284 (document n° 122) et avec une ordonnance analogue, de 1338.

Aycho so las cauzas que lhi cossol de la ciotat de Caors devo far en lor noeletat.

1. Aysso es la ordenansa del cossolat e dels cossols de la ciotat de Caortz. So es assaber que a Caortz a *(il y a)* **e deu aver XII cossols. E deu ni aver VI**

Peut-être eût-il pour successeur P. Mercier, nommé dans un acte de décembre 1278 (doc. 96) ; mais comme en 1279 nous trouvons P. Boisse, nous soupçonnons qu'il faut lire dans le *Livre tanné* (fol. 7' 1re ligne), et dans le *Te Igitur* (fol. 7 — *éd. impr.* n° 363, p. 207) *P. (Boisse), mercier.*

per borzes, els tres devo esser davas lo pont *(du côté du Pont-Vieux)*, els autres tres davas Sobirous *(du côté de la ville haute)*. E deu ni aver 1 per mercadiers, e aquel deu esser a lau an *(un an sur deux)* davas lo pont, e à l'autre an davas Sobiros. E autre deu ni aver per affachadors *(tanneurs)* e per sabatiers ; E autre per totz martels ; E autre per cardadors e per teychendiers ; E autre per mazeliers e per homes de sobra aygua ; E autre per affanadors *(ouvriers-manouvriers)*. E es assaber quel cossol que es per affachadors e per sabatiers deu esse a lau an *(un an sur deux)* affachador e a lautre sabatier. E aquel que es per totz martels deu esser a lau an carpentier e a lautre masso e a lautre faure o daurelier *(orfèvre)*. E aquel que es per mazeliers e per homes de sobre aygua deu esser a lau an mazelier e a lautre peyssonnier e a lautre parador *(pareur... de draps)*. Aquel que es per cardadors e per teyschendiers deu esser à lau an cardador e a lautre an teyschendier.

2. Item es assaber quel borcier *(le trésorier)* e tug aquist cossols desus dig e aquel que es pels affanadors, deu esser a lau an davas lo pont e a lautre davas Sobiros. E aquist XII cossols, quant so estat fag cossols, ni *(et)* creat de noel *(nouvellement)*, devo far las cauzas que sen sego : so es assaber que devo jurar, e la forma del sagramen es aquesta que sensec (1) : Que ilh juro 1° que 1 an estaran cossols al menhs, e que no yssiran *(ils ne sortiront pas de charge)* entro que *(jusqu'à ce que)* autres cossols aio fag; 2° e que las franquezas, e las costumas, els usatges de la cioutat gardaran e defendran a lor poder; 3° e a bona fe e leyalmen se portaran els affars de la vila, vas lo maior e vas lo menor *(à l'égard du riche et du pauvre)* e vas totz comunalmen e a bona fe, e que amistat no y tendra pro, ni en amistat dan, e que saiusto *(se réunissent)* al divendres, se ayze conogut non avio, e als autres dias quant mestiers sera (2) [e que tenho e gardo las ordenansas fachas pel concelh aissi coma apar en aqueste lhibre, a XXIIII cartas *(au fol. 24)*, sobre lo nombre dels assassors et de notaris e de sirvens] (3).

3. Item devo recebre sagramen dels cioutadas e del potble, e la forma del sagramen quel potbles fay als cossols es aquesta que sensec : Que amb *(avec)* lo cossolat se tenran da quo que ilh faran per profieg de la vila o entendran affar, e contra lor estatblimen no iran per lor ni per autrui, ans *(mais)* lor aïudaran e lor valran com sio gardat e tengut a lor poder; e a lor somonsa

---

(1) En marge on a mis : *lo sagramen que devo far los cossols noels.*

(2) C'est la formule qui est dans les *Coutumes*, du moins à peu près (Dufour, *Commune*, etc., p. 236, n° XLIV).

(3) Ce qui est entre crochets [ ] a été ajouté au bas de la page, d'une écriture cursive. Tout à fait au bas, d'une autre écriture, une ligne que la crasse accumulée rend indéchiffrable. Voir fol. 42, n° 3. Voir *Te Igitur*, p. 68, n° 78 — p. 224, n° 376.

venran senes tota tayna *(sans aucun retard)* quant auziran lo senh *(la cloche)* o lor crida, o auziran lor messatge, a bona fe se ayze conogut non avio; e contra lo sagel comunal non iran; ni sagramens ni aiustansas ni negunas alhiansas no faran a negun home ses *(sans)* cosselh e ses volontat dels cossols. E se ilh maleufazio pel deude que la vela deu o per messio *(message)*, se aquist la fazio, que ilh lor en sio bon ischigrador *(garants)*, e si amb negu home i trobavo contrast, que amb lor sen tenguesso daquela destressa quelh cossol far volrio (1).

4. Item devo recebre sagramen dels officials e dels servicials del cossolat. E la forma del sagramen que lhi official de la mayo comunal de cossolat devo far es aquesta que sensec : Ieu iuri als sanhs de Dio avangelis que ieu seriey, touty temps que seriey officials de cossolat ni pensio de cossolat penriey, bos e leyals als cossols e al cossolat, e seriey obediens als cossols; els dregs els devers (2) de cossolat e de la vela gardariey e deffendriey a mo poder; e tot dampnatge, que hieu puesca saber que hom agues donat o procurat, o volgues donar o procurar, al cossolat o als cossols o a la vela, revelariey als cossols e a mo poder esquivariey; e tot quantque es pervengut ni perviendra a la mia ma dels bes del cossolat, que saperteno al cossolat, redriey *(je le rendrai)* entieramen als cossols, e revelariey a lor tot que hieu *(je)* siey *(sais)* ni sabriey que sia pervengut, o a per aenant pervenha, dels digs bes als digs cossols. E aysso fariey, cascun an, el cambiamen dels cossols, al plus tost que hieu poyriey ; e secret e selat tiendriey de totas las cauzas que hieu sapia quem sio estadas om seran *(qui m'ont été ou me seront)* revelados per secret, e que nulh *(en aucun)* temps contra lo cossolat no seriey, ni dampnatge nolh *(ne lui)* procurariey ni suffririey que hom nolh procure.

5. Item (3) devo aordenar quals de lor tengua *(qui d'entre eux tiendra)* lo sagel el contra sagel; e aquel que es cossols per mercadiers deu esser borsiers e deu tener la una part del gran sagel e contra sagel e una clau de la cayscha de la cambra de cossolat en laqual te hom lau *(on tient l'un)* dels lhibres dels comptes, e may deu tener lau *(l'un)* dels lhibres dels comptes e las claus de las archas dels pes, e deu esser presens, el e un autre cossol dels borzes, davas lautra part de la vela, quant li pes se curo. E un autre cossol, daquels dels borzes, deu tener lautra part del gran sagel e lautra clau de la dicha cayscha on hom te *(où l'on tient)* los lhibres dels comptes, e lau *(l'un)* daquist deu esser davas lo pont e lautre davas Sobiros.

---

(1) Voir formule analogue dans les *Coutumes* (Dufour, *op. cit.*, p. 238, n° XLVI. cf. Lacroix, *Series* § 251).

(2) « Et les droits et les devoirs », etc. M. Dufour a compris « *dans les droits, etc.* » et fait des mots « *de la vela* » le complément de « *gardarier* ».

(3) On a écrit en marge : « *de sigillo* ».

6. E es assaber que amb (*avec*) lo gran sagel no deu hom sagelar, seno que sio presens VI cossols o may, so es assaber IIIJ borzes e IJ dels mestiers, al menhs.

7. Item am (*avec*) lo petit sagel no deu hom (*on ne doit pas*) sagelar seno letras clausas e que adoncas (*alors*) sio presens IIIJ cossols, IJ borzes e IJ dels mestiers, al menhs. E se s'endevenia que aquels que tendrio los digs sagels, o lau (*l'un*) de lor, anesso de fora en viatge, que convengues (*qu'il convienne*) que laychesso lo sagel, devo layschar lo dig sagel e baylar a cossol e no a neguna autra persona, seno era cossols, e devo lo baylar a aytals cossols e en tal maniera quel cossol que tiendra launa (*une*) partida del sagel gran sia davas lo pon e lautra davas Sobiros, e que ges (*jamais*) tot lo sagel gran no fos ni pogues esser davas la una de las dichas partidas. E es assaber que negus dels clergues de cossolat no deu pendre ni tener los lhibres dels digs comptes ni escrire en aquels, mas aquel que lhi cossol cauziran e estatbliran (1) a aquo far.

8. Item devo estatblir e far iurar XXXII proshomes, causitz per lor dels VIII cartiers de la vela, so es assaber de cascu cartier IIIJ, e lau dels IIIJ deu esser borzes e lautre mercadier e lautre de mestier e lautre affanayre.

9. Item devo elegir e far iurar per cosselh e per acosselhadors LXXIJ proshomes, so es assaber XXXVI de la part davas lo pont, e XXXVI davas la part de Sobiros.

10. Item devo metre gardias en l'espital de carrieyra maior e vesitar aquel, so es assaber II gardias e un comandayre e una comandayritz (*un commandeur et une commanderesse*) (2).

11. Item devo estatblir e far iurar IIIJ gardias de las obras e dels bastimens, so es assaber II mercadiers e lau deu esser del pont e lautre da Sobiros, e un carpentier e un masso, e que lau sia dal pont e lautre da Sobiros.

12. Item devo estatblir e far iurar IIIJ guardias el mestier dels cardadors e del mespes (3), e aquilh IIIJ devo levar lo mespes el (*et le*) devo aportar, cascun an una vetz, en cossolat, e lhi cossol devo lo devezir e distribuir en la maniera que es acostumat, so es assaber en la maniera que sensec : « Remembransa (4)

---

(1) Ecrit par étourderie de copiste : establirar.

(2) En réalité, un supérieur et une supérieure. M. Dufour traduit « un commandeur et cinq commandés ! » Observons que dans la note (*op. cit.* p. 51, note 9) il confond l'hôpital de Cazelles avec la léproserie consulaire du faubourg Saint-Georges.

(3) Le *mespes*, c'est le produit des amendes infligées aux tisseurs dont les draps n'ont pas le poids requis.

(4) Ce fragment est dans le *Te Igitur*, p. 207, n° 363, avec deux ou trois variantes dont la plus importante est le nom P. *Efforterou*, au lieu d'*Efforlion*.

sia quen lan de la encarnatio de nostre Senhor MCC XXVIIJ, lo divendres davant la festa de Nadal, lhi cossols de Caortz prezo (*prirent*) los deniers dels mespes dels draps losquals lhi cossol fan pezar a IIIJ proshomes e aquilh IIIJ prohome aporto los deniers als cossols el cossolat e dono lo ters als pezadors en estacha (*en salaire*), el tertz dono al bayle, non pas per dever que la senhoria hi aia, e lautre tertz prendo lhi cossol per donar als escrivas e a lors sirvens. E aladones era bayles P. Mercier (1) E daycho foro testimonis B. Ramon, Arnaut Calvelh, Nuc de Bornazel, Guilhem de Lascura, Guilhem de Romegos, P. Effortion, Ramnolf Guiral, maestre Andrio Rathie, R. de Lavia ».

13. Item devo estatblir e far iurar IJ gardias el mestier dels paradors.

14. Item devo estatblir e far iurar VJ gardias el mestier dels teyschendiers : so es assaber IIIJ de draps lanis e IJ de draps de lhi e de carbe.

15. Item devo estatblir el masel dal pont (2) IJ gardias, un boatier e un porcatier.

16. Item el masel de la conqua (3) IIIJ gardias, IJ boatiers e IJ porcatiers.

17. Item els masels de las taulas (4) IIJ gardias, IJ boatiers et un porcatier.

18. Item devo estatblir IJ gardias dels pechayriers (*potiers*) e de la obra del estanh (*de l'étain*).

19. Item IJ gardias de la obra de la cera e del seu.

20. Item IJ el mestier dels moliniers.

21. Item devo aordenar qui tenha (*tiendra*) lo senhal (*la marque*) del argen e aquel del estanh.

22. Item qui tenha las claus de totas las portas de la vela e dels pons.

23. Item qui tenha lo marc e la balansa per affinar los pes.

24. Item devo recebre e auzir compte dels autres lors predecessors cossols.

25. Item devo regardar las aunas, els (*et les*) pes, e las mezuras, el (*et le*) pa (*pain*) (5) ; e las mezuras, els pes, e las aunas, que no seran sufficiens, devo far trencar e ardre (*briser et brûler*) davant lo cossolat, e el pa que non er (*sera pas*) sufficiens devo donar per amor de Dio.

26. Item devo estatblir e far cridar las piechas (*amendes*) els estatblimens que dautras vetz son acostumadas a estatblir ni (*et à*) far cridar, e las autras que a lor vist a (*qu'il leur paraîtra bon d'*) estatblir ni affar cridar.

---

(1) Ce doit être pour P. (Boisse), mercier ; car le 16 janvier 1279, c'est ainsi qu'il est nommé (voir doc. 99).

(2) Près du Pont Vieux.

(3) Près de la Halle.

(4) Place actuelle des Petites Boucheries.

(5) M. Dufour traduit : *les mesures du pain ;* il y a tout simplement : *et le pain.*

27. Item devo far iurar los encantayres (*ceux qui vendent à l'encan*) els pesayres dels pes.

28. Item devo far iurar los bladiers els fayschiers (*porte-faix*) de la conqua, e aquel que te la rasoyra (1), e devo aver fermansa de cascu de lor.

29. Item devo far jurar totz los corratiers (*courtiers*) e las corratieras ; e devo aver fermansa de lor.

30. Item que fasso eventari dels escrigs de cossolat.

31. Item que fasso semmaniers que continuo lo cossolat e delhioro los encarceratz.

32. Item los cosselhs, que hom say tendra pel bon estamen de la vela, sio mes en un papier.

33. Item lhi clergue (2) del cossolat penrau moderat salari de tota la escriptura que farau sotz lo sagel del cossolat, segon las ordenansas fachas dels notaris per los maestres del rey ; e aysche sotz la vertut de lor sagramen.

34. Item lhi sirvent (3) del cossolat penrau, de mandar una persona de partida a partida, IJ den. caorc. ses plus (4).

II. — *La ordenansa del encan de la ciutat de Caortz*

Aycho es la ordenansa e la taxatio facha de totz los encantayres que so, e per totz temps seraou, en la cioutat de Caortz, e de las cauzas ques vendraou a lancan per lor, lasquals cascus encantayre iurara e sera tengutz de iurar als cossols en lor noeletat que elh be e leyalmen la tenguo e la gardo.

Tot prumeramen, que tota cauza ques (*qui se*) venda en menut, entro a la soma de XX sol. caorc., quen deio penre e aver de XX soudadas vendudas (5) VJ den. caorc. ses plus e daqui enjos al avinen pel for.

Item que tota cauza (6) ques venda, de XX sol. en sus entro a la soma de X lhib. caorc., de cauzas vendudas, que deio aver V den. caorc. per lhibra. E si es una sola cauza que monte X lh. cc. (*caorc.*) quen aia l'encantayre IIJ den. cc. per lh., so es assaber de X lh. cc., IJ sol. e VJ den. cc., ses plus. E daqui en sus tro a la soma de c. lh., que l'encan prengua IIJ den. cc. e no plus, e de c lh. en sus quantque monte al avinen (*à l'avenant*).

Item que de vaichela dargen ques venda al encan o de joyels, en que aia aur o argen, que l'encantayre ne deia penre IJ den. cc. per lh. e no plus.

---

(1) M. Dufour traduit : la *mesure ;* c'est *la raclette* que l'on doit passer sur la mesure pour *raser* le grain et faire tomber l'excédent.

(2) En marge on lit : « dels notaris sobre, sobre *(sic)* lor escripturas. »

(3) En marge on lit : « IJ den. caor. los sirvens. »

(4) Là s'arrête la citation, ou plutôt, la traduction de M. Dufour.

(5) Il y a *vendudre*, il semble qu'on a gratté *du*, il resterait *vendre*. Je pense qu'il faut lire : *vendudas*.

(6) En marge, on lit : « per l'encantayre. »

Item que tota bestia, quals que sia e canha que sia, ques venda a lencan, entro a la soma de X lh. o daqui en ios, que lencantayre ne deia aver VI den. cc. per lh(ibra) e no plus, e daqui en sus quant que monte IIJ, den. cc. per lh.

III. — *Ayscho es la taxatio dels faischers* (portefaix) *de la bladaria.*

Sabedor es que totz fayschiers de la bladaria deu penre duna quarta de fromen, portat en qualque luoc que sia dins las portas de Caortz que so el murs de costa los valatz, un den. cc. e no plus, et fora de las dichas portas IIJ mealhas cc., e en ayschi meteih devo penre de not *(noix).*

Item de un sestier de sivada, de seguol o de mestura, portat dins las dichas portas, auraou III den. cc. senes plus; e per portar onque sia fora las dichas portas, auraou IIIJ den. cc. e no plus.

Item de favas e de sezes penraou aytal taxatio coma del fromen.

Item totz autres blatz portaraou pel for de la sivada.

IV. — *La ordenansa dels coratiers* (courtiers) (1) *de Caortz.*

Sabedor es que per lo public profeg e per la utilitat de la cioutat de Caortz e dels habitadors e de la universitat daquela e dels autres que en aquela aou, e pel temps que ne auraou, à mercadeiar, venden et compran en aquela, fo aordenat e es que lhi cossol de la dicha cioutat, quant que lor sera vist fazedor, establisco corratiers bos e sufficiens, e que aquelh corratiers, per los digs cossols estatblitz, sian tengut da finar (2) als digs cossols, entro a la soma de XXV lh., que els be e leyalmen se aio (*se conduiront*) en lor offici val (*à l'égard du*) comprador e val vendedor, cen autra maniera; que negus corratiers non auze uzar en la dicha cioutat de lor offici, entro sian (*jusqu'à ce qu'ils soient*) estatblitz pels cossols, e lhi cossol aio pres lo sagramen de lor, e las fermansas, e iuraraou en cascuna noeletat dels cossols.

Item que, el cas que auraou iurat als cossols e a fiat, prenguo e aio per vendre 1 sestier de fromen, II den cc., tan solamen, e daqui en ios e daqui en sus, al avinen.

Item per vendre un sestier de vi, penraou mealha caorcina, ses plus, e daqui en sus al avinen.

Item de tota ques venda per via e per tractamen del corratie, que lo corratier aia e deia aver e penre, per so trebalh e per so salari, IIJ den. per lh. ses plus.

Item lhi corratier des cavals penraou e deuraou penre, de tota bestia ques venda per lor ma, IIIJ den. per lh. ses plus.

---

(1) Intermédiaire pour la vente.

(2) Il y a seulement *fiar* dans le manuscrit ; le sens est : « promettre en donnant un cautionnement. »

Item que de tota draperia, ques venda en la dicha cioutat per mas de corratiers, lo corratiers aura tan solamen 1 den. per lh.

Item que de tota autra mercadaria, canha que sia, ques venda a Caortz per ma de corratier, aio e deio aver tan solamen 1 den. per lh.

V. — *Aycho es la forma del sagramen que devo far lhi assessor del cossolat de Caortz als cossols, a cascu mudamen dels cossols.*

Ieu iurri als sanhs avangelis de Dieu que ieu serie ab los cossols e ab lo cossolat e ab luniversitat de Caortz per totz locs quen sia requeregutz (*je serai requis*), e contra totz homes que aio cauza am lor ni (*ou*) contra lor, e en las cauzas de que seriey per lor requeregut, bo cosselh e leyal lor darie, a mo poder; e en las cauzas de que elh seron jutges, am neguna de las partidas no serie a rescost ni a prezen ; e en las cauzas del cossolat e de la universitat be e leyalmen me aurey; lo profieg del cossolat a bona fe procurariey ; el dampnatge evitarie a mo poder ; e secret e selat lor tenrie, e tot dampnatge que hom lor procures lor revelariey de so que venra a ma noticia. En aychi me aiude Dieu e aquestz sanhs (1).

[Arch. munic. *Livre tanné*, fol. 4 et suiv. ; Dufour, dans *Annuaire du Lot*, 1867, p. 46.]

N° 97. 23 Déc. 1278.

Marchands de Cahors.

Quittance de Pre de Bégous à Rd Fromentin (2).

Acte, authentiqué par l'official du Chapitre de Cahors, par lequel Pierre de Begous *(Begos)*, bourgeois, reconnaît avoir reçu de Raymond Fromentin *(Frumentini)* (3), une somme de 4.000 sols caorcens, qui restait à payer d'une somme de 5.000, due par Jean Cotet (4) et sa mère Etiennette Cotet, Pierre de Lugagnac et Guillem de Bouvillar, plus la

(1) *Evangiles*, sous-entendu. L'ordonnance n'est pas achevée.

(2-3) Il y a des Froment et des Fromentin (voir doc. 99 — *Te Igitur*, éd. imp., nos 589, 441).

(4) Ce Jean Cotet est-il le même que celui dont il est question, à la date de 1277 dans le *Te Igitur*? Les consuls avaient décidé de faire mettre ce dernier à la torture : « que fos turmentatz », nous ne savons pour quelle raison, et demandé sur cette décision le secret le plus profond : « que aisso no fos revelatz ». Jean Daragon fit connaître la chose à Cotet lui-même. (En traduisant : « que fos turmentatz » par : « qui fut mis à la torture », on empêche de comprendre les motifs de cette indiscrétion). Les autres consuls et leurs conseillers, parmi lesquels Pierre de Begous, exclurent Daragon du Consulat (fol. XXIX — éd. imp., n° 310, p. 127).

somme de 20 livres caor. pour les dépens occasionnés. Raymond avait donné pour eux *obligation* de ces diverses sommes.

Cahors, le vendredi avant Noël, 1278.

(Arch. munic., *Chartes*, n° 91, long. 0,26 sur 0,19.)

N° 98. 16 JANVIER 1279.

Actes des consuls.

Règlements contre les malfaiteurs de nuit.

Les consuls, constatant la multiplicité des crimes qui se commettent dans la ville (1), la nuit venue, si bien que personne n'ose sortir le soir, font, de concert avec le bayle (2), un règlement de police très sévère où nous relevons ceci, entre autres choses : On fera des patrouilles tous les soirs, après le couvre-feu, et l'on arrêtera tous ceux qui seront rencontrés portant des armes ; les vauriens reconnus seront jetés à l'eau dans un sac (3).

Lundi avant la Saint-Vincent, 1278.

(Arch. munic., *Te Igitur* (4), fol. LIX, — éd. imp., n° 378, p. 224.)

---

(1) Allusion à ces désordres dans le document n° 80, article 10.

(2) Le bayle est appelé P. Boisse; or, en décembre 1278 (doc. n° 96, art. 12), il est appelé P. Mercier ; sans doute faut-il comprendre P. Boisse, mercier. Il est présenté comme bayle, en 1280, par le nouvel évêque (document n° 103). Il eut pour successeurs dans ses fonctions, en 1287, Géraud Escudié (doc. n° 150); puis, en 1288, Arnaud de Jean (doc. n° 153), et de nouveau Escudié, sous l'évêque Sicard, en 1293 (doc. 184). A son tour, nous le retrouvons en 1295, où il est en conflit avec les consuls pour des arrestations que ceux-ci regardent comme faites illégalement (*Te Igitur*, fol. XIV^r — éd. imp., n°s 82 et 83, p. 32). Dans le second de ces actes, il y a P. de Begous : P. Boisse aurait été remplacé entre la saint Jean-Baptiste et la saint Pierre ! mais peut-être faut-il comprendre que P. Boisse était de Bégous et qu'il était mercier de Cahors. Sur une arrestation illégale opérée de même en 1276 par le bayle Gausbert Audebert, voir encore le *Te Igitur*, vol. XXVIII^r — éd. imp., n° 309, p. 126.

(3) Il est question de ces sacs dans le document n° 121, art. 12.

(4) Pour la première fois dans le *Te Igitur* on voit paraître le nom d'*Arnaud Duèse*, le père de Jean XXII. Avec lui sont nommés ses deux gendres : *W. de Trian*, mari d'Huguette Duèse, qui restera à la cour de Jean XXII où son fils Arnaud sera grand-maréchal de justice, et *P. de Via* (écrit de *la via*).

N° 99. 27 Mars 1279.

Bourgeois de Cahors.

Extrait du testament de Gisbert Rubei.

Gisbert Rubei (1), fils de feu Pierre, marchand de Cahors, choisit pour exécuteurs testamentaires, Raymond Froment et Pierre Regis (Rey), marchands de Cahors. Il réserve 100 livres pour les frais de ses obsèques. Il fait son frère, Pierre Rubei, son légataire universel.

Fait le 6 des kal. d'avril, 1279.

Témoins, outre les deux exécuteurs : Bernard Roupra, fustier et Arnaud Vital, scribe; notaire : *Aparicius* de Saint-Martin.

[Arch. munic., *Chartes*, 7 — long. 0,26 sur 0,40; anciens numéros, 48 et 347.]

N° 100. 27 Septembre 1279.

Les consuls de Cahors et le Chapitre.

La tour principale du pont Vieux.

Le Chapitre voulait faire couvrir une tour située sur le pont de pierre (2) de la ville, se disant propriétaire *jure dominii;* et les consuls soutenaient que la tour leur appartenait de plein droit. Gui de Sully, archevêque de Bourges, et Simon de Melun, sénéchal de Quercy, pris pour arbitres, décident que, sous la réserve expresse du droit de propriété des deux parties, elles devront faire couvrir la tour à frais communs. Le Chapitre fera absoudre les consuls de quelque sentence portée contre eux par l'official.

Cahors, le mercredi avant la fête de St-Michel, 1279.

[Doat, vol. 118, f. 162 — d'après les Archives de l'hôtel de ville; parchemin, disparu aujourd'hui, qui portait les sceaux du Chapitre et du Consulat — cf. Lacoste, *H. du Q.*, tome II, p. 344.]

---

(1) *Rubei* (Roux, Le Roux) est le nom d'une importante famille de Cahors : au xve siècle, Jean Rubei, archidiacre de Tornès, fondait le collège St-Michel (Daymard, *Le vieux Cahors*, p. 63).

(2) Pour distinguer le pont vieux du pont neuf, qui était encore le *pont de bois*. Voir document n° 91.

N° 101. 3 Juin 1279.

Actes des consuls de Cahors.

Ils permettent des constructions près du portail Sagreste.

Accord entre les consuls et le charpentier Arnaud Blat, qui doit faire pour 30 livres de travaux sur un « airal » qu'ils lui ont donné en la barbacane du portail Sagreste (1). Samedi après l'octave de la Pentecôte, le 3 juin 1279 (2).

[Arch. munic., *Te Igitur*, fol. xxv. — *Ed. imp.*, n° 264, p. 109.]

N° 102. 6 Janvier et 22 Mars 1280.

Les troubles de Cahors. — L'affaire de 1270.

Paiement de l'amende imposée par le roi pour les troubles de 1270.

A. — *Lettres du roi au sénéchal de Périgord et Quercy,* pour lui faire savoir que, sur les 8.500 livres qui restent encore à payer, 6.000 livres devront être payées par six versements de 1.000 livres à la Toussaint; si les cadurciens paient, aux termes susdits, aux sergents royaux Guillaumon de Jean (3) et Pierre de Fontanes, il ne faudra pas les presser trop pour le reste de la somme.

Paris, le samedi en la fête de l'Epiphanie, 1279.

B. — *Lettres du sénéchal à Arnaud Cambalon* (4), *bourgeois de Cahors.* — Il le charge de lever l'amende sur tous et chacun de ceux qui sont tenus de payer, avec pouvoir de prendre des gages, si c'est nécessaire.

Cahors, le jeudi avant l'Annonciation de la Ste Vierge, 1279.

[Doat, vol. 118, fol. 165-7 — d'après le parchemin original des archives de l'hôtel de ville — qui a disparu.]

---

(1) On a vu (docum. 80, art. 9) que l'évêque Barthélémy reprochait aux consuls ces usurpations. Le portail Sagreste, ainsi appelé dans les documents (cf. n° 157), est dit : *porte secrète* par M. Daymard, *Le vieux Cahors*, p. 25.

(2) A la même date de juin 1279, ils arrentent la « bistour » de la porte Saint-Urcisse (*Te Igitur*, fol. LIII', éd. imp., n° 356).

(3) Guillaume de Jean, sergent du roi, avec le titre de panetier (voir Ed. Albe, *Les Marchands de Cahors à Londres*, p. 12).

(4) Cette famille était apparentée aux de Jean (Archiv. Vatic., *Reg. Aven. de Clément VI*, tome 35, fol. 225).

N° 103. 17 Juin 1280.

L'évêque et les consuls.

Présentation aux consuls du bayle de l'évêque Raymond Ier.

Géraud de Cornil et Guillaume de Barasc (1), au nom de l'évêque Raymond de Cornil, présentent aux consuls, comme bayle, le nommé Pierre Boisse (2). Lundi après l'octave de la Pentecôte. Il prête serment (3).

[Arch. munic., *Te Igitur*, fol. LXVII' — éd. imp., n° 422, p. 251 — on a traduit à tort : G. de *Cornelio* par de *Corneli*.]

N° 104. Juillet 1280.

Bourgeois de Cahors.

Testament de la vve de Géraud Gros, née de Cabazac.

Nous donnons, d'après les Archives du Lot, série H, « fonds des Hôpitaux », un extrait du testament d'une riche bourgeoise de Cahors, où il est question de l'hôpital fondé par elle et son mari.

« Na Guilhelma de la Grossia,..... »

Elle veut sa sépulture au cimetière de l'église de Notre-Dame de Sobirous; sa paroisse, et fait des legs au « capela major », à « totz los capelas que canto lains [dans cette église] de tot jorn...,a dos *escoliers* que servo lains...,a la obra de la dicha glicia...,a la lhuminuria de lains...,a la candela de lains...; ... a la obra del mostier major de S. Estephe de Caortz...; ...a la obra de la glicia de la Daurada..., a las morguas de lains — *(aux religieuses de là,* aux Bénédictines de la Daurade)..., a [sa] cosina Guillelma, la morgua de lains...; ... a la obra de la glicia de S. Dieri..., de S. Orcezi..., de S. Jacme, als capelas e als clergues que servo lains; als capelas e als clergues que servo als altars de S. Orcezi...; ... a la obra de San Estefo de Sobiros;... de san Maurezi;..... a las glicias de S. Peire;... S. Andrio; S. Maurezi;... S. Laurans;... S. Dieri;... S.

---

(1) Le premier, parent de l'évêque; le second, chanoine de la Cathédrale. (Voir document 106.)

(2) Déjà bayle pendant la vacance du siège (doc. n° 98, note 2).

(3) Sur le serment du bayle, voir les *Coutumes :* Dufour, *Commune*, etc., p. 238, n° XLVII.

Estephe de Sobiros;... als ministres que servo als autars...; a la glieia de S. Johan de Caortz (1), per la lhuminaria.....

Als fraires prezicadors... e a la obra de la glieia;..... als fraires menors, etc., als fraires del Carme, etc., a las serors menoretas, etc., a la obra de la glieia e a ma boda, sor Clara.....

A l'hospital de Sobiros... *(un lit)*..., de Carriera major..., de S. Estephe....., de S. Orcezi.....,d'outral pont..., de la Roca dels arx....., a las malaudarias....., a las reclusas.....

A la obra del pont del port Bullier... *(pont Neuf)*.

A la maio de Deganhazes (2) [où son père était enseveli]....; à la chapellenie que son frère, B. de Cabazac, a voulu y fonder, une rente, si cette fondation a lieu (3).

Elle ajoute une charité aux religieuses des Bouysses, de Leyme, d'Obazine, del Favar?, de Lundieu (4)... Une petite somme pour le luminaire des quatre chapelles de... Santa Crotz..., san Marti de Valentré..., san Julia..., san Peire de la Orta (5).

Elle défend d'aliéner une vigne que son mari avait achetée « per lo bastiment del hospital sieu de la Grossia, que avia comandat de far e de bastir », et elle fait des legs (argent, lit, maisons) au dit hôpital, ainsi qu'à la chapellenie que G. Gros voulait y établir et aux frères et sœurs dudit hôpital (6).

---

(1) Quelle est cette église Saint-Jean ? Est-ce la chapelle de l'hôpital de ce nom ? Est-ce Saint-Jean de la Bonnette rouge ? (Daymard, *Le vieux Cahors*, p. 157.) Voir document n° 143.

(2) Paroisse de la commune de Peyrilles (canton de Saint-Germain), à cette date, maison de l'ordre de Grandmont (Limousin) — cf. dans la *Revue religieuse de Cahors*, tome XV, p. 216 et suiv., une petite étude de M. l'abbé Foissac Ad. sur ce prieuré.

(3) La chapellenie fut réellement fondée par les Cabazac dans l'église de Dégagnazès, et ils en étaient encore patrons au XVIe siècle.

(4) *Leyme* (commune du canton de Lacapelle-Marival), abbaye de l'ordre de Citeaux, fondée au commencement du XIIIe siècle ; *les Bouysses* (près Mercuès, canton de Cahors), prieuré dépendant de Leyme; *Obasine*, même ordre ; cette abbaye (aujourd'hui canton de Beynat, Corrèze) possédait, tout près de la maison-mère, une communauté de religieuses, célèbre sous le nom de Cayroux. — Nous ne savons ce que c'est que le *Favar :* Il ne peut être question de Favars, en Limousin, qui était un prieuré de l'abbaye d'hommes de Beaulieu. — *Lundieu*, prieuré de Bénédictines, dans Figeac même (faubourg Saint-Martin).

(5) Voir Daymard, *Le vieux Cahors*, p. 192.

(6) Voir Daymard, *Le vieux Cahors*, p. 42. — Il fait erreur, à la fin de son article, en croyant qu'il s'agit de l'hôpital de la Grossia dans le testament de l'évêque Raymond de Cornil. C'est à l'hôpital de Creysse (de *Croxia)* que cet évêque, originaire de cette paroisse, fait un legs. — Voir *Te Igitur*, fol. XIV[v] (éd. imp., n° 71, p. 60), une affaire intéressant le *commandeur de l'Hôpital de la Grossia* en 1287.

[Archives du Lot — H 65, parchemin — *Vidimus* de l'official de Cahors du testament présenté par les neveux de la testatrice, Pierre de Cabazac et Etienne de Senhoret. La pièce renferme de très nombreux noms de personnes.]

N° 105. JUILLET 1280.

L'évêque et les consuls.

Leurs démêlés en cour de Rome.

En juillet 1280, le nouvel évêque de Cahors, Raymond de Cornil, était à Rome (1) et se faisait donner par Nicolas III une bulle qui chargeait

(1) Son élection avait été longtemps disputée, parce qu'une partie des chanoines avaient élu l'abbé de Moissac; elle fut confirmée par Nicolas III, le 21 mai 1280.

Nous donnons ici le résumé de la bulle, où sont racontées les difficultés en question. bien qu'on puisse trouver ce résumé, d'ailleurs avec des variantes du nôtre, dans l'*Hist. du Quercy* de Lacoste, tome II, p. 346. Il aidera peut-être à éclaircir le problème de cette longue vacance du siège épiscopal, que Salvat explique par la difficulté de remplacer un homme comme Barthélémy de Roux. Nous ferons remarquer que la bulle ne donne pas le nom de l'évêque défunt qu'il s'agissait de remplacer « *per mortem bo. me. episcopi* », et par suite que nous ne pouvons pas savoir à quelle époque fut faite l'élection débattue. Le Chapitre, et l'abbé de Marcillac, qui avait depuis longtemps, paraît-il, le privilège de prendre part à l'élection (à cette date, c'était Guilhem de Saint-Bressou), se réunirent ensemble pour le scrutin. Furent scrutateurs : Guillem de Séniergues, archidiacre de Saint-Céré; Guillem-Barthélémy, archidiacre de Montpezat; Guillem de Mechmont. chantre. Le scrutin dépouillé, on vit que Raymond de Cornil avait été élu par l'abbé de Marcilhac et douze chanoines, au nombre desquels était Guillem-Barthélémy, que certains auteurs prétendent avoir été évêque de Cahors; sept chanoines avaient porté leurs voix sur l'abbé de Moissac, Bertrand de Montaigu; les autres, au nombre de cinq, avaient nommé différents candidats.

La minorité, contre tout droit à ce qu'il semble, protesta contre l'élection de Raymond auprès du pape Grégoire X qui chargea d'une enquête le cardinal-évêque de Palestrina. Celui-ci eut à examiner les mémoires des deux parties. Bientôt on sut que l'abbé de Moissac n'avait pas donné son consentement à son élection. Cependant l'enquête fut poursuivie à nouveau par d'autres commissaires. Leur rapport fut envoyé au Pape (c'était Jean XXI) qui confia l'examen au cardinal Jacques de Colonna. Celui-ci publia ses conclusions en audience publique (Lacoste, *loc. cit.*, p. 347, affirme gratuitement que ce fut à Cahors); le procureur de la partie adverse ne trouva plus dès lors à reprocher à Raymond de Cornil que son défaut de science « *litterature defectum* ». Le cardinal fixa un jour pour donner ses conclusions définitives si on n'apportait pas de grief plus sérieux. Entre temps, Jean XXI était mort. Nicolas III, qui l'avait remplacé (25 nov. 1277), fit examiner Raymond de Cornil par le cardinal de Colonna et deux de ses collègues, le cardinal-évêque d'Albano et le cardinal Girard, du titre des XII Apôtres. L'examen fut si favorable que le pape confirma l'élection et voulut consacrer Raymond de Cornil de ses propres mains. (Arch. Vatic., *Reg. Vat.*, 39, fol. 256 — cf. Bibl. munic., fonds Lacoste, carton F, 2 c.) Sur cette affaire, voir *Gallia christ.*, tome I, p. 136. Lacroix, *Series*, etc., p. 132; trad. Ayma, tome I, p. 396 et suiv., où il rapporte l'opinion de Salvat.

l'abbé de Saint-Sernin de prendre soin de ses affaires pendant son absence : « Inclinati partibus venerabilis fratris nostri R. episcopi Caturcensis, apud Sedem apostolicam constituti,... mandamus quatinus quidquid inveneris in ejusdem prejudicium temere attemptatum, postquam ipse iter arripuit ad Sedem veniendi eamdem, causa peregrinationis et pro quibusdam suis et sedis Caturcensis negotiis promovendis, in statum debitum studeas legitime revocare... Datum Soriani, 4 non. Julii. an. 3. »

Mais les consuls avaient envoyé un procureur fondé, Geoffroi de Lambelle *(? de Ambella)*, qui se fit donner une copie de ces lettres et qui protesta contre leur teneur; il obtint que l'évêque déclarât que les consuls et la ville de Cahors n'étaient pas visés par la bulle conservatoire, « quod dicti consules, universitas ac communitas non conveniantur per litteras supradictas, nec ad ipsos eædem litteræ aliquatenus extendantur, quod pars altera promisit firmiter ». Ce fut devant Me Pierre de Theano, chapelain du pape et correcteur des lettres apostoliques, auditeur des causes, etc., que cette protestation eut lieu, ainsi qu'en temoigne le *vidimus*. Ce n'est pas à Soriano, où se mourait le pape, c'est à Viterbe que l'acte fut passé, le 15 juillet, an 3. On y reproduit la bulle conservatoire.

[Doat, vol. 120, fol. 60, d'après l'original des Archives de l'hôtel de ville, où l'on pouvait lire sur la queue du sceau le nom de Geoff. de *Ambella;* cette pièce a disparu. Doat met à tort la date de 1277 : Nicolas III fut pape de nov. 1277 à août 1280. — La *Gallia Christiana* a connu cette pièce, tome I, vol. 136.]

No 106. 10 Oct. 1280.

L'évêque et les consuls.

Entrée de Raymond de Cornil ; serments prêtés.

Raymond de Cornil fit son entrée à Cahors le 10 octobre. Il reçut dans l'église cathédrale le serment des consuls et du peuple et, à son tour, prêta serment aux consuls selon la forme indiquée dans le livre des Coutumes. Gme de Barasc et quelques autres chanoines, les seigneurs Roger de Cornil, Raymond Bernard d'Aynac et Gisbert de Jean, chevaliers, reçurent en son nom le serment du peuple. Les consuls nommés sont : Arn. de Cazèles, Gme Martin, Raoul Gausbert, Jean Donadieu, Bernard Yverns. Les témoins sont : Sicard de Montaigu, archidiacre de Montpezat (1); Barthélémy de l'Arc *(de arcu)*, archidiacre de Figeac, Me Raym. de Trapes (2), recteur de Loupiac, Hugues de Marinhac, recteur de Névèges, Arnaud Porte (ou Laporte), recteur de Peyrille, les chevaliers Gisbert de Jean, et Orgueuilleux du Puy (3), les damoiseaux Rd d'Assier, Etne Judicis et Pierre de Baussac, et plusieurs autres clercs et laïques ; notaire : le clerc Géraud Sans-peur *(Senes paor)* — 10 octobre 1280.

[Archiv. munic. AA 2 (0,29 sur 0,24), coté autrefois 43, ou DD 12 *bis*, coté autrefois 25, 27 et 4, reproduit dans Lacroix, *Series* p. 139 ; trad. Ayma, tome I, p. 405. — Doat, vol. 118, fol. 168. — Lacoste *H. du Q.* tome II, p. 348.]

No 107. 27 Mai 1281.

Bourgeois et marchands de Cahors.

Obligation en faveur d'un marchand de Souillac.

Raymond Froment, marchand de Cahors, reconnait devoir à Pierre de Camville, marchand de Souillac, une somme de 400 livres tournois qu'il en a reçue ; il lui rendra capital et intérêts (3 parties du gain qu'il fera). Il engage pour cela tous ses biens.

Témoins : Pre Martin, marchand de Cahors ; Jean de Cazillac, drapier de Montpellier (4) ; Raymond Folcran.

Notaire : Bertrand Delpont, de Montpellier.

---

(1) Sicard succèdera comme évêque à Raymond de Cornil. Montpezat (chef-lieu de canton de l'arrondissement de Montauban), était chef-lieu d'archiprêtré et d'archidiaconé. Jean XXII transféra le titre d'archiprêtré à Flaugnac, près Castelnau-Montratier, mais on continua à dire : archiprêtre de Montpezat.

(2) Lacroix a imprimé Raymundo *la Trappa* au lieu de *de Trapis* et *Petulia* pour *Petrilia*. M. Ayma a traduit ce dernier nom par *Pétouil* et n'a pas compris que l'on donnait les noms des paroisses dont ces trois personnages étaient chargés en écrivant une seule fois le mot *rectoribus*, suivant l'usage. Il s'agit de Loupiac, commune de Puy-l'Évêque ; de Névèges, siège d'archiprêtré, aujourd'hui commune de Labarthe, canton de Molières (Tarn-et-Garonne) ; de Peyrilles, comm. du canton de Saint-Germain (Lot).

(3) Doat met : *Orgueillosus de Orgolio ;* le texte de AA 2 porte : *de Podio*, de Puy-l'Évêque ; plusieurs des chevaliers d'Orgueil résidaient à Puy-l'Évêque. Ce nom, ainsi que celui des trois damoiseaux, manque dans Lacroix. Cet auteur appelle ici le notaire : *Guiraldus Saor.*

(4) Il y avait d'assez nombreux Cadurciens à Montpellier vers cette époque. Une pièce des archives de Gourdon (FF. 1 — 1253) prouve que les marchands de Montpellier faisaient aussi le commerce avec notre pays.

Le 6 des kal. de juin 1281.

[Arch. munic., charte 123 — long. 0,20 sur 0,17, — parchemin tout tailladé.]

N° 108. MAI 1281.

L'évêque et les consuls.

La nouvelle monnaie de Rd de Cornil et le Quercy.

Les procureurs des communautés de Cahors, Figeac, Montauban, Moissac, Gourdon, Roc-Amadour, Lauzerte, Montcuq, Cajarc, et autres villes, où la monnaie de l'évêque a cours, tout en reconnaissant que chaque nouvel évêque a droit, à son avènement, de frapper de la monnaie nouvelle, disent que, sous les prédécesseurs de celui-ci, l'ancienne avait cours, et devait l'avoir, concurremment avec la nouvelle, bien que les évêques s'efforçassent d'empêcher le cours de l'ancienne monnaie, et qu'ils devaient céder devant l'insistance des villes. Le procureur de l'évêque disait que celui-ci ne faisait qu'user de son droit en empêchant le cours des vieilles monnaies. Interrogés sur les preuves de leurs prétentions, les procureurs des villes répondirent en alléguant seulement d'antiques usages. Alors la cour du roi décida de ne pas les entendre davantage.

Et il fut écrit au sénéchal de faire recevoir par tout le Quercy la nouvelle monnaie de l'évêque Raymond (1).

(Parlement de Pentecôte, 1281.)

[*Olim*, édition Beugnot, tome II, p. 186, nos XLV, XLVI.]

N° 109. 19 Nov. 1281.

Actes des consuls.

Nomination d'un chapelain pour la chapellenie Delart.

Les consuls font savoir que, suivant les clauses du testament de Gaillard Delart (2), qui leur donnait le patronage de la chapellenie par

(1) Voir documents nos 111 et 112. Pour la questions des monnaies, voir aussi document 188.

(2) Voir document n° 66.

lui fondée en la Cathédrale, ils ont conféré cette chapellenie, vacante par la mort d'Aymar Guilhem, nommé par le fondateur, à Bernard Peyre.

Cette chapellenie a ses rentes sur des maisons dont on donne les confronts ci-dessous : 1° maison confrontant d'une part avec celle de Guilhem Garrigue, d'autre part avec la *maison de la Charité de Pentecôte de Cahors* (1) ; d'un troisième côté avec la rue par où l'on va de la Garrelie (2) au port Saint-Jacques; 2° maison confrontant avec celle d'Arnaude Vaissière, avec celle d'Hugues de Lunegarde, avec la rue par où l'on va de la Garrelie à l'église de Saint-Urcisse *(S. Orcezi)* ; avec la rue par où l'on entre à l'église de Saint-Jacques; avec le cimetière de cette dernière église; 3° maison qui appartint jadis à B. de Rueyres *(Roieras)* et qui confronte avec la maison de Guilhem de Boilhs et avec le dit cimetière.

Serment du chapelain B. Peyre aux consuls.

Fait à Cahors, le mercredi après « la festa de San Dieri », 1281 (en roman).

(Arch. munic. DD 7, parchemin orig. où manque le sceau du chapelain, où pendent encore deux fragments du sceau des consuls, sur cire brune — long. 0,26 sur 0,32, numéroté autrefois 4 — cf. Charte n° 8, copie, où pendent 3 fragments du sceau des consuls. Anciens n°s 348-441-26-14 — long. 0,30 sur 0,29. — Doat, vol. 118, fol. 172.)

N° 110. 23 Fév. 1282.

Actes des Consuls.

Arrentement de terre près d'une barbacane, à Soubirous.

Maître Guilhem Austorgue (3) tenait un « escag » de terre « e de costal » en dehors du rempart, près la barbacane du portail des Soubirous (4).

(1) Daymard, *Le vieux Cahors*, p. 13. — Voir le *Te Igitur*, fol. xxx^{v} — éd. imp., p. 133.

(2) *La Garrelie*, place; voir Daymard, *ibid.*, p. 239.

(3) Voir document n° 111 où Guilhem est dit official de l'évêque. Voir aussi doc. n° 37.

(4) Le document n° 157 (nov. 1288) parle du portail *del Duc*, avec sa tour ou bistour, et des deux portes de *Soubirous*, l'une au bout de la rue de la ville (porte *del Miral*), l'autre à l'entrée du faubourg (porte Guillelmy, puis Gaillard), avec un pont entre les deux. Daymard, *Le Vieux Cahors*, p. 22. Il semble qu'il s'agit ici de la porte del Miral.

sur le roc, du côté du Lot; il demandait aux consuls de le lui céder en propriété, moyennant certain cens payable chaque année, pour y faire maison, atelier et verger, parce que cette terre ne portait aucun profit à la ville et que la barbacane dudit portail ne pouvait être propre « nedea » tant qu'il n'y aurait pas là quelque maison. On fait droit à sa demande : Moyennant un cens de XII deniers, payables chaque année à Caramentran, et 2 sous d'acapte, il pourra faire une entrée et un atelier *obradors* du côté de la barbacane. Il devra laisser intacte la place de la barbacane. On lui fixe un espace pour le jet de l'eau du côté des murs. Il ne pourra pas faire de porte dans le rempart, mais pourra s'y appuyer. Il ne pourra pas bâtir plus bas que la « court » traversière qui est bâtie sur le roc et sur la maison de Guilhem de Limoges (de Lemotgas), etc.

Acte scellé du sceau des consuls et du sceau de l'official.

Fait à Cahors, le lundi, lendemain de la fête de la chaire de Saint-Pierre, l'an 1281, au mois de février. *(En roman).*

(Arch munic. DD 8 ; original auquel manquent les sceaux — long. 0,35 sur 0,25 — numéroté autrefois : 27, 28, 13 *bis ;* il y en a une copie sur papier du 17e siècle.)

Nos 111-112. 18-20 Mai 1282.

L'évêque et les consuls.

111. — *Tentative d'accord.* — *L'arbitrage* (18 mai).

L'évêque assurait qu'il avait des griefs très nombreux contre les consuls : 1° ils auraient dû recevoir sa monnaie nouvelle et s'entendre avec lui pour qu'elle eût cours; en ne le faisant pas ils l'avaient lésé pour une grosse somme; 2° ils avaient fait publier, sans parler de lui, qu'une nouvelle monnaie serait reçue; 3° ils avaient levé, aux dernières vendanges, un péage sur le pont de bois qui conduit chez les Frères Prêcheurs; 4° occupé la maison Baussan pour y mettre, sans droit, le consulat, à son préjudice; 5° laissé frapper, en pleine Cathédrale, où l'évêque avait convoqué le peuple, un homme du nom de Garrigue; 6° refusé de rendre une enquête qui avait été faite sur la mort d'un clerc du nom de Gme del port, disant qu'ils ne la rendraient pas, et qu'ils ne recevraient pas sa monnaie, tant qu'il n'aurait pas confirmé les privilèges donnés par ses prédécesseurs.

D'autre part, les consuls reprochaient à l'évêque d'avoir fait arrêter leur syndic, Géraud de Jean; d'avoir fait d'injustes enquêtes au sujet de la nouvelle monnaie contre certains citoyens; et d'avoir exercé des violences au détriment des privilèges de la ville.

Les parties recoururent à l'arbitrage. Les arbitres furent Me Guillem Austorgua, official de l'évêque, et Guillaumon de Jean, bourgeois de Cahors, panetier du roi de France. Voici ce qui fut décidé :

L'évêque donnerait des lettres au sujet de la nouvelle monnaie (elles furent données le 20 mai; voir numéro suivant). Une fois cette monnaie en cours, à Cahors et dans les principales villes du diocèse : Figeac, Roc-Amadour, Montauban, Moissac, Lauzerte, Gourdon, Montcuq (1), il s'engagerait à ne pas la changer, suivant la teneur des lettres de l'évêque Barthélémy (novembre 1251). Il pourrait faire faire la publication de la nouvelle monnaie deux fois, sans nommer les consuls, comme ils ont fait eux-mêmes, et ensuite toutes les criées se feraient, comme par le passé, au nom de l'évêque et des prudhommes. La publication du guet de la nuit se ferait comme à l'ordinaire. Les consuls ne pourraient rien lever sur le pont de bois sans la permission de l'évêque. Ils paieraient au Chapitre de Cahors le cens et l'acapte dus pour la maison Baussan, et acquitteraient le legs fait sur cette maison par son propriétaire : ils pourraient ainsi la garder à perpétuité.

Le blessé de la Cathédrale, Garrigue, pourrait poursuivre les gens qui l'avaient frappé.

Les consuls rendraient l'enquête faite au sujet de la mort de Guillaume del port. Si elle ne pouvait être jugée tout de suite, on en ferait des duplicata et les deux exemplaires scellés, l'un du sceau du bayle épiscopal, l'autre du sceau des consuls, seraient contrôlés quand l'enquête serait jugée. Ils paieraient à l'évêque, de ce jour à la Saint-Michel, 300 livres tournois noirs, pour les dommages causés, et l'évêque leur remettrait toutes autres amendes et peines quelconques; et désormais la paix devrait régner entre eux.

Les parties se réservaient, de la Saint-Jean de cette année à la Saint-Jean prochaine, de pouvoir revenir sur les conditions de cet arbitrage.

Lundi avant la Pentecôte, 1282 (2).

Doat, vol. 118, f. 183 — d'après l'original, aujourd'hui disparu, des Archives de l'hôtel de ville.]

---

(1) Voir document, n° 108.

(2) En avril 1282, les consuls réglaient qu'aucune lettre de vente ne serait passée sans qu'on y mît le nom du seigneur; cette ordonnance est d'intérêt général (*Te Igitur*, fol. XXX', *éd. imp.*, n° 251, p. 106).

112. — *Ordonnance sur la nouvelle monnaie* (20 mai).

A la suite de cette sentence arbitrale, l'évêque publia son ordonnance sur la nouvelle monnaie — monnaie de bronze à 1/12 d'argent seulement; chaque marc de métal fournissant une moyenne de 241 pièces, le nombre ne pouvant pas excéder 284, ni s'abaisser au-dessous de 200 (1).

[Doat, vol. 118, fol. 191, Archives munic. — *Te Igitur*, fol. xxxii' (texte roman) éd. imp., n° 334, p. 143. — Lacoste, *H. du Quercy*, tome ii, p. 351.]

N° 113. 30 Juin 1288.

Marchands de Cahors.

Règlement de comptes avec des associés de Lérida.

Bernard de Monreal, citoyen de Lérida, reconnaît, pour lui et ses associés, que Raymond Froment, marchand de Cahors, en son nom et au nom de ses associés, Guilhem et Pierre Vicary, marchands de Saint-Saturnin, a réglé ses comptes avec lui ; il se déclare satisfait du gain acquis et rend une somme de cent livres tournois noirs. Témoins : Jacques de Beleia, Pierre Ferrier (ou Pedro Ferrer).

Acte passé à Lérida, le 2 des Kal. de juillet 1282.

Guillelmon Sala, notaire public de Lérida.

[Arch. munic. de Cahors, *Chartes*, n° 121, long. 0,19 sur 0,23.]

N° 114. 12 Juillet 1282.

Le roi de France et la ville de Cahors.

Il autorise un droit de barre pour le Pont Vieux.

Philippus, Dei gratia Francorum rex, universis presentes litteras inspecturis salutem.

Notum facimus quod nos, ad petitionem dilecti et fidelis nostri episcopi Caturcensis et consulum ejusdem loci, hominibus dicte ville Caturcensis conces-

(1) Voir l'arrêt du Parlement au sujet de cette monnaie (n° 108).

simus barram, ponendam ibidem, usque ad annum, pro ponte (1) et passagiis ville predicte reparandis, prout alias poni consuevit.

Actum Parisiis, dominica post octavam beatorum Apostolorum Petri et Pauli, anno Domini 1282.

[Arch. munic. CC 8 — petit parchemin où manque le sceau, de 0,05 de hauteur sur 0,21 de large, autrefois numéroté 40, et 13 *ter* — et copie sur papier du 17e siècle. — *Livre nouveau*, tome II, p. 301. — Voir document 92 — Daymard, *Le Vieux Cahors*, p. 30.]

Nos 115-116. OCTOBRE 1282.

Bourgeois de Cahors.

115. — *Règlement avec les héritiers de Bernarde de Baussa.*

L'official de Cahors fait savoir que devant lui ont comparu Pierre et Raymond des Prez *(dels pratz)*, frères, tous deux de Montpezat (2), héritiers de Bernarde, veuve de Guillaume Baussa, et ont demandé qu'on leur donnât copie de certaines lettres qu'ils présentent, avec *vidimus* de l'Official :

1o Lettre de l'évêque Géraud, février 1242. Voir doc. no 30;

2o Lettre de l'évêque Barthélémy, avec sceau de l'évêque et sceau du Chapitre. Voir doc. no 52;

3o Lettre des consuls de Cahors au sujet de la donation de Gme Baûssa à sa femme. Voir doc. no 26.

Samedi avant la Saint-Luc, 1282.

[Arch. munic., *Charte 9* — long. 0,46 sur 0,24; manque le sceau de l'official — anciens nos 349 et 35.]

---

(1) Dès le moment qu'il s'agit de *réparation*, il ne peut être question ici que du Pont Vieux, comme dans les documents no 91 et 92. Ce n'est qu'en 1291 (le Pont Neuf étant livré, mais non encore terminé), qu'il y aura un droit de barre sur ce pont (voir doc. no 177). M. Daymard a pensé que les actes de 1282 (il met : 1285) et de 1275 s'appliquaient aussi au Pont Neuf.

(2) Voir les documents nos 74 et 116.

116. — *La maison de Bernarde Baussa délaissée aux consuls par ses héritiers* (17 oct.).

Les héritiers, Pierre et Raymond des Prez (1), devaient sur cette maison certaines rentes aux léproseries de Cahors, de Montpezat, d'Espanel, d'Auti, de Caussade, de Castelnau. Ils cèdent la maison aux consuls et les déclarent déchargés de ces rentes, en vertu des lettres données par ces lépreux (2).

Universis et singulis, etc. Officialis Caturcensis... Noveritis quod cum Petrus et Ramundus de Pratis, de Montepensato, fratres, translulissent in consules civitatis Caturci omne jus, etc... quod dicti fratres habebant vel habere poterant in quibusdam domibus inferius confrontatis, prout dicti fratres asseruerunt coram nobis, pro se et suis heredibus, promiserunt pro stipulatione Petro de Beguos et Guillelmo de Lemovicis et Bertrando de Lardo, Petro Johannis et Guillelmo de Girunda et Geraldo del toron et Arnaldo Grauliera, consulibus dicte civitatis, recipientibus pro se et aliis consulibus dicte civitatis, et nomine universitatis et ville Caturci, quod ipsi portabunt bonam et firmam guerentiam dicte universitati et consulibus qui erunt pro tempore in dicta civitate ab omnibus et singulis actionibus et petitionibus, quas leprosi inhabitantes in suburbiis civitatis Caturci, et leprosi inhabitantes in domo leprosie castri de Montepensato, et leprosi de Calciata, et leprosi d'Auti, et d'Espanel, et de Castronovo, possunt movere, vel movebunt, vel actenus movere poterunt contra dictos fratres et contra dictos consules, ratione cujusdam legati facti dictis leprosis, de redditibus et fructibus dicte domus, in testamento quondam domine Bernarde de Baussa, pro eo videlicet tempore quo dicti fratres tenuerunt gardiam duarum partium dicte domus, usque ad tempus quod fuit facta predicta translatio in dictos consules. Hoc acto, quod dicti fratres sint liberati a dicta guerentia, quum dicti fratres procuraverunt quod dicti leprosi et preceptores eorum quitaverunt et liberaverunt sufficienter dictos consules ab omnibus actionibus et petitionibus supradictis, et tunc presentes littere sint nulle et casse et reddantur fratribus supradictis. Confrontantur autem dicte

(1) La famille des Prez de Montpezat devait être bientôt anoblie et fournir un cardinal à l'église : Pierre des Prez, cardinal-évêque de Palestrina, fondateur de la collégiale de Montpezat.

(2) Ces maisons avaient pour confronts : d'un côté la maison de G^me de Lescure, de l'autre celle de feu Géraud de Melequi ; d'autre part la rue publique de Cahors et enfin, d'un dernier côté, la bladerie. Voir les dates de 1311, d'après DD 13, et de 1350, d'après DD 14 et 15. — Voir, document n° 74, l'extrait du testament.

domus, ut dixerunt dicti fratres et dicti consules, ex una parte cum domibus Guillelmi de Lescura, et ex alia parte cum quibusdam domibus que quondam fuerunt Geraldi de Melequi deffuncti, et ex alia parte cum carreria publica Caturci, et ex alia parte cum domibus que vulgariter appellantur la bladaria, quodam muro seu pariete intermedio.

In cujus rei testimonium et fidem omnium premissorum, nos dictus officialis, ad instanciam fratrum et dictorum consulum sigillum curie Caturcensis presentibus litteris duximus apponendum. Datum Caturci, anno Domini M.CC. octuagesimo secundo, die sabbati ante festum beati Luche evangeliste.

[Arch. munic. DD 3, parchemin orig. auquel manque le sceau — coté autrefois 1 et 9 — long. 0,16, larg. 0,23. On a mis au dos : achat que les consuls de la ville de Caors firent d'une maison près la bladerie, d'un nommé Vaysse (!) pour recevoir les ladres de Castelnau, Caussade et Espanel, Auti, de l'an 1332 ! et plus haut : 1232 ! Il va sans dire que l'inventaire moderne n'a pas commis de pareilles fautes — cf. Dufour, *Commune*, p. 87, note — *Te Igitur*, éd. imp., p. 223, n° 377, document n° 74].

N° 117. 15 et 22 Mars 1283.

Navigation du Lot.

A. — *Règlement entre l'évêque et les consuls* (15 mars).

Même au milieu de leurs différends, évêque et consuls ne négligent pas les intérêts de leur ville et du pays. Il était devenu nécessaire de faire de nouveaux dragages dans le Lot (voir document n° 10) et de faire sauter des rochers gênants. L'évêque Raymond de Cornil fait un accord à ce sujet avec les consuls et la ville, représentés par Arnaud Calvelh, Pre Gonel, consuls, Pierre de Bégous, Pierre Coalho, Bernard Pélissier, citoyens de Cahors.

L'évêque fera ouvrir un chemin dans l'eau du Lot, par ses hommes, depuis la fontaine de Valantré, en çà, jusqu'au *gal* ou *calhau* (roc) de Peyraselh ; et les consuls, de là jusqu'aux limites du diocèse, à leurs frais, en se faisant aider par les gens des rives voisines. Pour droit de péage, dans les lieux où l'évêque en reçoit, il percevra en plus, à Luzech 4 sous, à Bélaye et au Puy 3 sous, de toute barque qui passera ; s'il ne recevait rien au Puy ou à Bélaye, il prendrait 5 sous à Luzech. En cas de naufrage sur ses terres, les marchandises ne seraient pas prises au marchand, qui n'aurait aucun droit à payer.

Fait à Frayssinet le Gélat, près Pomarède, le lundi après le dimanche où se chante *Reminiscere*, de l'an 1282.

[Arch. munic. DD 24 (ancien n° 51) de 0,13 sur 0,23; les sceaux ont disparu.]

B. — *Addition à ce règlement* (22 mars).

Nouvel accord, ou plutôt complément à cet accord, quelques jours après. Outre les deux consuls ci-dessus, Jacques Donadieu est nommé ; Guillem de Limoges, Guillem de Gironde, Bernard Pélissier et Armand-Guillem de Poudans (1) sont mentionnés comme procureurs de la cité.

Il est réglé en plus que s'il y avait quelque empêchement en amont de Cahors, les consuls et l'évêque s'entendraient pour lutter contre les opposants : les consuls paieraient pour les frais 50 livres caorsines, et s'il y en avait davantage, l'évêque partagerait avec eux la dépense.

Fait à Villeneuve sous Penne, au diocèse d'Agen, le lundi avant l'Annonciation de la sainte Vierge, 1282.

[Arch. munic., *Livre noir*, fol. LXXXIX — Livre nouveau, tome III, p. 63. — Doat, 118, fol. 180. — Dufour, *Commune*, etc., p. 52; il donne en référence le parchemin, mais en réalité reproduit le texte des registres qui comprend les deux pièces : nous n'avons pas l'original de la seconde — cf. Lacoste, *H. du Q.*, tome II, p. 351.]

N° 118. 21 Sept. 1283.

Le roi de France et la ville.

Lettre du sénéchal pour favoriser le marché de Cahors.

Les bayles de Montcuq, Lauzerte et Molières, avaient fait publier la défense de porter à Cahors des blés et autres denrées de leurs circonscriptions ; le sénéchal de Périgord et Quercy, Jean de Villette, chevalier, leur ordonne sous peine d'amende, et en vertu du serment d'obéissance par eux prêté, de faire savoir, dans tous les endroits où ils avaient publié leur défense, que toute facilité est donnée pour porter à Cahors du blé ou autres choses nécessaires à la vie.

Toulouse, le mardi de la fête de saint Mathieu, 1283.

[Archives mun. *Livre noir*, fol. XIX — Voir Lacoste, *H. du Q.* tome II, p. 352].

---

(1) Il s'agit de *Poudans*, dans la commune de Labastide-Marnhac, où l'on trouve à cette date une famille noble, et non de *Poudens*, comm. de Dégagnac.

N° 119. 15 Octobre 1283.

Les consuls de Cahors et le menu peuple.

Accord au sujet des tailles.

Les difficultés croissant entre l'évêque et les consuls, ceux-ci, pour n'avoir pas à se préoccuper de conflits avec le menu peuple *(les minores)*, firent un accord au sujet de la répartition et de la levée des tailles. L'accord de 1271 n'avait pas tenu (doc. n° 84). Voici l'analyse de celui de 1283.

Jean de *Villeta*, chevalier, sénéchal de Périgord et Quercy, fait savoir ce qui suit :

Après de nombreuses controverses entre les consuls et le peuple au sujet des tailles, on a décidé un accord (1). Une réunion a eu lieu dans *le cimetière des pauvres* (2), où le peuple fut convoqué au son de la trompette. Et voici ce qui a été décidé :

1° Les consuls ne lèveront plus l'obole hebdomadaire.

2° Ils ne lèveront pas non plus les 12 deniers qui avaient été fixés par un règlement déjà ancien, après accord avec le peuple.

3° Ils ne lèveront aucun impôt, excepté, en cas de nécessité, une collecte, et de la façon indiquée plus bas.

4° Ils se contenteront de quatre messagers et de deux trompettes. S'ils ont besoin d'un plus grand nombre de serviteurs, ils ne les nommeront qu'avec l'assentiment des 32 prud'hommes.

5° Si les revenus ordinaires ne leur suffisent pas, ils pourront lever une collecte. Pour cela ils feront élire 32 conseillers, quatre dans chacun des 8 quartiers ; sur ces quatre il devra toujours y avoir un *affanador* (manœuvre). Chaque année, ces 32 conseillers seront remplacés par trente-deux autres, qu'ils éliront eux-mêmes, au jour de l'élection des consuls ou dans la huitaine.

6° Il faudra que la collecte à imposer soit votée par les 32 conseillers ou du moins par la majorité d'entre eux, et l'on n'en pourra pas imposer une autre avant que la première ait été levée.

7° Cette collecte sera payée par tous les habitants, pauvres ou riches, sur

(1) Cf. le règlement du 21 octobre 1271 (n° 84).

(2) En 1263, le cimetière des pauvres, qui était à la place de la Conque, fut transféré de l'autre côté des fossés, au delà du portail Garrel (Voir Daymard, *Le Vieux Cahors*, p. 233, 237, 238. Archives du Lot, H, 107, fol. 55).

leurs biens immeubles ou mobiliers situés dans la ville ou appartenances, d'après la taxation au marc ou à la livre, et les consuls, avec les 32 conseillers ou la majorité de ceux-ci, pourront forcer riches et pauvres à payer la dite collecte.

8° Les étrangers qui viendront se fixer à Cahors seront, pendant une année entière, exempts des collectes ; ensuite ils paieront la taille comme les autres citoyens.

9° On mettra dans la maison du consulat un coffre à 4 clefs différentes : deux des conseillers en auront deux et deux consuls les deux autres ; c'est là qu'on mettra le produit de la collecte.

10° Si quelque citoyen pauvre n'avait ni marc ni livre, sa cotisation serait fixée par les consuls et les conseillers.

11° Au temps de la levée de la collecte, deux consuls, avec un greffier, et six des 32 prud'hommes, avec leur greffier, devront être là quand on mettra la collecte dans le coffre.

12° Les nouveaux consuls et les nouveaux prud'hommes devront écouter le compte rendu des anciens consuls qui feront connaître les revenus du consulat, la somme des tailles ou collectes imposées, l'emploi qu'on a fait des revenus et de ces collectes ; et cela, dans les trois semaines qui suivront l'élection.

13° Les conseillers qui tiendront les deux clefs du coffre devront être prêts à ouvrir le coffre quand les consuls le demanderont, pour payer des dépenses de la communauté ; ils pourront amener avec eux autant des autres conseillers qu'ils voudront, pour bien voir ce qui se tirera du coffre.

14° Si quelque habitant de Cahors donne quelque excuse pour ne pas payer sa quote-part, il sera sous la protection des consuls, mais ne pourra pas profiter des privilèges des citoyens.

15° On fera deux copies, scellées du sceau royal, des dits règlements, et on les distinguera par une lettre ; une copie sera aux mains des consuls, l'autre aux mains des conseillers ; tout citoyen pourra en avoir une copie à ses frais, avec le sceau des consuls.

On demandera au roi de vouloir bien confirmer ces règlements, pour qu'ils soient conservés sans difficultés et que finissent enfin tous les troubles et discordes (1) qui ont désolé jusqu'à maintenant cette ville.

Vendredi après la St-Michel 1283.

[Arch. mun. AA 77 (ancien 36, 2 et 13 *quater*), de 0,23 sur 0,37. *Livre noir*, fol. LXXXV, *Livre nouveau*, tome II, p. 375. Lacoste, qui parle de l'acte précédent du sénéchal de Villette, ne parle pas de celui-ci, beaucoup plus important.]

---

(1) Evitentur discordiæ et suspiciones sinistræ quæ hactenus dictæ civitati multa mala et dictis civibus attulerunt.

N° 120-121. 1283-1284

L'évêque et les consuls.

120. — *Factum de Raymond de Cornil contre les prétentions des consuls et des agents du roi* (1).

Les projets d'accord n'aboutirent pas.

L'évêque Raymond de Cornil ne voulut pas accepter le projet de coutumes commencé sous l'évêque Barthélémy. Mais de plus, pensant peut-être qu'il fallait tout règler à la fois, il refusa de reconnaître aucune des usurpations ou des conquêtes du consulat. En même temps

---

(1) Ce factum n'est pas daté et ne porte pas de nom d'évêque. Il est de Raymond de Cornil. Gaubert Pelphi, qui fut secrétaire de R. de Cornil et de ses successeurs (voir document 128, note), dans un mémoire qu'il adressa à l'évêque Hugues Géraud, nous apprend que Raymond Ier soutint contre les consuls de Cahors un long procès, pour lequel il rédigea un factum *(libellus)* dans lequel il leur reprochait leurs usurpations en matière de juridiction, de poids et mesures, de consulat même, etc. Nous savons par le *Te Igitur* que le Parlement de 1287 porta un arrêt à demi défavorable contre Raymond de Cornil dans le procès où celui-ci demandait que le roi retirât à la ville le consulat et la commune, le sceau public, le coffre communal, la bladerie, les poids et mesures, le territoire de Toulousque. Il ne peut être question de l'évêque Barthélémy, puisque le *factum* que nous avons reproduit plus haut est mentionné ici, ainsi que divers évènements de l'épiscopat de Barthélémy. Enfin le *factum* est mentionné, dans l'acte de dénommée des biens usurpés, en 1288 (n° 157).

Quant à la date, nous la plaçons entre 1283 et 1284 ; entre l'accord de mars 1283, au sujet de la navigation du Lot, et la tentative d'accord de juin 1285.

Ce document est inédit. A vrai dire, sauf la forme, l'évêque ne fait guère que répéter, dans les deux premières parties, les accusations et les affirmations de ses prédécesseurs, et notamment de l'évêque Barthélémy ; mais la troisième partie est excessivement curieuse et même un peu étrange. Raymond de Cornil veut prouver que les usurpations de la communauté et des consuls n'ont pas la prescription en leur faveur, et il fait une sorte de résumé, malheureusement très imprécis, de l'histoire communale de Cahors.

Cette histoire, dit-il, a un mauvais commencement (art. 99). La commune de Cahors s'est formée à une époque où il y avait « guerre et hostilité » dans le pays, guerre et hostilité très longues (art. 100 et 101). Nous aurions pensé à la croisade contre les Albigeois, mais nous avons vu que les consuls de Cahors faisaient, dès 1207, un accord avec ceux de Toulouse. La commune a donc commencé plus tôt. Les guerres auxquelles fait allusion le factum seraient donc les guerres entre le comte de Toulouse et Richard Cœur de Lion, vers la fin du XIIe siècle, guerres qui avaient nécessité la formation d'un impôt dit de la paix (v. document n° 46). Cet état de guerre se prolongea près de 40 ans et plus, dit le factum : *(art. 103)* cela se trouve vrai en rattachant à cette guerre la croisade des Albigeois.

Les évêques de ce temps étaient faibles et timides et n'osèrent pas défendre leur droit (art. 102) ; de plus l'évêché vaqua très souvent et l'église de Cahors manqua de défenseur

il trouvait que le suzerain avait trop souvent pris parti et que son intervention diminuait les droits de la seigneurie directe de la ville et du comté de Cahors.

C'est pourquoi il fit préparer toute une série d'articles qu'il se proposait de démontrer, soit contre les consuls, soit contre les agents du roi. La première partie de ce *factum* se rapporte aux droits seigneu-

---

sérieux (art. 104); car, dit Raymond de Cornil, aucun évêque ne dura assez longtemps pour que la prescription ait pu s'établir sous son épiscopat. — L'*Ordo* diocésain porte la liste suivante pour cette période : Géraud Hector, de 1150 à 1199 ; Guillaume III, en 1199 et 1202 ; Barthélémy, en 1207 ; Guillaume IV, de 1208 à 1235. Lacoste, d'après l'abbé de Foulhiac, n'a pas les mêmes dates pour les deux premiers et ne parle pas du troisième ; Dominici (*Hist. du païs de Querci,* 2e partie) n'admet pas non plus Barthélémy ; ses dates pour les deux premiers sont les mêmes que celles de l'*Ordo*. De même Lacroix, *Séries* etc. ; tandis que la *Gallia christiana* semble admettre Barthélémy.

Tout cela prouve qu'il y a bien de l'incertitude dans nos listes épiscopales.

Mais le plus intéressant, c'est ce que Raymond de Cornil nous assure au sujet de la seconde moitié du XIIIe siècle : La lutte, dit-il, s'organisa si violente entre les citoyens et les évêques que plusieurs de ceux-ci furent blessés ou mis à mort. Bien que nous ayons pu nous rendre compte de l'intensité de la lutte par les documents que nous avons réunis ici — (organisation d'une ligue entre l'évêque Géraud et le menu peuple (n° 29) ; bulle du pape, nous faisant connaitre que dans Cahors les citoyens avaient soif du sang les uns des autres (n° 31) ; excommunication lancée contre ceux qui ont tué Guillaume Carcanh jusque dans les bras de l'évêque et exercé mille violences contre plusieurs de ses clercs ou contre ses biens (n° 37) ; factum de l'évêque Barthélémy (n° 80) ; affaire de son neveu Raymond (nos 55 à 58); toutes choses rappelées ici par Raymond de Cornil) — cependant, ces documents nous laisseraient loin de compte, si nous voulions prendre à la lettre les termes du factum et admettre que plusieurs évêques ont été blessés à mort, notamment Géraud de Barasc (art. 112 : les consuls, avec de nombreux complices, blessèrent G. Baras, qui mourut de sa blessure).

Raymond de Cornil est pourtant un témoin oculaire. Il faisait depuis longtemps partie du Chapitre de Cahors, comme archidiacre : nous le trouvons, sous ce titre, en 1265, faisant un arbitrage entre le doyen de Carennac et le seigneur de Gramat (archives du Lot, F. 241). Il a encore ce titre en 1278, le siège toujours vacant, dans le contrat de mariage, passé à Cahors, de Guillaume Barasc, fils du vicomte de Bruniquel. (*Bull. de la Soc. arch. du T.-et-G.* 1er fasc. de 1913, p. 30). Et pourtant nous n'avons pas encore trouvé la preuve qu'il ait raison quand il parle de nombreuses et longues vacances qui se seraient produites dans cette seconde moitié du siècle (art. 116). Nous avons cru plusieurs fois trouver des noms d'évêques jusque là inconnus de nos auteurs locaux, et, vérification faite, nous avons dû conclure à une erreur de copistes ou rester dans le doute. Les erreurs étaient faciles à faire, vu l'habitude de ne donner que l'initiale des noms d'évêques. Il pourrait bien y avoir eu, de 1250 à 1273 deux évêques du nom de Barthélémy. Le premier serait celui qui fait, en 1251, une convention au sujet de la monnaie (doc. n° 49) ; le second celui qui renouvelle la monnaie en 1265 : l'on sait que les évêques de Cahors ne faisaient qu'une fois de la nouvelle monnaie, au cours de leur épiscopat. Le prélat que l'on fait siéger de 1250 à 1273 est nommé Barthélémy de Roux ;

riaux de l'évêque, et cette partie touche aux droits du suzerain; la seconde, aux usurpations des consuls; la troisième est une réplique aux arguments des consuls : c'est la plus curieuse, en ce sens qu'elle révèle des faits très nouveaux pour l'histoire intime de la ville et ses révolutions intérieures, mais qu'il nous est impossible de contrôler, à l'exception d'un petit nombre.

Aïsso (1) lhi articles,losquals entem a proaar (*sic*) l'avesques de Cahortz, pel seu nom e de la Glieia de Cahortz, contra los gerens se per cossols e per la communa de Cahortz, et contra los ciutadas d'aichela ciutat, et ishement (*de même*) contra lo senhor rey de Fransa en aitant com a lhui toca, o tocar pot à aquesta fi;

En la maniera que s'enset :

Que hom jutge, per aiquel (*en faveur de cel*) avesque et per la Glieia desus dicha, contra los avantdjgs, e que sio condamnat lhi predig, en las causas demandadas per aïchel avesque de lor, et que sia ordenat per aichel senhor Rei, segon l'arbitrari poder donat al dig senhor Rei.

PREMIÈRE PARTIE. — DROITS DE L'ÉVÊQUE.

1° Premierament, enten proair que aichel avesques fo e es, per dreg, e en nom de la dicha Glieia, sols, e en tot,Senhors de la dicha ciutat, del territori, del destreg e de las apartenensas d'aichela; e d'aicho (2) es publica votz e fama el pays.

2° Item, que el (*les*) predecessor d'aichel avesque, qui per temps foro avesque de Caortz, foro per dreg e per nom de la dicha Glieia, sol,e en tot,Senhor de la dicha ciutat, etc.

---

en 1259 il a de graves difficultés à cause de son frère Raymond (doc. n° 55-58). Mais ce frère de l'évêque est appelé Raymond de Gristas ou Grissas et non pas Raymond de Roux (art. 128). D'autre part nous avons vu un document au sujet de la Daurade (doc. n° 32, note) rédigé de façon assez bizarre : Barthélémy donne un vidimus d'une lettre de lui-même. Ne serait-ce pas une copie défectueuse et ne faudrait-il pas lire qu'il donne vidimus d'une lettre d'un autre Barthélémy ? On aurait eu donc deux Barthélémy successivement : 1° Barthélémy de Roux ; 2° Barthélémy de Grissas (cf. Graissas, — Lot-et-Garonne. — L'église Saint-Pierre de Graissas était jadis au diocèse de Cahors); mais cela reste encore problématique et subordonné à la valeur historique du factum de Raymond de Cornil. Ce factum nous a paru véridique pour les détails que nous avons pu contrôler. Il est bon de se rappeler que nous n'avons que des archives consulaires et que les consuls n'ont pas dû conserver ce qui aurait pu les faire condamner.

(1) Nous donnons le texte de Doat; la traduction n'est pas nécessaire.

(2) Cette phrase se répète très souvent dans les autres articles.

3° Item que aichel (*à cet*) avesque, en nom e per dreg de la dicha Glieia, las causas desus dicha s'aperteno; e d'aisso, etc.

4° Item que las causas desus dichas ad aichel avesque e à sos predecessors s'apartenero antiquamente; e d'aïsso, etc.

5° Item que la dicha ciutatz ad aichel avesque, per nom e per drech de la dicha Glicia, ses tot meia (*sans aucun intermédiaire*), es sumesa, per ple dreg, e fo à lhui e à sos predecessors, d'ansia (*d'ancienneté*); e d'aisso, etc.

6° Item que la justizia auta de la dicha ciutat e de las apartenensas d'aichela, à aichel avesque, à la Glicia desus dicha, s'aperte, à aichel avesque e à sos predecessors e à la dicha Glicia s'aperteno (*sic*) de vielh; e d'aisso, etc.

7° Item que la justizia meglogana (1) de la dicha ciutat, etc.

8° Item que la justizia bassa, etc.

9° Item que tota la juridictios de la dicha ciutat e de las apartenensas d'aichela à aichel avesque e à sos predecessors e à la dicha Glicia s'aperteno, etc.

10° Item que las causas desus dichas te (*tient*) aichel avesques del dig Senhor Rei, aichi coma coms e bars (*comte et baron*); e per aquestas causas es en la fe e lo menatge d'aichel Senhor Rei; e d'aichestas cauzas es fama el pays.

11° Item que el predecessor d'aichel avesque tengro (*tinrent*) aiquelas meichas (*mêmes*) cauzas dels predecessors del dig Senhor Rey, aichi coma comte e bar; e per aquestas cauzas foro en la fe e lo menatge del Senhor Rei, etc.

12° Item que aitan aichel avesques, que ora es, coma siei predecessor que per temps foro avesque de Caortz, tan per (*par*) se coma per lors ministres, usero, en la dicha ciutat e el destreg e en las apartenensas d'aichela, el tot las (*sic*) cauzas desus dichas, e cadaüna d'aichelas, e de las autras cauzas à la senhoria de la dicha ciutat apertenens, e d'aquestas cauzas es el paîs fama e votz.

13° Item que aitan aichel avesque, que ora es, coma siei predecessor,..... las causas desus dichas exercero e explechero (*exploitèrent*), per aitan de temps que aonda à aichel avesque e à sa Glicia à acquerre e aver dreg e senhoria en las cauzas desus dichas, si dreg o senhoria d'autra maniera noi aguesso; e d'aquestas cauzas es votz, etc.

14° Item que aitan aichel avesques, que ora es, coma siei predecessor... exercero e explechero en la dicha ciutat, e el destreg, e en las apertenensas, continuadament e pasiblament, per des, XX, XXX, XL ans; e d'aquestas, etc.

15° Item que aichel avesques ha e posseditz, o deviro (*ou tout comme, vel quasi*), las causas desus dichas e cadaüna d'aichelas, e las autras causas à la senhoria de la dicha ciutat apertenens exercit, e siei predecessor agro (*eurent*) e possedero e exercero aichelas, d'ancia; e d'aichestas cauzas, etc.

(1) Justice *moyenne*. — Voir encore ce mot dans le bail à besogne des arches du pont Neuf (document n° 148).

16° Item que lhi ciutada de la dicha ciutat foro e so de poder; e d'aicho, etc.

17° Item que aichil home, o siutada, so sosmes à aichel avesque, e foro [sosmes] à aichel avesque e à sos predecessor e à la Glieia de Caortz antiquament ; e d'aicho, etc.

18° Item que aichil ciutada so *jural* (*sont les jurés*) d'aichel avesque, e foro de lhui e de sos predecessor e de la Glieia de Caortz, d'ancia ; e d'aicho, etc.

19° Item que aichil ciutada, aitan en las cauzas coma en las personas, so justiciable d'aichel avesque, e foro d'aichel avesque e de sos predecessor, etc.

20° Item que lhi dig ciutada fan à aichel avesque, e à sos predecessor feiro, d'ancia, sega (*suite au service militaire*) e exercici, e motz altres servicis, als quals home de poder e justiciable à lor Senhor son tengut; e d'aicho, etc.

21° Item que las cauzas desus dichas sunt notorias ; e d'aicho, etc.

22° Item que aichel avesques a usat, e siei predecessor usero, per se e pels autres, d'ancia, aichi coma senhor de la dicha ciutat, *dels murs* d'aichela ciutat ; e d'aicho, etc.

23° Item que aichel avesques a usat, e siei predecessor usero, per se (*par eux-mêmes*) o per autres, d'ancia, aichi coma senher de la dicha ciutat, *dels fossatz* d'aichela ciutat, los forfazens (*malfaiteurs*) en aichels prenden e encarceren, e en carcers e en cors ponent; e d'aicho, etc.

24° Item que aichel avesques a usat, e siei predecessor usero... de *las plassas vueias* d'aichela ciutat, los forfazens en aichelas prenden, etc.

25° Item que aichel avesques a usat,e siei predecessor usero... de *las claus* e de la garda de las claus de las portas de la dicha ciutat; e d'aicho, etc.

26° Item que aichel avesques a usat, e siei predecessor usero,per se o per lor gens, de *las plassas vueias* de la dicha ciutat, en *bandent* (*mettant au ban*) los bes dels forfazens en aichelas pel forfag aqui comes ; e d'aicho, etc.

27° Item que aichel avesques a usat..... de *las plassas vueias* de la dicha ciutat, *levant emenda* des homes de la dicha ciutat e dels autres forfazens, en aichelas plassas, pel forfag aqui comes; e d'aicho, etc.

28° Item que aichel avesques a usat,..... de las plassas vueias de la dicha ciutat, *arrestan*, prenden, jutgan e *justizian* en aichelas plassas; e d'aquestas cauzas, etc.

29° Item que aichel avesques a usat..., aichi coma senher de la dicha ciutat, per dreg, de *cridar*, e de *far cridar* en aichela ciutat; e d'aicho, etc.

30° Item que, quam alcuna cauza se *crida* en la dicha senhoria, *am pena*, per razo de la Senhoria e de la justizia, se fa (*cela se fait*) per authoritat d'aichel e de sos predecessor, es acoustumat de far, d'ancia; e d'aicho, etc.

31° Item que aichel avesques leva, et ha, e siei predecessor on acoustumat *leva pena*, per se o per autres, dels fazens, o dels venens, contra aquestas cridas; e d'aicho, etc.

32° Item que ad aichel avesques, coma senhor de la dicha ciutat, so *redudas las claus* de las portas de la dicha ciutat; e d'aicho, etc.

33° Item que als predecessor..... foro reduda las claus, etc.

34° Item que de las cauzas desus dichas, e en autras motas (*nombreuses*) manieras, lo digs avesques, que ora es, e siei predecessor qui per temps foro avesque de Caortz, usero de las cauzas desus dichas, e de cada una d'aichelas, aichi coma Senhor de la dicha ciutat; e d'aicho, etc.

35° Item que aichel avesques a usat, e siei predecessor.... usero de las causas desus dichas e de cadauna d'ai, per aitan de temps et d'aitan de temps en ça que memoria d'ome non est à encontra, e aquestas cauzas so notorias; e d'aicho, etc.

36° Item que lhi dig se geren per cossols e per la comuna reconogro (*reconnurent*) als predecessor d'aiquel avesque esse lors senhors.

37° Item que aichel avesques es apelatz e apelar es acoustumat Senhors de la dicha ciutat e dels habitans en aichela.

38° Item que lhi predecessor d'aichel avesque, que per temps foro avesque de Caortz, acoustumero esser apelat senhor de la dicha ciutat e dels habitans en aichela; e d'aicho, etc.

39° Item que famá es quel digs avesques e siei predecessor foro senhor de la dicha, etc.

40° Item que aichel avesque, o autres, de so mandament o per so nom, *delhiuret* ciutadas de Caortz, aichi com homes seus, de seguias e de ost-exercici, e de cavalgada del senhor rei de Fransa; e d'aïsso, etc.

41° Item quels predecessor d'aichel avesque, o autres, de mandament de lor, o per nom d'aichels, an delhieurat ciutadas de Caortz, etc.

42° Item que aquestas delhiuransas foro fachas de voluntat d'aichels ciutadas; e d'aicho, etc.

43° Item que, quan alcus depausa complanha d'alcun ciutada de Caortz davant los officials del Senhor Rey de Fransa, l'avant digs avesques recobra e recobrar a accostumat la cort dels digs ciutadas, aichi coma à lhui e à la Glicia de Caortz, per razo de juridictio e de emperi que a en la dicha ciutat, (s'aperte), e els habitans en aichela sos somes; e d'aicho, etc.

44° Item que, quan alcus depausava querimonia, etc..... lhi predecessor d'aiquel avesque an acostumat recobrar la cort dels digs ciutadas, etc.

45° Item que lhi dig ciutada se avoan, pel dig avesque, e son acostumat a s'avoar, pels digs avesques de Caortz, en las recuperaios de las cortz, e d'aicho, etc.

DEUXIÈME PARTIE. — USURPATIONS DES CONSULS.

I

46° Item entein a proar (1) lodigs avesques, pel nom que dessus, que lhi dig ciutada de Caortz, asserens (*affirmant*) se comuna, aver autreiat de fag e de

(1) Il est question d'abord de la création de la commune et du consulat.

voluntat, e per la propria autoritat (1), en la dicha ciutat, una manière de homes los quals apelo cossols.

47° Item que en aichi creat enqueras so aqui.

48° Item aisso fero contra la voluntat del avesque de Caortz qui aoras era.

49° Item que per dreg comu fo costuma, e es generals en Fransa e en las partidas d'aichels (*de ceux-ci, des gens de Cahors*), que lhi homes de podestat non podo aitals cauzas far, se n'es voluntat del Senhor.

50° Item que aisso feiro, usurpan lo dreg del Senhor.

51° Item que aisso feiro en prejudici de l'avesque e de la Glicia de Caortz.

52° Item que aquest collegi tal qual so no legutz, e de so comensamen non aproat, o d'aichel que era enant en la juridictio de lor.

53° Item que aichel en aissi creatz e se gerens per cossols de la dicha ciutat nom e exercici e offici de cossolat a lor an pres.

54° Item que per lor autoritat propria de fag an prezes aquelas cauzas.

55° Item que lhi dig se gerens per cossols feiro en la dicha ciutat *sagel*, *maio* e archa comunals, de las quals enqueras s'explecho.

56° Item que el poble an amassat o appelat e appelo per lor authoritat propria e contra la voluntat de l'avesque.

57° Item que las cauzas desus dichas li dig se geren cossols deteno.

58° Item que aichelas an usurpadas iasi, aisso que non aio dreg de far, ni de tener o d'aver las cauzas desus dichas o alcuna d'aichelas.

59° Item que lhi dig geren se per cossols e per la comuna, lodig cossolat, aissi presumit e usurpat, e las autras cauzas, per aichels, aichi cum dit es, usurpadas, avoant, aitan com en aichels es, se tener del dig Senhor Rei.

60° Item que aquesta avoatio fan falsament e no degudament.

61° Item que en prejudici e à greviment e en injuria de aichel aveque e de la Glicia de Caortz.

II

62° Item enten proar (2) aichel avesques, en nom que dessus, que lhi dig gerens se per cossols an occupat e teno occupada (?) e aver *pes* (*les poids*) en la dicha ciutat.

63° Item e aver *tendas*.

64° Item e aver *bladaria*.

65° Item e garda de *las claus de las portas* de la dicha ciutat.

---

(1) Il y a *temeritat* dans Doat, ainsi qu'à l'art. 54 ; mais *authoritat* à l'article 56.

(2) Il est question maintenant des prétentions des consuls sur les poids et mesures, les tailles, la possession des murs, portes, etc.

66° Item e *plassas* vueias de la dicha ciutat.

67° Item e *murs*, etc.

68° Item e *fossats*, etc.

69° Item e la conoishensa et la *punitio de las falsas aunas*, etc.

70° Item e la conoishensa e la punitio de las *falsas mesuras*, etc.

71° Item... dels *fals pes*, etc.

72° Item e *sagramen recebre des homes* de la dicha ciutat.

73° Item e als homes de la dicha ciutat *talha empauzar*.

74° Item e d'aichels homes *talhas demandar e levar*.

75° Item els homes de la dicha ciutat per la propria authoritat *pignorar e gaigar*.

76° Item e armas per vila, de nueg, portar, contra l'amparamen d'aichel avesque e de sa cort.

77° Item que las causas desus dichas, so es assaver, aver pes e las autras cauzas subsequens, lhi dig geren se per cossols an presas e usurpadas teno, turbant e empachan en aquestas causas la juridictio e la saisina de la drechura *(du droit)* d'aichel avesque e de la Glieia de Caortz.

78° Item que aquestas cauzas feiro e fan, no dreichuriament, e en prejudici del dreg e de la senhoria de l'avesque e de la Glieia de Caortz.

79° Item que las cauzas desus dichas far no podo degudamen *(légitimement)*, cum sio home singular, e home de podestat, e jurat, e justiciable d'aichel avesque, si coma dig es.

80° Item que lhi dig geren se per cossols avoant, aitan coma en aichels es, aquest pes, e las autras cauzas subsequens, se tener del dig senhor Rei.

81° Item que aquesta avoacio fan non degudamen e no drechuriamen de fag.

82° Item que aichela avoacio fan en prejudici e en greug e en injuria de l'avesque e de la Glieia de Caortz.

III

83° Item enten a proar (1) l'avesque, el nom que desus, que el aichi coma senhors de la dicha ciutat fo e es en possessio, o deviro, de far enquestas, per se o per sos ministres en la dicha ciutat, dels malificis e dels forfags aqui comes, e pertraitats ; e d'aicho, etc.

84° Item que aichel avesques, aichi coma Senhors de la dicha ciutat, fo e es en possessio, o deviro, de jutgar e de mandar a executio las enquestas per aichel o per sos ministres fachas; e d'aicho, etc.

85° Item quels gerens se per cossols e per la comuna de la dicha ciutat aichel avesque en la possessio de las causas desus dichas an empauchat, e

(1) Il s'agit du droit de justice, gêné par les consuls ou usurpé à leur profit.

empaucho que aichel avesque, per se ni per sas gens, non enquiera o enquerre fassa dels avandigs maleficis e dels forfags, non permeten, d'aquestas cauzas, aichel avesque usar delhiurament de sa juridictio ni de la possessio de la juridictio soa desus dicha; e d'aicho, etc.

86° Item enten proar, el nom que desus, que lhi dig geren se per cossols, els plags en las cauzas, aitan curials quant criminals, mogudas devant aquel avesque o so baile, aichi coma a jutge secular, aichel avesque e so baile an enpachat e enpacho e perturbo per que aichel avesques e sas gens no destrenho alcun far testimoni de vertat.

87° Item que lhi dig geren se cossols an deffendut e deffendo als homes de la dicha ciutat, lhi qual per aichel avesque o per sas gens son apelat à far testimoni en la cauzas e els plags, aitan curials quant criminals, mogudas davan aichel avesque o so baile, fassan testimoni.

88° Item que en aichi, apelat a testimoni far, lor an defendut e lor deffendo, ni permetto aichels far.

89° Item que lhi gerens se per cossols an deffendut e deffendo als ciutadas de Caortz, plaignans en la cort d'aichel avesque o de so baile, aitan coma davan jutge secular, que las partidas d'aquelas cauzas o plags no fasso sagramen de calumpnia.

90° Item que lhi gerens se per cossols, en las cauzas desus dichas e en autras, en motas manieras, turbo e enpaucho, e an turbat e enpauchat aichel avesque e sos ministres en sa juridictio et justizia.

91° Item que aichel avesque e la dicha Glieia an sostengutz damnages e enteresses per aquestas turbacios e enpachamens, en detz mile libras tornesas.

IV

92° Item enten a proar (1) lodigs avesques, al nom que dessus, que lhi avant dig gerens se per cossols e per la comuna, an occupat e teno occupat un territori dig de *Tholosca*, e d'aicho es el pays publica votz e fama.

93° Item que aichel territori an occupat sens licentia en senes cossentiment de l'avesque de Caortz.

94° Item que lo digs territori de Tholosca es e fo, d'ancia, fieus e del fieu de l'avesque e de la Glieia de Caortz; et d'aicho, etc.

95° Item que aichels territoris es en la terra e dins la terra e las fis *(limites)* de la terra de l'avesque e de la Glieia de Caortz; e d'aicho, etc.

96° Item quels digs territoris a aichel avesque, per nom de la Glieia de Caortz, s'aperte; e d'aicho, etc.

---

(1) Le quatrième point des griefs de la 2e partie est consacré à Toulousque.

97° Item que a aichel avesque e a sos predecessors s'apertenio lo digs territoris de Tholosca, el nom de la Glicia soa desus dicha; e d'aicho, etc.

98° Item que de las causas desus dichas e de cadauna d'aquelas es votz e fama publica, al païs, per la Glieia e per l'avesque de Caortz, e en aici solo *(soulaient, avaient coutume de)* dire lhi ancia, e engueras o dizo lhi ancia e lhi noel.

TROISIÈME PARTIE. — RÉFUTATION DES ARGUMENTS DES ADVERSAIRES.

Ad aichelas causas, las quals prepauza la partz adversa, so es assaber *prescriptio, explectatio* e *possessio* de temps ancias, respon aichel avesques e se offer a proar las cauzas que s'enseguo.

99° Premierament que ilh agro *(ils eurent)*, en las cauzas dessus dichas, vicios intrament.

100° Item que aladoncas *(à cette époque où commença la commune)* era guerra e hostilitats en aichelas partidas (1).

101° Item que aichela guerra e hostilitats avia estat e durat per long temps davant, e es fama publica, etc.

102° Item que lhi avesque, que aladonc ero, per la paor ques podia avenir, era frevol *(timides et faibles)*, que no auzavo aladonc lor dreg defendre.

103° Item que la dicha guerra e hostilitats entro à props de 50 ans o deviro, o à 45, o à 40 prop denamen passats.

104° Item que al temps de la dicha guerra e hostilitat, vaquet manhtas veguadas (*maintes fois*) la dicha Glieia d'avesques, e defalhit de drechurier deffendeder, en aissi que non es memoria d'ome que alcus avesques tan de temps en aichela Glieia visquès que alcuna prescriptios se pogues complir contro aichel, ni contra la Glieia de Caortz, ni incoar (*commencer*) coma aladonc las hostilitats, si cum dig es.

105° Item que patz avia acostumat essen en aichelas partidas, de sai cinquanta ans, o XLV, o XL.

106° Item que enqueras lhi dig avesque, per bon dreg, avia à temer el comensamen de la pats, per paor.

107° Item que, duran la dicha guerra e hostilitat, *alqun avesque de Caortz foro, pels ciutadas de Caortz, trencat e mort.*

108° Item que foro *mort.* (*Il y en eut de tués*).

109° Item que *foro nafrat.* (*Il y en eut de blessés*).

110° Item que alcun, de la dicha ciutat foro gitat. (*Il y en eût d'exilés*).

111° Item que aquestas cauzas foro fachas pels digs ciutadas.

---

(1) Cela fixerait aux dernières années du XIIe siècle le début de la commune. On a vu (doc. n° 5-6) les premiers démêlés.

112° Item que mossenhor *G. Baras,* avesque sa à enreire de Caortz, lhi dig geren se per cossols, am manh (*mainls*) autres companhos, *nafrero, de la qual nafro morit,* e ses (sans) tota curatio, entro à la mort (1).

113° Item que, entro las mas del dig senhor G. auzizero (*ils tuèrent*) Guilhem Carcanh (2).

114° Item que aquestas cauzas reconogro lhi dig sai à enreire geren se per cossols, qui aladonc ero, devant lo senhor Rei, el temps del senhor Rey, qui aoras es (3), o son cosselh.

115° Item que après aquestas cauzas, alcu foro menassat de semblans (*semblables*) cauzas à lor far.

116° Item que apres lo comensamen de la dicha patz, vaquet manchas vegadas de avesques la Glieia de Caortz.

117° Item que de sai XLV ans vaquet, per vegadas, per detz ans o otra.

118° Item que per dig temps defalhit la dicha Glieia de drechurier deffendedor.

119° Item que lhi dig reu (*accusés*) foro, manhtas vegadas, reffudat (*réfutés*) de la part dels avesques de Caortz, sobre las cauzas contengudas en las peticios contra aichels del dig temps en sa fachas (4).

120° Item foro trachas aputgamen sobre aquestas cauzas de la part dels digs avesques.

121° Item que en la cort, seu Parlament, del senhor Rei foro sobre aquestas cauzas citat, à las intansas del dig avesque (*desdits évêques*), viro (*environ*) dets e nau ans promedanamen passats.

122° Item que, viro aquel temps, fo sobre aquestas cauzas contra lor facha e offerta peticios en la cort del dig senhor Rei, de la part del dig avesque aoras plaigan (*plaidant*) (5).

123° Item quel senhor *Bartholimeus,* avesques sa à enreire de Caortz, fetz aichels sobre aquestas cauzas citar al parlamen del dig Senhor Rei.

124° Item que sobre aquestas cauzas fet e offrit articles contra aichels.

---

(1) Géraud de Barasc était à Périgueux, le 10 mai 1250, où il donnait à son neveu Guillaume l'église de saint Laurent de Cahors (Doat, vol. 120, fol. 15) ; et le lendemain il rendait son âme à Dieu (Lacroix, *Series,* etc., p. 108).

(2) Voir ce détail dans Lacroix (*Series,* etc, p. 104, trad. Ayma, I, p. 340). M. Dufour, *Commune,* etc, p. 29, traduit « interficere præsumpserunt » par ces mots : « tentassent d'assassiner ». — Cf. document n° 49.

(3) C'était Philippe le Hardi. Nous n'avons rien sur cette plainte de l'évêque et cette enquête faite au nom du roi (article 121, 122, 123).

(4) Cf. les factums *(libelli)* dont il est parlé dans l'arbitrage de l'évêque d'Agen (documents n°s 38-45).

(5) Nous avons mis le factum de l'évêque plus haut (n° 80).

125° Item que acoustumat era en la dicha cort del Senhor Rei usar d'articles per pozicios.

126° Item qu'el senhor *Bartholmieus* sobre aquestas cauzas continuet, aitan davant la cort del senhor Rei coma davant arbitres (1) entro à sa mort.

127° Item que aichel senhor *Bartholmieu* franhero lhi dig geren se per cossols las portas de sa sala.

128° Item que *R. de Gristas* ou *Grissas* (sic), fraire d'aichel senhor Bartholmieu (2), aichil geren se per cossols a questio pauzero e de la ciutat aichel gitero.

129° Item que lhi dig geren se per cossols, seu ciutadas, Vincens, nebot del dig senhor Bertholmieu, que aladonc lo sagel de la cort tenia, de nuegs auzizero, et Octoli, clergue d'aichel senhor Bertholmieu en la cort d'aichel senhor Bertholmieu, auzizero.

130° Item que lhi dig home seu ciutada foro e enqueras so, d'aitan de temps que memoria no es encontra, *jurat* dels avesques e de la Glieia de Caortz.

131° Item que foro e so justiciable; Item e sosmes; Item e potestat.

132° Item que aquieg home non podo per costuma lo dreg del senhor envaïr ni prescrire.

133° Item que, si per longtemps aitals cauzas avio tengut, no deu à aichels valer, ni prejudicar al Senhor de la ciutat.

134° Item que occupero et tengro, no contrastan fama encontra laboran que dreg no aio en las cauzas desus dichas.

135° Item que aquestas cauzas feiro per mala fe.

136° Item que continuadament agro mala fe.

135° Item que contra lo sagrament feiro e fan las cauzas desus dichas.

136° Item que, sens titol e sens cauza sufficiente, e per las cauzas desus dichas, apar (*il est visible*) que, si ilh ottengro per long e per plus long temps la prescriptios, non pot esser dicha ferma e que lhi temps e la possessios foro sufficiament entrerompadas, lasquals cauzas aichi subduchas la prescriptio no ha.....

[Doat, *volume* 118, fol. 78 à 94 — suivi d'une traduction — d'après la copie en parchemin de l'Hôtel de Ville ; cette copie a disparu.]

(1) Allusion sans doute aux arbitres de 1272 (document n° 85).

(3) Voir documents n°s 55 à 58.

121. — *Droits que prétendent les consuls. Contre-partie du factum épiscopal* (1284).

Les consuls présentent également leurs prétentions (1). Nous avons une série d'articles qu'ils opposent aux articles de l'évêque. Ils ne sont pas datés, et tout d'abord nous avons cru qu'ils étaient la contre-partie des articles du factum de l'évêque Barthélémy, que rappelle d'ailleurs celui de Raymond de Cornil ; mais dès le second article nous sommes fixés : il ne s'agit pas de Barthélémy, car l'évêque *actuel* a prêté aux consuls le serment de conserver les privilèges et les coutumes de la ville. C'est précisément le cas de Raymond de Cornil, ainsi qu'on l'a vu (1280, document n° 106).

Nous donnons l'analyse de ces articles, telle qu'elle se trouve dans le *Livre noir*, en marge, faite à la fin du 16e siècle ou au commencement du 17e, avec l'orthographe du temps. Quant au fonds même des articles, il n'y a qu'à consulter, soit le texte des Coutumes, soit plutôt celui des Privilèges. Ceux-ci ont été publiés par Lacroix (2), avec l'accord de 1350.

Hec sunt jura consulum civitatis Caturci...

1. Ce sont les droits que Mrs les consuls de Caors ont avec les habitants, de temps immémorial et dont on ne pouvoit prouver le contraire : le consulat de la ville, maison, sceau authentique, archives, droit de juger de leurs tailles, [de les lever] et obliger à les payer, de faire capturer et arrester.

2. Serment que Mr l'Evesque fait à Mrs les consulz [de conserver les privilèges et coutumes de la ville — serment que l'évêque actuel a prêté —].

3. [Ils ont une charte (*papirum*), des armoiries publiques et particulières, avec des bannières pour porter en tête des troupes, à l'occasion, et un étendard semé des fleurs de lis du roi.]

4. Mrs les consuls ont le droit de faire trompeter, avec le bailhe de Mr l'Evesque, leurs ordonanses et de connoître des affaires civiles et criminelles et autres droitz [établir des gardes pour la draperie, brûler et détruire les draps et les mesures qui ne sont pas conformes aux règlement].

5. Mrs les consulz ont droit en seuls de faire les enquestes.

6. Connoissance du poisson, des chairs et du pain.

(1) Ils durent les envoyer aussi au roi, car, à la date de juin 1284, nous trouvons mention de taxes pour payer les frais qu'a coûtés la députation envoyée au Parlement de Paris (*Te Igitur*, fol. LIII — éd. imp., n° 355).

(2) *Series episcoporum*, etc., § 249 et suiv., trad. Ayma, t. II, p. 140.

7. De même que l'administration des hôpitaux de la grand'rue, ladrerie du pont vieux, la distribution de pentacoste leur appartient.

8. Droit des prisons, fourches patibulaires, pois et mesures, maison de ville ou commune pour vendre le bled, droit des ventes. [Le droit de justice haute et moyenne est commun avec le bayle de l'évêque; droits concernant la draperie.]

9. Droit de changer les fourches patibulaires [et le pilori; de les réparer et, s'ils tombent, de les remettre].

10. Droit d'avoir les valets de ville portant armes [et bâtons], avec fleurs de lys (1).

11. Le lieu [*predium et plateam*] des fourches patibulaires appartient de tout temps auxdits consuls [de même pour le pilori].

12. Droit d'avoir les fers pour punir les meschants [le texte dit : droit d'avoir des sacs arrangés pour mettre dans l'eau les méchants; au vu et au su de l'évêque].

13. Droit d'avoir et bastir tours, murs, fossez, portalh, [barbacanes, d'avoir les clefs de la ville]; de metre gardes partout.

14. Une place commune pour tenir les marchés.

15. Droit en seulz pour examiner les mesures de bled, d'huile, vin, sel, les aunes [et les perches], et inspection sur les orphebres avec pouvoir de confiscation, [avec droit de poinçonnage avec la fleur de lis sur les ouvrages d'argent, droit d'avoir des inspecteurs pour cela et de pouvoir confisquer].

16. Droit de recevoir le serement de touts les habitans.

17. Ont en seulz le territoire de Thoulousque avec toute justice, cens et rentes.

18. Droit de punir et amander ceux qui font domage [*le texte :* droit de reconnaissance et d'exécution sur les nouvelles saysies qui se feront dans la ville ou ses appartenances].

19. Ont la chambre *d'amors* [le texte : *locum qui dicitur camera asinorum* (2)], le port de valantré [le texte : *portam*] et le lieu appelé la Rhode.

20. L'Evesque doit présenter son bailhe aux consuls toutes fois et quantes qu'il l'establit, ledit bailhe doit estre de la ville et y avoir des biens : [il devra prêter serment d'observer et de conserver les privilèges de la ville, de ne pas lever d'autres amendes que celles infligées par les consuls].

21. Ont droit lesdits sieurs consuls d'empescher que ledit bailhe n'excède pas en la perception de ses droitz.

---

(1) Le texte latin, souvent fautif, l'est ici particulièrement. On lit : *et* pour *ut*, *sacculos* pour *bacculos*.

(2) Voir de même la chambre des ânes, *« de asinis »*, dans la dénommée de 1288 (document n° 157).

22. Ont droit en seulz de condampner aux derniers suplices.

23. [Ils ont d'autres droits dont, pour le moment, on n'a pas le souvenir. Droit de jouir 400 livres paisiblement.]

Et le tout de temps immémorial.

[Archives municipales. *Livre noir*, fol. LXXXV.]

N° 122. 24 Mars 1284.

Droits des consuls.

Fragments de règlements et d'ordonnances.

Le *Te Igitur* donne, à la date du 24 mars 1283 (v. st.), un règlement pour les consuls, qui doit être contemporain des articles ci-dessus. Nous y joignons quelques autres règlements inédits qui se trouvent, sans date, au *Livre Tanné*.

A. — Ordonnance, datée de la veille de Notre-Dame la Chaste (24 mars) 1283, portant que deux consuls et deux prudhomes devront se tenir tous les jours au consulat, à la disposition des habitants.

[Arch. munic., *Te Igitur*, fol. LXI, éd. imp., p. 233, n° 382 (1). Dufour, dans *Annuaire du Lot*, 1867, pp. 47 et 48, note.]

B. — Ordonnance qui semble être de la même époque, relative au chaperon.

La costuma es d'aquesta maio que tot cossol que en aquesta maio non portara, en festa anal, sa rauba hesson capayro (*et son chaperon*), estara à emenda, he los jorns atrans (*pour* arans, *jours où l'on labore, où l'on travaille*), hu (*l'un*) entran sans capayro, a voluntat de ssos companhos (*sera mis à l'amende, seulement si ses compagnons le veulent*).

[Arch. munic., *Livre tanné*, fol. 3.]

C. — Simple rappel d'actes ou d'ordonnances.

1. L'instrument passé entre le scindic de la ville et le juge criminel et juge mage, touchant la justice criminelle, laquelle appartient......... aux consuls en

(1) Voir encore dans le *Te Igitur*, pour les dates de 1283 et de 1284 : édit. imp., n° 263, chapellenie de La Mothe (1283); n° 371, chapellenie Redon (1284); n° 347, le port de Valentré (sept. 1284); n° 314, les auvents des maisons (sept. 1284).

première instance, pourveu quil n'y aye négligence ni trayne (?); et ledit instrument est au coffre des quatre cles et dans le sac cotté p. A.

2. Ordenansa anciana et antiqua et en la presen mayo del cossolat que se alguns del senhors consuls an debat e rancor lun contra lautre de las causas concernens a las preeminensas del cossolat, que los autres senhors consuls, et maiormen los primiers los capelas, los puesco et dego los redure a concordia e..... amistat parelhamen.....

[*Livre tanné*, fol. 256 (folio de garde).]

Nos 123-133. DÉCEMBRE 1283 — JUIN 1285.

Navigation du Lot.

L'accord avec le roi d'Angleterre, duc de Guienne.

La question du Lot navigable intéressait plus que le Quercy. Le roi d'Angleterre, maître de l'Agenais comme du Bordelais, eut donc à intervenir. Il se fit représenter par divers procureurs, et son sénéchal, Jean de Grailly, se donna lui-même plusieurs sous-délégués. De là une série de pièces dont voici l'énumération et l'analyse.

123. — *Le roi Edouard donne sa procuration* (28 déc. 1283).

Lettres patentes du roi Edouard, duc de Guienne, donnant sa procuration en cette affaire à l'abbé de Saint-Maurin, au sénéchal d'Agenois, à l'archidiacre de Limoges et à Jean de *Forchetis.*

Fait à Chester, le 28 décembre de l'an XII (1).

[Arch. munic. de Cahors, DD 26.]

124. — *Le sénéchal Jean de Grelhi délègue ses pouvoirs* (26 janvier 1284).

Le chevalier Jean de Grelhi, sénéchal du roi d'Angleterre pour la Guienne, charge Etienne de Lafitte et Raymond Merquès, châtelain de Penne, de s'occuper du chemin que l'on doit ouvrir dans le Lot, pour

---

(1) Il avait commencé de régner en octobre 1272.

que les bateaux puissent, sans encombre, monter ou descendre la rivière; il leur délègue tous ses pouvoirs.

Fait à Lectoure, le jeudi après la Conversion de saint Paul, 1283.

[Arch. munic. DD 25 : ancien n° 3; de 0,10 sur 0,20; il y manque le sceau; il y a aussi une copie sur papier (XVIIe siècle) — *Livre nouveau*, tome III, p. 64; Doat, vol. 118, f. 198 — cf. Dufour, *Commune*, etc., p. 52.]

125. — *Les procureurs des consuls de Cahors* (29 juillet 1284).

Lettre des consuls de Cahors au sénéchal pour lui indiquer leurs procureurs : *Pierre Gonel* et *Jean Martin*. Cahors, le vendredi après la saint Jacques, apôtre.

126. — *Les procureurs de l'évêque de Cahors* (30 juillet 1284).

Raymond de Cornil choisit pour ses procureurs maître *Hélie Sudre*, chanoine du Dorat, et le clerc, maître Pierre de Payrat. Cahors, le samedi après la Saint-Jacques.

127. — *Accord fait à Penne entre les parties intéressées* (30 juillet 1284).

Un accord a lieu entre l'évêque et les consuls de Cahors, d'une part, et les officiers du roi d'Angleterre. Les procureurs de l'évêque sont : Me Hélie Sudre, chanoine du Dorat, et P^re de Payrat, clerc; ceux des consuls sont : P^re Gonel et Jean Martin; ceux du roi d'Angleterre : noble homme Jean de Grailly, chevalier, sénéchal de Guyenne, qui a délégué ses pouvoirs à d'autres, Augier de la Mote, sous-sénéchal pour l'Agenois, l'abbé de Saint-Maurin (Gausbert Girval) et Me Bonnet de Saint-Quintin, archidiacre du Limoges.

Il est décidé que le roi fera faire « un chemin de navigation » dans le Lot, tout au long du diocèse d'Agen; que l'évêque de Cahors et les consuls en feront autant en aval et en amont de leur cité, dans le diocèse de Cahors; si l'on soulevait en amont quelques difficultés, l'évêque et les consuls iraient, à frais communs, devant les tribunaux; en aval, c'est à eux qu'il appartient de faire faire le travail suivant l'accord fait entre eux : ils pourront forcer les riverains d'amont à contribuer aux frais. Le roi d'Angleterre perd à ces travaux cent livres de revenu sur une chaussée qu'il a près du château de Penne d'Agenais : en retour, il pourra percevoir un péage sur les bateaux chargés de marchandises; au bout de 6 ans on établira une taxe définitive. La navigation, sous cette réserve, sera libre, pour toutes les denrées, sauf pour le sel; les fraudes seront sévèrement punies (amendes et confiscation).

En cas de naufrage, les marchandises resteront libres, et le roi ou le seigneur de la rive ne pourront rien revendiquer.

Texte latin de cet accord :

In nomine Domini. Amen.

Notum sit quod, cum tractatus fuisset habitus inter nobilem virum dominum Johannem de Greilli, militem, illustris regis Anglie, ducis Acquitanie, senescallum in ipso ducatu, nomine domini regis predicti, ex una parte, et reverendum patrem dominum Raymundum, divina providentia episcopum Caturcensem, pro se et ecclesia Caturcensi, et consules et universitatem Caturcensem ex altera, super aperiendo camino in flumine Olti, in diocesi Agenensi et Caturcensi, et super removendis omnibus que impedirent vel impedire possent dictum caminum quominus per dictum flumen possint navigia frequentari.

Tandem, constitutis apud patriam Agennensis diocesis discretis viris, dominis [Gasberto, Dei gratia abbate sancti Maurini, et Augerio Mote, milite, subsenescallo Agenensi, et magistro Boneto de Sancto Quintino, archidiacono Lemovicensi, tractatoribus... per dictum dominum regem deputatis, nec non et magistris Helia Sutoris, canonico Dauratensi, et Petro de Peirato, clericis, et discretis viris Petro Gonelli et Johanne Martini, consulibus civitatis Caturci, tractatoribus..... seu sindicis, a predictis domino episcopo, consulibus et universitate Caturci deputatis, omnes predicti fecerunt, ordinaverunt insimul et unanimes tractaverunt super premissis, in forma que sequitur, in hunc modum :

Videlicet quod dominus rex Anglie..., propriis sumptibus et suorum subditorum, expediat seu faciat expediri caminum per flumen Olti, per totam diocesim Agenensem, adeo quod omnia navigia, magna et parva, per dictum flumen absque impedimento possint frequentari, et etiam removeat et faciat removeri omnia per que possit dictum navigium impediri.

Item, quod dictus dominus episcopus, pro se et ecclesia Caturcensi predicta, et universitas pro se, expediant seu faciant expediri caminum per flumen Olti per diocesim Caturcensem, adeo quod... (etc.).

Actum tamen et ordinatum, in predicto tractatu, quod si, in predicto flumine, a civitate Caturci supra, in eodem diocesi, fieret per aliquos, aliquo tempore..... obstaculum..., predictus dominus episcopus et predicti consules et universitas debent propriis sumptibus..... agere, in judicio et extra, contra impedientes ut predicta impedimenta amoveantur..... Sivero contrariam sententiam reportarent, volunt teneri de dampnis aliquibus vel interesse, predicto domino regi et duci vel subditis suis. Tamen, a civitate Caturci inferius, debent expedire seu facere expediri dictum caminum.

Item, est actum et ordinatum quod predictus episcopus, consules et universitas possint compellere, pignorare et arrestare homines, de diocesi Caturcensi existentes, a civitate Caturci supra, in eadem diocesi, ad contribuendum eisdem, de sumptibus quos pro reparatione predicti camini fecerint.

Item, quod, cum dictus rex et dux, juxta castrum Penne, Agennensis diocesis, in dicto flumine habeat paxeriam quamdam, que, communi estimatione, centum libras caturcenses, annis singulis, in redditibus dicto domino regi et duci valet, quas centum libras, ratione apertionis dicti camini, amittit dictus dominus rex et dux, fuit ordinatum quod... in recompensatione... percipiat vel faciat percipi, ab illis qui merces portabunt seu portari facient, annuantim, centum libras turon. nigrorum, dum facient transitum per flumen et locum paxerie predicte; ita tamen quod per dictas partes eligantur duo viri qui per sex annos levent et percipiant centum libras tur. nigr. a... portantibus... merces..... et quod in fine dictorum sex annorum, possint assignare centum libras tur. nig. dicto domino regi et duci et taxare in redditibus super rebus transeuntibus vel vehendis per flumen et locum paxerie supradicte in ascendendo et descendendo, etc.

Item, fuit... conventum... quod omnes merces et alie res venales, quecumque sint, possint vehi per dictum flumen libere, solutis pedagiis consuetis, ita tamen quod si sal portetur per dictum flumen Olti, predictum sal nec exonerari nec dimitti debet in toto nec in parte, nisi causa periculi contingentis in aliqua parte diocesis Agennensis. Et postquam ingressum fuerit in predicta diocesi, non debet ad predictam diocesim Agen. per aliquos reportari; et si contra fieret, debent solvi dicto domino regi et duci pedagia consueta, secus, navis et animal sal portans una cum sale confiscaretur; et nichilominus persona ducens navem vel animal solvat sexaginta quinque solidos arnaudenses eidem domino regi et duci, persona vero sal portans solvat sexaginta quinque solidos arnaudenses, sale amisso.

Et (si) contingeret naufragium vel periculum aliud in dicto flumine, ripis ejusdem, quod res et bona passorum naufragium vel periculum antedictum ad eos libere revertantur, ita quod dominus vel qui habet dominium in dicto flumine vel rippis, nichil sibi possint vendicare vel petere in bonis predictis, ratione naufragii vel periculi antedicti.

Item, fuit actum... quod pars dictorum episcopi et consulum et universitatis, infra annum, computandum a tempore confirmationis et sigillationis istius presentis ordinationis per excellentissimum dominum regem Francie, aperiant et faciant aperiri in tota predicta diocesi Caturcensi predictum caminum in dicto flumine et amoveri faciant omnia impedimenta... ita quod, ex tunc, omnia navigia, parva et magna, possint... commode frequentari; et, eodem modo, pars predicti domini regis et ducis promisit aperire..... in diocesi Agennensi..... infra tempus predictum.

[*Les procureurs promettent de faire approuver ce qui a été réglé par leurs mandants respectifs et déclarent que tout sera nul, si l'on n'a pas l'approbation du roi de France.*]

Fait à Penne d'Agenois, le dimanche après la fête de s. Jacques, 1284.

[Arch. munic. DD. 26, déjà mentionné pour la procuration donnée par le roi Edouard. Parchemin original, renfermant aussi l'approbation de l'accord par les procureurs, et les diverses procurations; il y avait sept sceaux qui ont disparu; — copie du XVIIe siècle sur papier. Le texte de l'accord se trouve encore dans les actes de ratification des rois de France et d'Angleterre; dans le *Livre noir*, fol. LXXX, copie faite sur une copie de 1306 renfermant les lettres de ratification du roi Edouard; elle est très mauvaise; dans le *Livre nouveau*, tome III, p. 65 et suiv.; dans Doat, volume 118, fol. 200 et suiv. — Cf. Dufour, *Commune*, etc., p. 53; Lacoste, *H. du Q.*, tome II, p. 367.]

128. — *Procuration de l'évêque pour l'examen de l'acte* (22 janvier 1285).

L'évêque Raymond de Cornil constitua ses procureurs, pour examiner l'acte d'accord, *Guillaume de Calmont* et maître *Gausbert Pelphi*, ses clercs (1).

Fait à Carennac, le lundi en la fête de saint Vincent martyr, an 1284.

[Cette pièce se trouve dans la Charte DD 26.]

129. — *La procuration des consuls pour le même sujet* (26 janvier 1285).

Les consuls de Cahors font savoir à messire Jean de Grailly qu'ils ont choisi pour leurs procureurs *Jacques de Donadieu* et *Guillaume de Limoges*.

Cahors, le vendredi après la Saint-Vincent de l'an 1284.

[Dans la même Charte DD 26.]

---

(1) Gausbert Pelphi, que nous avons déjà nommé (doc. n° 120, note), était un homme d'affaires très entendu. Le man. 41 de la Bibliothèque renferme une partie de son rapport à l'évêque Hugues Géraud sur les affaires du diocèse; en récompense, Hugues Géraud l'avait mis sur la liste de ses ennemis (Ed. Albe, *Hugues Géraud*, etc., p. 98). Il fut curé de Cornac et de Saint-Martin-des-Bois, près Bretenoux. Voir Lacoste, *H. du Q.*, tome II, p. 431. Le mot « *écrivain* » dont il le titre, d'après Foulhiac, n'est pas précisément le mot juste.

130. — *Approbation de l'accord par les procureurs* (29 et 30 janvier 1285).

Le sénéchal Jean de Grailly, ainsi que les procureurs de l'évêque et des consuls de Cahors, approuvent l'accord du mois de juillet précédent (29 janvier 1285).

Le lendemain l'accord est approuvé par les procureurs du roi d'Angleterre : l'abbé de Saint-Maurin et Jean de *Forchetis*.

Fait à Agen, les 29 et 30 janvier, 1284.

[Charte DD 26.]

131. — *Procuration du sénéchal de Guyenne* (30 janvier 1285).

Jean de Grailly charge Armand-Guilhem de Poudans, Géraud de Saint-Jean et Gausbert Pelphi d'obtenir, pour l'accord de 1284, l'approbation du roi de France.

Agen, le mardi avant la Purification de la sainte Vierge, 1284.

[Doat, 118, fol. 198.]

132. — *Confirmation par le roi de France* (avril 1285).

Cette pièce comprend l'acte d'accord, avec les procurations ci-dessus.

[Arch. munic. DD 27, d'après un vidimus de 1306 ; copie du 17e siècle, sur papier. Doat, vol. 118, fol. 200.]

133. — *Confirmation par le roi d'Angleterre* (18 juin 1285).

Cette pièce comprend aussi l'acte d'accord et les procurations. C'est sur ce texte qu'a été faite la copie du *Livre noir* (fol. LXXX).

[Arch. munic., *Chartes*, 83 — *Livre noir*, fol. 80 — *Livre nouveau*, tome III, p. 65 — Doat.]

N° 134. 23 Juin 1285.

L'évêque et les consuls de Cahors.

Tentative incomplète d'accord (1).

Sur les articles proposés contre les consuls par l'évêque et par eux contre lui, ils tentent, d'après le conseil de bonnes gens, de se mettre d'accord. Il est proposé :

1° Que l'évêque et ses successeurs auront droit sur les amendes *(pechas)* qui seront infligées à propos des divers délits, suivant ce qui est mis dans un papier scellé du sceau des consuls.

2° Qu'ils percevront les dîmes du territoire de Toulousque.

3° Que les consuls auront la propriété des terres et des revenus qu'ils ont tenus jusque là.

4° Que l'évêque donnera et confirmera les coutumes que l'évêque Barthélémy voulut, dit-on, autrefois, accorder, telles qu'elles sont écrites sur deux peaux de parchemin scellées du sceau de l'évêque Géraud. S'il y a des difficultés, des explications ou des changements nécessaires, on s'en tiendra à l'appréciation de messire Guilhem Barasc, Guilhem-Bernard de Narcès (2), chanoines de Cahors, Gisbert de Jean, chevalier, maître Guilhem-Bernard de Belpech, Jacques Donadieu, Gér. de Cabazac, messire Gér. de Sabanac, docteur en droit civil et Gér. del toron. S'ils ne s'accordaient pas, me Guilhem Austorgue et messire Guillaumon de Jean les départageraient.

5° La dîme de Toulousque sera mise provisoirement sous séquestre

---

(1) C'est sans doute de cette pièce qu'il est question dans la note suivante : « Avem letra, sagelada del sagel nostre e del sagel de l'avesque de Cornilh, de lacordi fag entre nos e lhui sobre las cauzas que tenem e avem tengudas, cofermadas per lhui, e es en la caycha bassa am lo coberto pezan, laqual es en la cambra del cossolat ». (Arch. munic. *Livre tanné*, fol. 18 - vx).

(2) Le traducteur du *Te Igitur* a traduit ce mot par : *Narcosie !* Sur les Narcès, originaires de Montcuq, voir Ed. Albe, *Autour de Jean XXII*, 4e partie, page 159. — Nous avons déjà trouvé Guilhem Barasc. Quant à maître *Géraud de Sabanac*, docteur en droit civil, notons bien ce nom qui revient si souvent dans tous les actes de cette époque ; il s'occupera du pariage, et on le trouve jouant un rôle important dans l'acte qui fera avoir au roi la juridiction de Figeac. Il devait être de *Savanaç*, près Cahors (commune de La Madeleine). Donadieu et Cabazac sont des bourgeois de Cahors. Nous avons vu le nom d'Austorgue comme bayle de l'évêque (doc. n° 1), et plusieurs fois déjà celui de Guillaumon de Jean, panetier du roi, fondateur de la branche des de Jean de Saint-Projet.

6° Une fois les coutumes arrêtées, l'évêque et le Chapitre les scelleront de leurs sceaux.

Les consuls, pour eux et pour la ville, R[d] Fabri pour l'évêque, jurent d'observer ce que dessus. L'évêque et les consuls mettent leurs sceaux.

Cahors, l'an 1285, le samedi veille de saint Jean-Baptiste.

[Arch. munic. FF 8 — ancien n° 20 — manquent les sceaux; — *Te Igitur*, fol. XIII, éd. imp. n° 69, p. 56. — *Livre noir*, fol. B — *Livre nouveau*, tome I, p. 144. Lacoste, *H. du Q.* tome II, p. 365. Il dit que l'évêque *confirma* les coutumes. Il promet seulement de le faire après explication d'arbitres et d'experts. — Voir aussi n° 147, date de 1286.]

N° 135. 3 Oct. 1285.

Bourgeois de Cahors.

Quittance de somme reçue.

Bernarde de Cornha, femme de Gér. de Lavaur *(Lavaor)*, citoyen de Cahors, reconnaît avoir reçu, du consentement de son mari, de son procureur Raym. Daujal, une somme de 40 livres tournois, moins 2 sous, payée par Jean Jaudo, de Montpellier, qui la devait, à raison d'un legs à elle fait, sans doute par un parent commun.

Acte passé devant l'official de la curie épiscopale, le mercredi après la fête de saint Michel, (30 octobre) (1) 1285.

[Arch. munic., *Charte n° 95*, long. 0,19 sur 0,21.]

N° 136. Novembre 1285.

L'évêque et les consuls.

Son bayle et les consuls d'accord pour mettre un voleur à la question.

(Nov. 1285).

Le bayle *Jean de Vayrac*, en présence (1) des consuls et de leurs ser-

(1) Nous prenons la date de la fête ordinaire de saint Michel (le 29 septembre), et non celle de son Apparition (le 8 mai), qui n'était pas fêtée encore chez nous.

(2) En conséquence de l'accord du 23 juin.

gents, met à la torture, pour lui faire avouer son vol dans la bladerie, un certain P. Faure, de Lacapelle (Banhac), près le Trioulou (1).

[Arch. mun., *Te Igitur*, fol. XIII^{v} — éd. imp., n° 67, pp. 54-55.]

Nos 137-138. 16 JANVIER 1286.

Le roi de France et l'évêque de Cahors.

137. — *Lettre du sénéchal au sujet des appels au roi.*

Il y est dit : toutes les fois qu'on fera appel au roi, ou à ses officiers, de quelque sentence de la curie épiscopale, ces appels devront être reçus jusqu'à ce qu'ils aient été admis par la curie royale; auquel cas, on ajournera les parties devant le sénéchal pour les prochaines assises.

Petrus de Barberiaco, miles, senescallus Petragoricensis et Caturcensis pro illustrissimo domino rege Francorum, Symoni Girberti, vel ejus locumtenenti, et omnibus aliis bajulis et servientibus suis ad quos, etc. Vobis... mandamus quathenus quotiescumque appellatum fuerit a consulibus seu hominibus civitatis et ville Caturci vel ab aliquo eorumdem, pro deffectu juris vel pro pravo judicio seu falso, ad dominum nostrum regem vel ad nos, ab audientia reverendi patris episcopi Caturcensis vel ejus officialis seu prepositorum vel bajulorum ejusdem episcopi, appellationes hujusmodi, dum ad vos venerint consules et homines supradicti, recipiatis et teneatis in manu domini nostri regis et nostra, quousque de meritis apellationum cognitum seu discussum fuerit inter partes in curia domini regis vel coram nobis, et tunc adjornetis partes coram nobis ad nostras primas asizias Caturci ad procedendum in causa apellationum prout de jure fuerit procedendum. Inhibentes..... illi a quo appellatum fuerit ne appellatione pendente aliquas faciat novitates parti appellanti et si quid de novo fecerit... quod ad statum debitum reducet. Datum Caturci, die mercurii proxima post festum beati Ylarii, anno Domini millesimo ducentesimo octuagesimo quinto.

[Archiv. munic., *Livre noir*, fol. XIX$^{v°}$; Lacoste, *H. du Q.*, p. 357.]

138. — *Défense de porter devant les tribunaux ecclésiastiques les affaires séculières* (3 mai 1286).

Cette ordonnance, qui intéresse toute la province, fut rendue, dit La-

(1) On a traduit « de la Capelle, près Gréalou », dans l'éd. imp. Il s'agit de Lacapelle-Banhac, où était autrefois le chef-lieu de la paroisse de Banhac, canton de Figeac. Le Trioulou est une commune limitrophe, appartenant au canton de Maurs (Cantal).

coste, sur les plaintes qu'avaient faites les consuls contre l'official, qui voulait connaître de toutes les affaires et de tous les contrats où le serment était autorisé.

Petrus de Barberiaco, etc., universis et singulis baiulis et servientibus nostris...; vobis... innotescat nos preceptum a curia domini nostri regis habuisse quod in nostris assisiis et etiam per totam nostram senescalliam inhibeamus ac inhiberi publice faciamus universis ac singulis domini nostri regis subditis, sub pena corporum et bonorum, ne quis, pro re seu causa, de qua cognitio ad forum pertinet seculare, vel de quo cognitio ad forum ecclesie non pertineat, alium trahat coram judice ecclesiastico sive vexet, unde vobis mandamus quod predictas inhibitiones... omnibus denuntietis. Contra facientes, etc.

Datum Gordonii, die veneris post quindenam Pasche, anno Domini millesimo ducentesimo octuagesimo sexto — Sigillata sigillo parvo, cera viridi, cum simplici cauda pargameni.

[Arch. munic., *Livre noir*, fol. XIX; Lacoste, *H. du Q.*, tome II, p. 365.]

N° 139. 29 Mai 1286.

Actes des consuls.

Ils cèdent provisoirement leurs droits de patronage sur la chapellenie Dellart.

Les consuls accordent qu'après la mort « d'en B. Peire », dit Lafon (nommé en 1281), Bertrand Dellart, fils de G^mon^ Dellart, bourgeois de Cahors, pourra leur présenter quelqu'un à qui ils confèreront cette chapellenie (1).

Le mercredi après la Saint-Urbain, 1286, au mois de mai.

[Arch. municip., *charte 10* (anciens n°s 330,15) long. : 0,22 sur 0,19. — *Livre nouveau*, tome II, page 444.]

N° 140. 28 Juin 1286.

La navigation du Lot.

Nouvelles formalités au sujet de l'accord de 1284 (28 juin 1286).

Les procureurs de l'évêque et des consuls présentent à Raymond Marquès, receveur du roi d'Angleterre en Agenois, et à Bernard de Saint-Loup, juge-mage d'Agenois, une pièce, scellée des sceaux de

(1) Voir les n°s 66 et 109.

l'évêque et du Chapitre, approuvant la transaction de 1284, et une lettre, scellée du sceau de l'évêque, reproduisant l'approbation de Philippe le Hardi. Les officiers anglais montrent les lettres d'approbation du roi d'Angleterre, duc de Guyenne. La copie n'était pas bonne. Le procureur de l'évêque, Me Gausbert Pelphi, en exige la correction; celui des consuls, Jean Martin, demande une copie.

Il est décidé que la copie sera déposée, avec le consentement de l'évêque et des consuls, dans le couvent des Frères Mineurs ou Prêcheurs de Cahors, mais que, avant Noël, on enverra une copie meilleure, scellée du sceau du roi Edouard.

Villeneuve d'Agen, le vendredi en la vigile des SS. Pierre et Paul, 1286.

L'évêque et les consuls nomment des procureurs pour obtenir du nouveau roi (Philippe le Bel) son approbation de l'accord : maîtres Ancelin de Montaigu, Pierre d'Orlhac, alias Buffet, Pierre Salamon, Bernard Fabri et Bertrand Deugot (*sic* dans Doat), clercs. Le receveur susdit et le juge-mage feront confirmer l'acte par le sous-sénéchal d'Agenais, Raymond de Campagne (cette confirmation eut lieu le dimanche).

Le samedi suivant, les procureurs de l'évêque et des consuls mettaient la lettre du roi d'Angleterre en dépôt entre les mains du prieur des Frères Prêcheurs de Cahors, Arnaud de Jean.

[Doat, vol. 118, fol. 218 à 226. L'original a disparu des archives municipales.]

Nos 141-142. Avril, Mai et Août 1286.

—

Le roi de France et l'évêque de Cahors.

Intervention du roi dans les démêlés de l'évêque et des consuls.

141. — Citation de l'évêque aux assises du 14 mai (1er avril 1286).

Le sénéchal écrit à Symon Girbert, sergent du roi à Cahors, qu'il a reçu du Parlement l'ordre de s'informer si les lettres reçues par l'évêque (1), à l'insu des consuls, sur le fait de la monnaie, ont été obtenues au préjudice d'un accord fait jadis (2) entre l'évêque et les consuls à ce

(1) Nous n'avons pas ces lettres. Nous savons, par des rapports de Gaubert Pelphi, que l'évêque Raymond était allé lui-même à Paris.

(2) Il y eut deux accords ou tentatives d'accord (voir documents, nos 111-112 et 134).

sujet, et dans ce cas il doit les annuler. Le sénéchal mande au sergent de citer l'évêque à comparoir aux prochaines assises de Cahors pour cette information.

Cahors, le lundi avant la fête des Rameaux, 1286.

142. — ASSISES DE CAHORS (mai et août 1286).

Le mardi après le mois de Pâques, furent tenues les assises. Les consuls demandèrent l'exécution de l'arrêt ci-dessus, mais les procureurs de l'évêque (celui-ci ne se présenta pas) dirent qu'ils n'avaient pas de lettres telles qu'il était dit dans l'arrêt, c'est-à-dire obtenues à l'insu des consuls et à leur préjudice.

Aux assises suivantes, qui eurent lieu le lundi après les octaves de l'Assomption de la sainte Vierge (26 août), l'évêque comparut avec les consuls. Il dit n'avoir pas reçu les lettres dont il est parlé dans le communiqué du Parlement, ni même aucune lettre sur le fait de la monnaie, qui soit au préjudice des consuls ou contraire à un accord fait avec eux.

[Arch. munic. DD 10 (ancien n° 9); acte en latin, ainsi analysé au dos du parchemin : « Accord passé entre l'évêque et les consuls pour raison de la fabrique de la monnaie. », long. 0,23 sur 0,27.]

N° 143. AOÛT 1286.

Les bourgeois de Cahors.

Testament de Sibylle de Jean, veuve d'Arnaud Bérald, fille de Gaucelm de Jean.

Ce testament mériterait d'être cité en entier. Voici ce qui intéresse Cahors : ces détails inédits ne seront pas inutiles pour l'histoire de la ville.

Elle veut être ensevelie en l'église des Frères Prêcheurs, à côté de son mari : legs importants pour le couvent; fondation de messes, dont la rente est mise sur des maisons situées en dehors du portail Albenc; legs aux églises de Cahors (1) et au Moutier (cathédrale), ainsi qu'à quelques clercs en particu-

(1) Toutes sont nommées, soit pour la obra *(fabrique)*, soit pour le luminaire, soit pour aumônes aux pauvres de la paroisse, soit pour honoraires aux clercs, soit pour tout cela à la fois. Pour la cathédrale : « à la obra del mostier de mossenhor San Estephe :

lier; fondation à Saint-Géry de Cahors d'une chapellenie dont les revenus sont sur les « molis pilencs » qu'elle a fait faire à la borie des Berald; legs aux chapelles ou églises de Saint-Pierre de la Orta, de Saint-Jean, de Saint-Martin, de Sainte-Croix, de Sainte-Marguerite-de-Montari, de Saint-Michel (1); aux ordres religieux, y compris les Bénédictines de la Daurade (2), et à divers religieux en particulier; aux hôpitaux, aux deux malauderies (3), aux reclus de Saint-Julien de Labeyne et des Balmes; à la chapelle de sa borie (4); à la fin, legs pour la maison du Temple et pour la maison de Grandmont de Cahors (5). Pour les environs, notons des legs aux religieuses des Bouysses, aux églises de Pradines (6), Caillac, Boissières, Calamane et Velles (Vers); aux hôpitaux de La Roque-des-Arcs et de Saint-Rémy (Labastide-Marnhac), fondé par Guillaumon de Jean; à la maison de Molières (Saint-Pierre-Liversou, c^ne de Francoulès), etc. (7).

---

50 sols; a la lhuminaria de mossenhor San Salvador, 10 sols *(Saint-Suaire,* croyons-nous); al tocasenh del dig mostier, 5 sols ». — Pour Saint-Maurice, on rendra le missel qui était en gage chez elle. — Pour Saint-Urcisse, legs spécial « à la candele Nostra Dona de las clotas »; le recteur de St-Laurent est nommé : *Guimari.*

(1) A noter qu'il y a d'abord : « a la glieia de S. Johan 3 s., a la luminaria 5 sols »; et que, un peu plus loin, Saint-Jean est compris avec les autres chapelles, pour le luminaire. Y avait-il deux églises Saint-Jean? Voir document n° 104. — L'église de Montari est nommée dans l'acte de 1288 (doc. 157, art. 27) et dans Lacroix, *Series*, etc., p. 251; trad. Ayma, tome II, p. 155; ici elle est identifiée avec Sainte-Marguerite, près La Roque.

(2) La Daurade reçoit 20 sous pour la mense *« la taula »* des religieuses *« morguas »*, 20 sous pour *la obra*, 5 pour le luminaire, 10 pour la chandelle de Notre-Dame, 5 pour les chemises des pauvres.

(3) Elle donne 20 sous à chacune, plus 5 sous pour le luminaire de la chapelle et une chemise pour chaque lépreux. Elle lègue notamment à l'hôpital de Soubirous (lequel?) un lit garni pour faire coucher les pauvres; à celui de la Grand-Rue, outre une somme de 20 sous pour réfection, 30 sous de rente pour l'entretien des lits qu'elle a déjà donnés; rente sur une maison près de Notre-Dame de Soubirous.

(4) En dehors de cette chapelle, Labéraudie n'eut d'église qu'au XIXe siècle.

(5) Daymard, *Le vieux Cahors*, p. 83. — Pour les Grandmontais (p. 99), rappelons que l'auteur reproduit l'erreur de Lacoste, qui appelle ce prieuré de *Caturco Petroso;* il faut couper ce nom et voir deux prieurés, celui de Cahors, et celui de Peyroux *(Petroso)*, dans la paroisse d'Issepts où il en reste encore des ruines.

(6) « A la obra de Mossenh S. Marsial de la glieia de Pardinas », 100 sous, et au luminaire, 10 s.; les Bérald prenaient une partie des dîmes de cette paroisse: elle les lègue à P. Berald, son fils.

(7) Legs aux maisons de Belleperche (diocèse de Toulouse), de Leyme, d'Obasine ou plutôt de Coyroux, près Obasine; aux Frères Prêcheurs de Figeac et de Montauban; aux Frères Mineurs de tout le diocèse. — Legs à divers personnages, comme Guillem d'Aragon, chevalier, Hugues Ot ou Othon (de Camboulit), damoiseau; legs à ses serviteurs et bergers, etc.

Elle a un frère, Gaucelm Johan, dans l'ordre des Frères Prêcheurs; un gendre dans une branche de la famille de Jean à laquelle elle appartient, Guillaumon de Jean, deuxième du nom, dont le fils Raymond épousera une petite nièce de Jean XXII. Ses fils sont : Arnaud, l'aîné (voir document n° 189), père d'un autre Arnaud et d'Alamande, Guillem, Pierre; ses filles : Barrane de Jean, et Bernarde, qui a un fils du nom de Jaime; elle a pour neveux Jaime Donadieu et sa sœur Jacquette.

Le testament est daté du 1er août 1286, en sa borie, « boria de la dicha dona de la Beraudia ».

Un codicille, daté du lendemain, renferme quelques petits détails intéressants.

L'ouverture du testament fut faite par l'official le 19 août.

[Biblioth. nation., Cabinet des Titres, *Pièces orig.* 292, pièce 2.]

N° 144. NOVEMBRE 1286.

La navigation du Lot.

Travaux à faire jusqu'à Bordeaux.

Les consuls de Cahors délèguent Pierre Gonel, Jean de Cas et Raymond Chat, pour s'occuper des péages et des travaux intéressant la navigation du Lot jusqu'à la ville de Bordeaux et y veiller.

Cahors, le mercredi avant la sainte Catherine, 1286.

[Arch. munic. DD 28, parchemin, autrefois coté 7, de 0,20 sur 0,24, reste de sceau; copie du 17e siècle sur papier. — *Livre nouveau*, tome III, p. 71. — Doat, vol. 118, fol. 215. — Cf. Dufour, *Commune*, etc., p. 54.]

N° 145. 18 Nov. 1286.

Le roi de France et l'évêque de Cahors.

Lettres de son sénéchal, P. de Barbery, au sujet des testaments.

Il écrit au sergent du roi à Cahors, Colin, que l'évêque et son official font des règlements, au sujet des testaments et autres choses, qui grèvent les habitants. On ne peut pas laisser de telles nouveautés s'établir : ce serait contraire au droit et à l'honneur du roi de France. Le sergent devra faire, par la saisie du temporel, si c'est nécessaire, que l'évêque et l'official se contentent de ce qui était jusque-là en usage.

Petrus de Barberiaco, etc... dilecto suo Colino, servienti de Caturco pro... domino rege, vel ejus locumtenenti.... Nemini sane mentis venit in dubium quin bonus subjectorum status et tranquillitas cedant ad domini regis commodum et honorem. Inde est quod, sicut intelleximus, episcopus Caturcensis et ejus officialis, cum statutis et ordinamentis, parrochianos suos, circa testamenta et alia, indebite oprimere satagunt, ipsos compellendo per censuram ecclesiasticam ad quasdam novitates, ultra modum acthenus consultum; unde, cum juri domini regis, qui nunc est, magna detractio fieret et honori, si suo tempore ejus subjecti, ultra modum predecessorum suorum, indebitis exactionibus et oppressionibus gravarentur, mandamus vobis, sub virtute prestiti juramenti, quathenus episcopum et officialem predictos, per captionem bonorum temporalium, prout justum fuerit et ad vos pertinet, faciatis esse contentos juribus et perceptionibus debitis et acthenus consuetis.

Datum Caturci, die lune in octavis beati Martini Yemalis, anno Domini millesimo ducentesimo LXXX sexto. Sigillata sigillo parvo, cera viridi, cum simplici cauda pargameni.

[Arch. munic., *Livre noir*, fol. XIX[v]. — Lacoste, *H. du Q.*, tome II, p. 365-366. — Voir document n° 158.]

N° 146. 30 DÉCEMBRE 1286.

Bourgeois de Cahors.

Affaire Raymond Rubei et Raymond Fromentin.

Raymond Rubei, fils de feu Pierre (1), déclare à Raymond Fromentin qu'il a remis, à Paris, à Bernard de Beaufort, deux actes, scellés, l'un du sceau de l'officialité parisienne, l'autre du sceau du prévôt de Paris, où se trouvaient indiquées les dettes de Pierre de Bouvila (*Vourcla*, ailleurs *Bouvillar)* et de sa femme envers R[d] Fromentin, G[me] Vigier et R[d] Rubei. Il lui avait dit de ne donner ces actes audit Pierre et à sa femme que s'ils payaient à l'un ou à l'autre des créanciers et en montraient quittance.

Acte authentiqué par l'official de Cahors.

Le lundi après la fête de Noël « M CC octuagesimo secundo » (2).

[Arch. munic., *Chartes*, n° 93 — long. 0,22 sur 0,18.]

(1) Voir document n° 94.

(2) C'est donc par erreur que ce document est placé ici. Nous avons eu le tort de laisser en tête de l'analyse la date de 1286, mise sur l'inventaire de la Bibliothèque, au lieu de la date de 1282. La feuille précédente était tirée quand nous avons remarqué la faute.

N° 147. 1286.

L'évêque et les consuls.

Nouveau projet d'accord (?).

Lacoste dit que, cette année-là, l'évêque dut faire, avec les consuls, un accord au sujet de la juridiction, par lequel il fut décidé que les amendes appartiendraient aux seuls consuls, que les rôles des condamnations seraient déposés entre les mains du gardien des Frères mineurs, que les consuls auraient maison commune, sceau, archives, syndic de communauté, etc., et que cet accord ne satisfit pas encore « ces magistrats ambitieux ». Il ne donne aucune référence. Si la pièce était jadis aux archives municipales, elle aurait donc disparu.

(Lacoste, *Histoire du Quercy*, tome II, p. 366 et p. 365 ; ainsi qu'on l'a vu (document n° 134), il avait parlé du projet d'accord de 1285, mais pas de façon bien exacte. Nous craignons qu'il n'ait fait deux actes du même document.)

N° 148. 31 Mai 1287.

Le Pont Neuf.

Bail à besogne pour la construction des arches.

Les consuls font un bail avec le maître maçon Arnaud Delbosc, au sujet de l'achèvement du pont Neuf. L'entrepreneur s'engage à faire cinq arches sur les piles déjà bâties, à fournir bonne pierre, chaux, sable et bon mortier, pour le prix de 25.000 sous caorcens (chaque arche pour 5.000 sous) ; le tablier et le garde-fou, d'un bout du pont à l'autre (ce qui fera la longueur de sept arches pour la somme de 100 livres (2.000 sous) caorsines ; le garde-fou aura 3 pieds au-dessus de la chaussée du pont).

Il est entendu que l'arche du milieu sera élevée de cinq cannes au dessus des piles du milieu (la clef de voûte de l'arceau devant être de deux cannes au dessus du niveau atteint par la crue du Lot lors de la dernière inondation, le 7 décembre 1282) (1) et que la dernière arche, du côté de la ville, sera de onze palmes plus basse que l'arche du milieu. Il s'engage à bâtir les arches dans deux ans et le tablier dans l'année qui suivra.

---

(1) Cette grande crue est indiquée par l'abbé de Foulhiac.

Les consuls, en retour, promettent de faire tirer à leurs frais la pierre des carrières communales, notamment de celle du pied du mont Saint-Cirq ; et de lui procurer des maîtres-maçons et charpentiers de Cahors, quand il le leur demandera, moyennant un salaire qu'il devra leur payer ; et ils lui donneront les 27.000 sous demandés (25.000 pour les arches, et 2000 liv. pour le tablier) ; ils lui donneront en outre une bonne robe (1), d'une valeur d'environ 10 livres ; plus 30 livres caorsines, sur les cent autres livres qu'ils avaient retenues, parce que le dit entrepreneur n'avait pas bien observé un premier forfait qui avait été réglé entre eux pour la construction des piles.

Il est entendu que si quelque crue du Lot enlevait ou gâtait les bois des cintres qui seront montés pour construire les arches, les consuls lui tiendraient compte du dommage ; mais lui s'engage à enlever ces cintres dans le courant de l'année qui suivra la pose de la clef de voûte de l'arceau ; sinon on ne lui devrait, en cas de perte, aucune compensation.

De plus il ne mettra pas les cintres et ne fera pas les travaux de fermeture des arceaux dans l'espace de temps qui s'écoulera entre la Saint Michel (29 septembre) et le mois de mars (pour éviter les crues plus fréquentes en cette saison).

Le reste n'est plus que la formule de tous les engagements analogues. Nous n'en donnons qu'une partie : les consuls paieront aux termes convenus, sauf, en cas de retard par leur faute, dommages et intérêts ; le maître entrepreneur promet également de tout terminer dans le temps marqué.

Pour la facilité de la lecture nous mettons les accents sur la préposition *à* et les apostrophes. Le parchemin, sauf quelques mots, est assez lisible, mais le texte n'en est est pas toujours bien clair pour un profane. Raphaël Périé (*H. du Q.*, tome II, 1re partie), en s'en tenant à l'indication écrite au dos, a compris que les 27.000 sous de la construction des arches étaient « la dépense totale » du pont et n'a pas remarqué que les piles étaient déjà bâties.

Conoguda causa sia a totz aquels que aquesta prezen carta veiran ni auziran que nos Jaime Donadio, en W. Arcambal, en Joan de Ratier, en Arn. Huc, en P. Grauliera, en Joan de Cazals, en Arn. de Maradena, cossols de Caortz, establit personalmen... davan vos Ger. de Lac, tenen lo sagel de nostre

(1) Le mot *rauba* peut signifier le vestiaire complet.

senhor lo rei de Franza pauzat en la bailia de Lauserta (1) en Caerci, per nos e per totz los autres cossols,que so e que seran apres nos,de Caors, e per tota la universitat de Caortz, etc., d'una part; e io maestre Arn. del bosc, massos (*maçon*), ciotadas de Caors, d'autra part, e per mi meseih (*moi-même*) e per mos heretiers e successors, ab gran cosselh e ab entiera deliberacio, que nos e cascus de nos avem agut sobre totas las causas e cada una, en questa prezen carta escrichas e contengudas; avem parlat e fag preffag (*fait un forfait*) entre nos cossols de Caors sobredigs,d'una part, ab vos maestre Ar. del bosc,nostre ciotada avandig; e io maestre Ar. del bosc, massos avandig, ab vos senhors cossols de Caortz desus digs d'autra part, de la obra e sobre la obra del pont del port Bullier de Caortz, que deu esser fags e bastit al flum d'Ot, davant las maihos dels fraires Prezicadors de Caortz e davant la maiho de las morgas (2), en aital maniera :

So es assaber que io, maestre Ar. del bosc avandigs, deg (*dois*), e vos prometi à far, el dig pont de port Bullier e sobre aquelas pilas que isso fachas (3), el dig flum d'Out, sinq arcuoutz (*arches, arceaux*) de bona petra e de cautz e d'arena e de bo mortier, razatz e aparelhatz, cascu tro, al pazimentar (*pavé, chaussée du pont*), pel pretz de XXV melia sols de Caorcens, so es assaber cascu dels digs V arcuoutz per V melia sols de Caorcens. E deg (*je dois*) e prometi mai far, io, maestre Ar. del bosc desusdig, à vos senhors cossols avandigs, totas las espondas (*le tablier et le garde-fou*) del dig pont dala 1 cap (*d'une tête, d'un bout*) tro à l'autre, tant cant deuran li VII arcuotz (4) que iisseran (*y seront*) fags, de bona obra.... de tres pes sobre el paviment del dig pont, e la sobranatiera de las dichas espondas, io deg vos i far de bos braziers (*pierre de taille*), en aquela maniera que so fachas aquelas del pon sotira (5), de la peira de Caortz, per pretz de C libras de Caorcens.

E per razo d'aquest preffag e per razo d'aquest contrag et d'aquestz covens (*de ces conventions*), vos deg e vos prometi, io maestres Ar. del bosc sobredig, levar l'arcuout del pont que ier (*sera*) meglagas (*au milieu*), sobre la obra

---

(1) Chef-lieu de canton de l'arrondis' de Moissac (Tarn-et-Garonne); était alors chef-lieu de baylie royale ; là se trouvait le sceau du roi pour authentiquer les actes. On allait à Domme pour la région de Gourdon, à Fons pour la région de Figeac. Il y a une bonne monographie de Lauzerte par M. l'abbé Taillefer, curé de Cazillac.

(2) Les religieuses bénédictines de la Daurade.

(3) Les piles avaient permis d'utiliser le pont au moyen d'un tablier de bois.

(4) Le pont, tout compris, aura sept arches, dont une, à chaque bout, pour les ponts-levis.

(5) Le pont de dessous, le pont d'aval; c'est le pont Vieux.

velhia de las doas pilas meglaganas (*du milieu*) e d'aquela obra velhia à ensus (*au dessus*), de l'aut (*d'une hauteur*) de v canas, en aichi quant de la obra velha de las dichas doas pilas megleganas à ensus autra v canas d'aut, lo dig arcuout tro al paviment de sul pont, e mai, aitant quant perportara la obra; si que lo dig arcuotz aura tant d'aut de la vota en jos que aura de vueg doas canas sobre lo (1)..... d'aqui en la grans creguda del flum d'Ot paget (*passa*) en l'an de la encarnatio de nostre Senhor MCCLXXXII, lendema de la festa S. Nicolau d'ivern; el arcuout darier, que es a far el dig pont davas la vila, vos deg e vos prometi redre obrat plus bas XI palms que l'aut del dig arcuot meglega no montara (2). Enquera vos prometi, io maestre Ar. del bosc de sus dig, à vos senhors cossols sobre digs, que io la dicha obra dels digs v arcuotz e totas las espondas de tot lo dig pont en la forma e en la maniera devant dicha vos fariei e vos cumplirici be e lealment a bona fe, e prometi vos mai, e vos covenh mai, io maestre Ar. del bosc, à vos senhors cossols sobredigs, que io vos tendriei, ab la ajuda de Dio, cascu dels digs arcuoutz, junh que l'auric fag a bastir e cumplir ferm e estable, 1. an (3). Si tant era que, per o fauta de poazo de pila nos perdes (*il se perde*), de que Dios agart e o defenda, car adonc non nonh seria tengutz; e tota aquesta obra desus dicha dels digs v arcuotz del dig pont de port bullier de Caors, io, maestre Ar. del bosc devandigs, deg e prometi à vos, senhors cossols, aver facha e cumplida be e entieramen, d'aquesta festa de paschas que es passada propdanamen apres .... (4) in aquesta carta, à dos ans, pel pretz de XXV melia sols de caorcens, cum aichi es desus dig. E de totas las dichas espondas de tot lo dig pont dala 1 cap à l'autre, tant quant li VII arcuout monto e duro e teno, deg e prometi aver fachas et cumplidas a bona fe, de la dicha festa de paschas que passada es propdenamen à tres ans apres, per pretz de las dichas C libras de Caorcens, en la forma e en la maniera desus dicha. E deg vos e prometi mai far e bastir, à vos senhors cossols, sobre el dig pont IIII ichidas (*portes*), en aichi e en tal maniera cum so fachas e bastidas sobre l'autre pont sobira, de la petra de Caortz, e à certal chambranle, de bos braziers e de bona arena e de bo mortier.

E nos, cossols de Caortz, sobredigs, per nos e per tota la universitat de Caortz, e per nostres successors cossols que seran apres nos de Caortz, pro-

(1) Mot illisible; l'idée est que la clef de la voûte de l'arceau sera de deux cannes au dessus du niveau atteint par la dernière crne du Lot, tandis que la hauteur au dessus des piles déjà faites sera de cinq cannes au moins.

(2) L'arche près de la culée sera de 11 palmes moins haute que l'arche du milieu.

(3) Ce passage n'est pas très clair. Il faut voir ce que disent plus bas les consuls.

(4) Mot surchargé illisible.

metem e covenem fermamen à vos, maestre Ar. del bosc. masso,... que nos aurem e nos tendrem segura la periera nostra del pe del pug de St-Circ (1) e mai d'aquela den Joan Vota, que fo den P. Germon, aitant cant n'aura mestier à la dicha obra, al nostre cost e à la nostra despessa, e à la nostre messio. E devem nos mai far aver à vos... à obs de far e d'obrar en la dicha obra, de totz aquels maestres massos e carpentiers de Caortz, cant nouh requerretz, o nostres successors... si donx li dig maestre no ero en tals obras don no poguesso ichir, ni aquelas laichar bonalmen e ces gran dampnatge, en aichi empero e en aital maniera que vos lor donaretz e lor pagaretz lors loguiers acostumatz e usatz en la vila de Caortz. E enqueras nos prometan... que nos à vostres certz comandamens nos redram e nos pagarem bonamen e francamen... à vos o à vostre cert comandamen losdigs XXVII melia sols de caorcens del dig preffag de tota la dicha obra de tot lo dig pont, so es assaber de cascu arcuout V^m sols, e cent libras per las dichas espondas en aichi cum vos auran mestier à metre e à despendre en la dicha obra e per obs de far e bastir la dicha obra del dig pont de port Bullier.

E mai devem vos donar e pagar..... per razo del dig preffag, otra totz los digs XX VII melia sols de caorcens del pretz fag de tota la dicha obra del dig pont, una bona rauba tro à la valor de X libras de caorcens e mai XXX libras de caorcens, per razo d'aquelas C libras de caorcens que nos reteniam (*retînmes*) à pagar à vos per la defauta de la dicha obra que vos deviatz mai aver facha en las dichas pilas, otras tot a quo que fag a bastir i aviatz per l'autre preffag que nos fazem (*fîmes*) ab vos de levamen de las dichas pilas (2). E es estat empres e covengut..... que si la fusta de las sindras que vos..... faretz e metretz els arcuoutz del dig pont, per creguda de l'aiga del flum d'Out o per pertrag (*épaves*) que l'aiga aportes, s'afolava, o s'abatia, o s[e] perdia, Dios que no gart, e per aquo enqueras se perdia la obra de la peira que aquelas sindras sostenrio (*que ces cintres soutiendraient*), en aquest cas, vos, maestre Ar. del bosc, no seras tengutz à nos..... daquel dampnatge emendar, ans nos deuram (*devrions*) nos emendar a vos aquel dampnatge en aquel cas, e aisso en aquest cas es entendut tro que vos, maestre Ar..., aguessetz los digs arcuoutz sarratz e claus e que aguesso estat claus evant 1. an.

E despuih que li dig arcuout serio claus enout (?), dins 1. an après, io, maestre Ar. del bosc, los deg e los vos prometi aver dessindratz, e deg aver ostada tota la fusta de las sindras, si que, per defauta de sindrar, à vos senhors cossols

---

(1) C'est sur l'emplacement de cette carrière qu'est bâtie la maison Vinel, au pied du mont Saint-Cirq, à l'entrée des combes Ruffenques. Voir plus haut, document n° 89.

(2) Il y avait donc eu auparavant avec lui un prix fait pour les piles et l'entrepreneur n'avait pas sans doute tenu tous ses engagements.

ni à la universitat ni à mi ni à la obra deldig pont non sera datz dampnatges. E manda vos e vos prometi mai que io noi tendriei ni i metriei sindra ni volveriei arcuout (*ni je ne ferai la voûte d'une arche*) del dig pont nil sarrariei (*ni je ne le fermerai*) da la S. Miquel entro al mes de mars, e tot en aichi, coma desus es dig e contengut en aquesta prezen carta.

E prometem e covenem, nos cossols...., à far e acumplir e à pagar à vos.... e nouh (*nous y*) obligam à vos..... totz los bes de nostre cossolat e de la universitat de Caors. E prometem nos mai que si, per defauta o per tardamen de pagas de la soma dels digs XXVII. melia sols..., que nos devem pagar en la maniera sobredicha, vos faziatz o sosteniatz alcus costamens o dampnatges o enteresse, que nos totz aquels costamens... vos redessem e vos emendessem, e nob (*nous nous y*) acordaram ab vos al esgart (*suivant l'arbitrage*) de prosomes.

E io, maestre Arn..., prometi..... que men obligui vas vos,mi, e totz mos bes mobles e no mobles, que aoras iei ni (*et*) per aenant auriei per totz lox, que io la dicha obra el dig preffag vos fariei e vos compliriei, pel dig pretz, aichi cum desus es dig, dins lo dig terme, be e leialmen e a bona fe, e que ja no vendriei en contra.....e si per defauta de mi,ni (*et*) d'aquelas cauzas qu'io deg far el dig pont, vos..... sofriatz dampnatge..... prometi vos, sotz obligatio de totz mos bes, que io voh (*vous y*) gardaria de tot dan, a la conoguda de prohomes, etc.

(Série de formules pour les garanties réciproques. Les consuls s'engagent envers ledit maître maçon et sa femme; le maçon et sa femme s'engagent envers les consuls.)

Fait à Cahors, l'an 1287, le dernier jour de mai.

Etaient présents Pierre de Jean, Arnaud Maury (*Maurini*), Bern. de Gerva (?), Guilhem Dartis, Me Adhémar de Jornac, citoyens de Cahors.

Notaire, Me Guilhem de *boigis* (de Lasbouygues), qui a mis son seing.

Et le garde du sceau royal de Lauzerte a authentiqué.

[DD 42 (anciens nos 40 et 73) — parchemin auquel manque le sceau, long. 0,45 sur 0,36 — M. Daymard ni M. Dufour ne citent cet acte.]

N° 149. Août 1287.

L'évêque et les consuls.

La réponse du Parlement au réquisitoire de l'évêque.

Arrêt rejetant les conclusions de l'évêque (1) comme n'étant pas selon les formes, et de plus parce que le roi ne peut accepter certaines prétentions qui le touchent lui-même: c'est depuis un temps immémorial que les Consuls tiennent et reconnaissent tenir de lui et de ses prédécesseurs le consulat, etc. L'arrêt demande que l'évêque fasse régulièrement ses preuves, et on lui fera droit. On reconnaît, d'ailleurs, qu'il n'est pas homme à faire contre le roi ou ses sujets une demande qu'il ne croirait pas bonne et légitime.

[Arch. munic., *Te Igitur*, fol. XV — édit. imp., n 72, p. 61. Quelques petites erreurs: p. 61, Nel de Begos, est pour N. Hélie de B.; p. 62, *ancessors* est mal traduit par *ancêtres :* il s'agit des *prédécesseurs*, au nombre desquels il faut compter les comtes de Toulouse; p. 63, on n'a pas su lire le mot *Solonha* du manuscrit : Pierre de Mornai était archidiacre de Sologne, etc.]

N° 150. 25 Août 1287.

L'évêque et les consuls.

Présentation de bayle.

Me Géraud Daymar (*Adhemari*), clerc et procureur-fondé de l'évêque, s'adressant aux consuls Hélie de Bégous, Gaucelme de Vayrols, Bern. Maury *(Maurini)*, Jean Poujade. Gér. de Cazèles, Pierre Boysse *(Boycha)*, Bern. Cornhet, qui sont là pour les autres consuls et la communauté de Cahors, leur présente,en qualité de bayle de la temporalité de l'évêque, *Géraud Escudié*, laïque, citoyen de la ville, lequel se dit nommé par ledit évêque et prêt à jurer selon la forme prescrite par les coutumes ; (suit cette formule) ; quand il a prêté le serment, les consuls le reçoivent comme bayle.

(1) Cette pièce est un commencement de réponse au factum de Raymond de Cornil. On y a résumé la partie la plus importante de ses protestations (voir le n° 120) — Lacoste, qui l'a connue, s'est trompé sur le fond du débat (tome II, p. 366). Il a cru qu'il s'agissait de casser l'arrêt de 1271 qui accordait à l'évêque les amendes encourues (voir doc. n° 82) — cf. Dominici, article *Raymond de Cornil*, dans la 2e p. de son *Histoire du pays de Quercy* (Biblioth. munic.).

Fait à Cahors, dans les maisons du consulat qui furent les maisons de Baussa, en présence de Me Guill. de Sabanac, Me Arnaud Pelegri. clercs, de Bertr. de Cazèles, Pierre de Jean, Pre de Soblessas, Bern. de Jean, Astorg Peyrolier, Gme de Lerm, Pre de Salvanic, Jacques Donadieu, Gme Arcambald, Arn. de Cazèles, Bern. de Fourez, Gme Trian (1), Benoît Castan, Pre Granhère, Gaucelme de Jean.

Notaire, Hugues Dominique Sans-Peur *(Sine timore)*, clerc de Cahors, notaire par autorité apostolique.

[Archiv. munic., *Livre nouveau*, tome I, p. 118 (voir document 184 pour nouvelle présentation de ce même personnage comme bayle) — Cf., pour le serment du bayle, le *Te Igitur*, fol. XVI, éd. imp., p. 67, n° 78; et Dufour, *Commune*, etc., p. 138, n° 47 des Coutumes.]

N° 151. 16 Septembre 1287.

Les consuls et le Chapitre.

Droits du Chapitre sur la Bladerie.

Le chanoine Guilhem Bertrand donne quittance aux consuls d'une somme de 10 livres, sur les 20 livres que les consuls devaient payer au Chapitre pour la maison de la bladerie (2), chaque année, à la Saint-Salvy (3); de ces 10 livres, 100 sols lui revenaient pour sa prébende personnelle et 100 sols pour la prébende de feu Geoffroy de la Rochelle (4) *(de Rupella)*, dont il était sans doute l'héritier.

Cahors, le mardi après la fête de l'Exaltation de la Sainte Croix.

[Arch. munic. CC, 52, copie sur papier, jadis numéroté 15.]

---

(1) Mari de *Huguette Duèze*, sœur du futur Jean XXII. Il fut père d'Arnaud de Trian, que le pape créa administrateur du Comtat Venaissin et maréchal de justice.

(2) La halle au blé avait dû être bâtie sur un terrain appartenant au Chapitre.

(3) Évêque d'Albi, fête le 10 septembre (voir doc. n° 155).

(4) Nos marchands de Cahors faisaient le commerce avec la Rochelle et y possédaient maisons et comptoirs. Des gens de cette ville pouvaient donc venir s'établir chez nous.

N° 152. 4 JANVIER 1288.

L'évêque et les consuls.

Le terroir de Toulousque.

L'évêque donne quittance aux consuls Hélie de Bégoux et Guillaume de Vairols, qui représentent les autres consuls, pour tous les fruits qu'ils ont, indûment d'après lui, perçus du territoire de Toulousque (1), sur la dîme et biens de dîme de ce territoire. Il ne réclamera rien pour le passé, ni pour les dépenses que les difficultés soulevées lui ont fait faire. La dîme du blé, du vin et du foin de ce territoire appartiendra désormais à l'évêque et au Chapitre, ainsi que l'ont reconnu les consuls (2).

Cahors, le lundi avant l'Epiphanie, 1287.

[Arch. munic. FF 9 (anciens n°s 38 et 14), parchemin orig. auquel manque le sceau — long. 0,16 sur 0,29, copie du 17e siècle, sur papier.]

N° 153. 14 JANVIER 1288.

Les consuls et l'évêque.

Présentation de bayle.

Maître Austorge Peyrolier, procureur de l'évêque Raymond de Cornil, présente, dans la maison du consulat, aux consuls Hélie de Bégous, Gér. de Cazèles, Bernard *Maurini*, représentant les autres consuls de la ville de Cahors, pour bayle, *Arnaud de Jean*, citoyen de Cahors (3), qui prête aussitôt le serment d'usage : après quoi les consuls le reçoivent.

Témoins : Jacques Donadieu, Pierre de Jean, Pierre de Salvanhic, Bern. de Fortz, Hugues de Bonet, Jean Ratier, Gisbert Audebert, Arn.

(1) Nous avons vu combien ce territoire était débattu entre l'évêque et les consuls (voir documents n° 81, art. 13 et 14; n° 120, art. 92 à 97; n° 121, art. 17; n° 134, art. 2 et 3, etc.).

(2) Comme nous sommes loin du ton du factum de 1283-1284 (n° 120).

(3) En sa présence, le 6 mai 1289, Estienne et P., du port de Capdenac, sont reçus citoyens de Cahors et prêtent serment (*Te Igitur*, fol. xxv^{v} 2e col. — éd. imp. p. 113, n°s 275 et 276). On trouve, en 1329, Arnaud de Jean, bourgeois : c'est peut-être le même.

Maurini, Gér. del Pech, marchand, Pierre Gonel, Raym. Lhautier ; notaire : Raymond Philippi.

[Arch. munic. AA 3 (anciens nos 39, 12, 21 ter.) — parchemin de 0,41 sur 0,44 renfermant cet acte (0,13 sur 0,40) et un autre analogue du 7 août 1293 (v. document n° 184) où sont les lettres de pouvoirs données par l'évêque (0,20 sur 0,40). Il y a une copie sur papier du premier acte faite au XVIIe siècle. — *Livre nouveau*, tome I p. 134.— Lacoste *H. du Q.*, tome II, p. 372.]

N° 154. JANVIER-FÉVRIER 1288.

Actes des consuls.

Le commerce. — L'entrée des vins de Cahors à Bordeaux.

A. — ACCORD ENTRE LE SÉNÉCHAL ANGLAIS, JEAN DE GRAILLY, ET LES CONSULS (20 janvier 1287, v. st.).

Les consuls de Cahors : Gaucelme de Vayrols, Géraud de Cazèles, Bernard Maury *(Maurini)*, Jean Poujade, Gme del Coudere, Gér. Sarrazy, Raymond Diadé (?), Pre Garry, Huc de Rigal, acceptent que les Bordelais puissent, de chaque tonneau (4 barriq.) de vin apporté de Cahors à Bordeaux par terre ou par eau, percevoir, pour la grande *coustume* des vins, 5 sous et 4 den. tour. en monnaie de Bordeaux, soit 6 s. 5 d. et une ob. (la livre tournoise valant 50 den. bord. de plus que la livre bordelaise); et si la monnaie bordelaise venait à changer de valeur, on ne percevrait jamais que la valeur des 5 s. 4 d. tournois susdits. Quant à la coustume des vins dite d'*Yssac* (1), le roi anglais ou ses officiers ne percevront que la moitié de la taxe dite la grande coustume; quant à celle qu'on appelle de *Rojam* (Royan) ils ne recevront par tonneau que 2 den. et 1 obole tourn.; et pour les hommes de la Roque, payant ou ne payant pas le fût de vin, le roi d'Angleterre, duc de Guyenne, recevra moitié de la coustume qui se paie pour un tonneau de vin; mais par 20 tonneaux de vin qui sortiront de Bordeaux, ces hommes auront une pipe (2 barriques) franche de droit.

Formule d'engagement réciproque.

C'est ainsi qu'ils ont traité, par le moyen de leur procureur Arnaud de Lafon, concurremment avec les procureurs des villes de Toulouse, Gaillac, L'Isle (d'Albi), Carcassonne, Montauban, avec noble homme Jean de Grailly, chevalier, représentant le roi d'Angleterre, duc de Guyenne.

Ils approuvent le dit accord fait par leur procureur et le revêtent de leur sceau.

Fait à Cahors, le 20 janvier (undecima die *in exitu*), 1287.

Témoins : Jacques Donadieu, Pierre de Jean, Guillaume de Limoges, Pierre de Salvanic, Pierre de Cabazac, Arnaud *Maurini*, Arnaud Rolland, Gasbert

(1) Issac, commune de St-Médard, canton de Blanquefort, arrondt de Bordeaux.

Audebert, Jean Vanel, Jean Ratier, Raymond Lhautié, citoyens et bourgeois de Cahors.

(Acte rédigé par le notaire Rd Philippe.)

B. — CONFIRMATION PAR LE ROI ÉDOUARD.

Par lettres datées de Bourg-la-Reine, 6 février 1287 (1288)

[Arch. munic., *Livre nouveau*, tome III, p. 1 — cf. Lacoste, *H. du Q.*, tome II, p. 372.]

N° 155. 1er MAI 1288.

Actes des consuls.

Collation de la chapellenie de Géraud Gros.

Cette chapellenie, vacante, est conférée par les consuls à Gisbert d'Audieyres, clerc (1).

Il est convenu entre le clerc Gisbert d'Audieyres et les consuls qu'il se fera ordonner prêtre pour pouvoir célébrer les messes fondées et qu'il acquittera fidèlement sa charge, sauf le cas de maladie. Il prête serment.

Cahors, le samedi en la fête des SS Apôtres Philippe et Jacques, 1288.

[Arch. municip., *Chartes*, n° 11, ancien n° 51, long. 0,34 sur 0,26; et copie sur papier; *Livre nouveau*, tome II, p. 488 — cf. dans le *Te Igitur*, éd. imp., n° 71, p. 60 : nomination de Guillem Dufour comme chapelain en 1287.]

---

(1) Elle comprenait tous les revenus des maisons que Gros possédait à Cahors, au barry neuf du portail Arpenc (Albenc ?) revenus qui se levaient à la fête de St Salvy, à savoir :

1° Sur la maison de feu Gaubert de *Fraissinas*, même barry, confrontant d'une part avec la grande rue dudit portail Arpénc, en deça dudit portail jusqu'à la rue dite la Fordana, et d'autre part avec la maison de Gme Esforcio; 2° sur cette maison de Gme Esforcio, qui confronte d'autre part avec celle de Gme Peyriera, boucher ; 3° sur cette maison de G. Peyriera, qui confronte aussi avec les maisons de Bernard d'Autimare ; 4° sur les maisons de ce Bernard qui confrontent aussi avec celles de Raymond Rolland, lesquelles sont du fief d'Arnaud Beraldi ; 5° sur la maison et la terre de Raymond de Meonac qui confrontent d'une part avec les maisons de location d'Etienne del Saut (du fief d'A. Beraldi) et d'autre part avec la maison de Géraud de Rodes ; 6° sur cette maison de G. de Rodes qui confronte d'autre part avec une maison qui fut de Bernard de la Quintane ; 7° sur cette dernière, qui confronte aussi avec celle de Géraud de Margarida ; 8° sur la maison de ce dernier qui confronte aussi avec celle d'Etienne Rolland ; 9° sur cette dernière maison, qui confronte avec celle de Margaride et avec celle de Rd Rolland, frère d'Etienne; 10° sur celle de Rt Rolland qui confronte aussi avec celles de Guillem de la Contharie ; 11° sur ces maisons aussi qui se tiennent d'autre part avec celles de Géraud de Rodes.

N° 156 29 Juin 1288.

L'évêque et les consuls.

Le peuple nomme des procureurs pour le procès.

Avec l'autorisation du sénéchal et sous la présidence du sergent royal Huart Gonhaut, les consuls et le peuple se réunissent dans le cimetière des pauvres pour nommer des syndics dans le procès de la communauté avec l'évêque de Cahors. Les consuls sont : Guilhem de Limoges, Pierre de Cabazac, Bernard de Faytz (alias de Fortz), Arnaud Vernhes, Etienne Senhoret, Jacques Margot, Hugues de Bonet, Arn. Rolland, Pierre de Luganhac, Gér. André, Pierre Galaup, Etienne de Monmion. On nomme procureurs et syndics, solidairement, Arnaud de Cazelles, Jacques Donadieu, Guilhem Arcambal, Arn. Rolland, Pierre Gonel, Hélie de Bégous, Gaucelme de Vairols, Jean Marty ou Martin, Bern. Cornhet, Pierre Boisse, Gér. Delpug, Pierre de Jean, Pierre de Cabazac, Bern. de Lard, Hugues de Bonet, Bern. Bertrandi, Bern. de Fort, Guilhem de Limoges, Etienne Senhoret, Jean Proet, Raymond Froment, Gér. de Lacaze, Gér. Redut, Gér. Sarrazi, Himbert de Castelnau, dit le changeur, et Jean de Cos. Les témoins furent Guilhem Beraldi, Bern. de Belfort, Hugues Combalon, Arn. Agreg, Johanot, servant dudit Huard. Le notaire qui rédigea l'acte fut Bernard Philippi.

1288, le 29 juin, régnant Philippe, et gouvernant le diocèse, Raymond.

Le sénéchal avait été chargé de présider cette réunion, mais étant sur le point de s'en aller en France, il délégua ses pouvoirs au sergent du

---

Ces revenus, qui formaient un total de 120 sous et 1 denier, devaient servir pour faire dire à perpétuité des messes pour le repos de l'âme de Gros et de sa femme dans l'église Notre-Dame de Soubirous.

12° Il y avait encore le revenu de deux maisons dans le même barri achetées par Géraud Gros et léguées par sa femme ; elles confrontaient d'une part avec les maisons de louage d'Etienne del Saut, et d'autre part avec la maison de Rd de Meonac, d'autre encore avec celles de feu G^me de Lacontharie et d'autre avec une autre maison et terre de Rd de Meonac ; 13° le revenu de deux maisons situées près de l'hôpital appelé de la Grossia, l'une de ces maisons fut jadis de na Pessuc ; elle est séparée de l'hôpital par une ruelle *(vico intermedio)* et de l'autre côté touche des maisons de louage et une terre de Gmon de Jean ; l'autre fut de na Caminela ; confronts : d'un côté l'hôpital *(vico intermedio)*, de l'autre une terre de Guillaumon de Jean : d'un autre la maison de Géraud de Caslar, beau-frère de P^re de Magest. Ces revenus avaient été légués par Guillemette Gros pour augmenter le revenu de la fondation de son mari.

roi, Huard Gonhaut, par lettre datée de Cahors, le mercredi après la Saint-Barnabé, 1288.

Le roi de France confirma la nomination des syndics par lettre datée de Paris : 1288, mois de juillet. La lettre comprend les détails ci-dessus.

[Arch. munic. FF 10 — pièces contenues dans la lettre de Huard au sénéchal au sujet de la dénommée de l'évêque — novembre 1288, doc. n° 158 — cf. doc. 149 bis, 120].

N° 157. 3 Novembre 1288.

L'évêque et les consuls.

Dénommée des biens que l'évêque assure lui avoir été usurpés par les consuls.

Cette dénommée a lieu en conséquence du *factum* proposé par l'évêque, dans lequel il défendait vivement ses droits seigneuriaux et s'offrait à faire la preuve (n° 120). Il voulait montrer ce qu'il disait lui appartenir à Cahors et avoir été usurpé par les consuls : portes, remparts, places, fossés, poids et mesures, etc. Il voulait faire voir aussi les limites de la juridiction de Cahors. Le Roi décida que la « montre » se ferait au jour demandé par l'évêque, le mercredi après la Toussaint, en présence de son sénéchal et de son procureur (puisque les droits du roi étaient en cause), des consuls et des syndics des consuls et du peuple. Le sénéchal, empêché par ses affaires, délégua pour le remplacer, le sergent du roi, Huard Gonhaut, déjà délégué par lui pour présider à sa place la réunion dans laquelle les consuls et la ville de Cahors nommèrent leurs syndics et procureurs (doc. n° 156). Nous avons la lettre par laquelle Huard rend compte au sénéchal de sa mission et donne le détail de la dénommée. En voici l'analyse :

Au jour dit, dans l'église Cathédrale, comparaissent devant lui, l'évêque Raymond, en son nom et au nom de son église, les consuls (1), les syndics des consuls et de la ville. Les syndics sont Guilhem de Limoges et Pierre Gonel. Comparaissent aussi Guilhem Pons, procureur du roi. Les deux syndics montrent les lettres du roi qui confirment leur nomination (juillet 1288).

L'évêque se déclare prêt à faire la dénommée des choses qu'il a tout au long indiquées dans son factum *(libello suo)* et demande au sergent d'exécuter son mandat.

(1) Les noms des consuls se trouvent dans l'acte de procuration du 29 juin 1288.

La lettre du roi est du lundi après l'Assomption (6 août) ; la délégation du sénéchal à Huard Gonhaut est du jeudi après la Saint-Luc (21 octobre). C'est le sénéchal qui a dit de convoquer, comme procureur du roi, Guilhem Pons, notaire de la curie du sénéchal. Le sergent prend, comme greffier, le clerc Me Olivier de l'Epine.

L'évêque fait observer que cette dénommée n'a pas d'autre but que de faire voir les biens au sujet desquels il poursuit le procès, sans rien préjuger des droits de chacun, et qu'il n'entend montrer que ceux-là. Le procureur du roi et les syndics protestent contre ces observations et disent de plus que s'il y a quelque insuffisance dans les pouvoirs du sergent, ils n'entendent pas y suppléer, et n'acceptent que ce qui est rigoureusement de droit. Après diverses observations analogues, l'évêque montre :

1° une place devant le grand portail de la Cathédrale ; elle a pour confronts : d'un côté, maisons de Jacques Donadieu ; de l'autre, maison dite de Melequi ; d'un autre, le grand portail susdit ; et, du quatrième, la grand'rue de la Conque à l'église Saint-Pierre. Et ici le sergent fait observer que toutes les fois que l'évêque montre quelque chose, la partie des consuls et de la ville dit que cela appartient à la communauté et le procureur du roi l'approuve.

2e la maison dite de Baussa (1), où les consuls exercent depuis peu leur consulat ; confronts : a/ l'église cathédrale ; rue entre ; b/ maison de Bernard du Moustier, chanoine ; c/ place dite : la prévôté *(la proboulat)* (2). Cette maison était fermée ; l'évêque demande à la partie adverse de la faire ouvrir pour y montrer le coffre communal, le sceau, le livre du consulat, la marque dont on se sert pour l'argent, les mesures, les aunes des draps. On lui refuse. L'évêque demande au sergent du roi de faire ouvrir les maisons du consulat, de la bladerie et des poids. Mais le procureur du roi, les consuls et les syndics disent que cela dépasse les pouvoirs du délégué, qui doit seulement assister à la « montre ». Et le sergent n'ose pas faire ouvrir.

3° la place de la prévoté ; elle a pour confronts : a/ la cathédrale b/ des boutiques appartenant aux chanoines c/ la bladerie.

4° La maison appelée la *bladerie* (halle au blé) ; confronts : a/ la prévôté b/ maison du consulat. L'évêque ne peut la faire ouvrir pour y montrer les poids et mesures dont on se servait pour le blé.

5° La maison dite des ânes *(de asinis)* (3) et la place de la Conque ; les me-

---

(1) Voir documents nos 115-116.

(2) M. Daymard n'a pas parlé de cette place en son chapitre XVIII ; il l'a nommée incidemment, page 214 : place de la probentat. Pour la place de la Conque, voir le *Vieux Cahors*, p. 233.

(3) On a vu plus haut, document n° 121, tout à la fois les mots *d'amors* et *asinorum*. Ici *de asinis*, ce qui enlève toute équivoque. Et pourtant, dès 1346, au moins, on ne trouve que le premier de ces noms. Voir Daymard, *Le Vieux Cahors*, p. 216. Il n'a pas connu le texte primitif.

sures du sel et les poids de la laine qui se trouvaient dans les boutiques de cette place.

6° La place de *la Rode* (1), devant (en face) l'église de la Daurade. Le procureur du roi intervient, disant que cette place, appelée de la Rode de la Daurade, appartenait au roi; que ses officiers y tenaient leurs assises, etc.

7° La place où est le *pilori* (pas de confronts indiqués) (2).

8° Le pont neuf sur le Lot, par lequel on va chez les Frères Prêcheurs.

9° La porte du port Bullier; les murs et la place qui est en dehors et le long des murs de la ville; c'est la place au bois (3).

10° Une autre porte, près d'une maison où l'on pèse farines et blés, le long de la place au bois (voir n° 14).

11° Une maison où l'on pèse farines et blés, près de la porte de Soubirous, le long de la place qui est près des portes; l'évêque ne peut obtenir qu'on l'ouvre pour montrer les poids.

12° Le portail dit *del duc* et la tour ou bistour (double tour) du portail.

13° Les deux portes de Soubirous, avec les places en dedans et au dehors, les tours et bistours de ces portes et le pont qui est entre ces deux portes (4).

14° Une maison où l'on pèse farines et blés, près du Lot et de la place au bois. L'évêque ne peut se la faire ouvrir pour montrer les poids.

15° La rue (du barry) où est l'hôpital de Soubirous (5); par laquelle on va à Roc-Amadour.

16° Une autre rue par laquelle on va vers Saint-Michel (6).

---

(1) Voir Daymard, p. 202. Bien que ce ne soit pas une façon très claire de parler que de dire : *devant l'église* de la Daurade, alors que la place est au delà du pont (ce qui vaudrait bien la peine d'être dit), il est certain que la *Rode*, le lieu où le sénéchal tenait ses assises, — « apud Cadurcum, in loco de *rota*, ubi assisie nostre sunt teneri consuete », lit-on dans un acte de 1295 — Arch. mun. Charte 31 — était située de l'autre côté du pont neuf, en allant vers Coty. Elle avait dû donner son nom à la nouvelle place que les consuls avaient faite au bout du pont, par l'acquisition de 1274 (n° 89). Aussi avons-nous vu que dans leurs prétentions de 1284 ils comptent le lieu de *la Rhode* comme leur appartenant (n° 121). C'est pourquoi l'évêque le montre ici, dans sa dénommée. Mais le procureur du roi prétend à son tour que cette place appartient au Roi. Les consuls se trouvaient bien avancés.

(2) Peut-être était-ce à l'entrée du pont neuf.

(3) Plus tard la place au bois fut la place actuelle des Petites-Boucheries (Daymard, p. 236). Dans le recueil des miracles de saint Christophe au XIIIe siècle il est question de cette place, sans indication de ce qui s'y vend (*Revue religieuse de Cahors*, 1901-1902, p. 106); la porte du Port-Bullier y est appelée « porte de l'Ile ».

(4) Pour les portes del Duc et des Soubirous, voir Daymard, p. 22; les deux portes des Soubirous s'appelaient porte del miral et porte Galhard.

(5) Etait-ce l'hôpital Saint-Jean de Soubirous, qui appartenait à l'ordre de Saint-Jean? « Hop. S. Jean d'outra mar », dit un doc. de 1302.

(6) Daymard, p. 193; Saint-Michel, près du cimetière actuel.

17° Les fossés, avant-fossés et places entre les fossés et les avant-fossés.

18° Les remparts qui sont entre les susdites tours de Soubirous et le portail Sagreste (1), puis entre ce portail et le portail Albenc, et ainsi de suite en allant vers le portail Garrel et à la porte de l'abreuvoir (2) du Lot, y compris tours, bistours, portes et barbacanes, fortifications et bâtiments élevés sur les dits remparts et fossés ou entre les fossés et les avant-fossés, les portes et les petites places *(tendas)*, situées entre les fossés et les avant-fossés.

19° Il montre une autre maison, où l'on pesait blés et farines, sur la place du portail Garrel qui est au-delà du pont-levis; l'évêque ne peut se la faire ouvrir.

20° Il montre la porte Neuve et le pont-levis, et la place qui est devant cette porte.

21° Il montre une maison placée sous l'antique pont de pierre, où l'on pèse blés et farines; il ne peut pas davantage se la faire ouvrir.

22° Il montre le pont de pierre, ou pont vieux, sur le Lot, par lequel on va à Toulouse, les tours, les bistours, les portes de ce pont, excepté la tour du milieu qui appartient aux Chanoines (3).

23° Il montre les remparts avec leurs fossés qui sont au long du Lot, les portes, les fortifications, les petites portes, la porte dite de Lauque, la porte de Saint-Jacques, en allant du pont vieux vers le pont neuf des Frères Prêcheurs, les ports qui sont tout le long depuis le dit pont jusqu'au lieu appelé les Balmes (4).

24° Il montre les tours et bistours, barbacanes et fortifications, depuis le pont neuf jusqu'au lieu des Balmes.

25° Il montre le Lot.

26° Il montre enfin une maison près de la porte Saint-Ureisse (ou près du port de Saint-Ureisse), où l'on pèse les farines et le blé. Il ne réussit pas davantage à se la faire ouvrir.

Mais c'est la onzième heure et la nuit arrive. L'évêque demande de pouvoir continuer le lendemain. Le sergent accepte et donne rendez-vous aux parties. Les consuls, les syndics, le procureur du roi protestent: la lettre du roi marquait seulement le mercredi pour la « montrée »; mais le sergent n'a pas de

---

(1) Pour ces portails, voir M. Daymard, p. 25.

(2) Sans doute le *portail des Maures*. M. Daymard n'a pas connu ce nom de l'*abreuvoir*.

(3) Voir documents n°s 91 et 97.

(4) Voir Daymard, p. 21, pour ces portes. — Peut-être ce que Lacoste, cité par lui, appelait la *tour des Bains* était la tour des *Balmes*. Il y avait là un reclus (Daymard, p. 120).

peine à expliquer que l'évêque a droit de faire sa dénommée le lendemain jeudi, puisqu'il n'a pu finir le mercredi.

Le jeudi, nouvelle réunion. Nouvelle protestation de la part des mêmes, mais le sergent donne raison à l'évêque.

27° On monte sur la colline appelée de ....ason (?) (1) Et de là l'évêque montre la cité et ses faubourgs. Puis il montre les dépendances, les territoires, et le Lot, depuis les fourches patibulaires de la Roque des Arcs jusqu'à Cahors, depuis ces fourches jusqu'à l'église de Montari (Sainte-Marguerite) (2), jusqu'au lieu de Lespinasse, où il y a un chemin qui va vers Cahors, chemin qui divise les territoires de Toulousque et du Causse.

28° Il montre le territoire de Toulousque, dont les consuls ont osé vendre certaines parties, ainsi qu'il est dit dans le *factum*. Dans les confronts de Toulousque, il est question d'un lieu appelé de *Castelnoel* et d'une terre d'Arnaud Beraldi qui appartint jadis à la famille seigneuriale des Bonaffous, du bois de Lespinasse, et de la terre épiscopale (Mercuès).

29° Parmi les dépendances du territoire il y a l'hôpital de Toulousque.

30° Il montre d'autres dépendances de la ville : le chemin qui va des moulins d'Arnaud Beraldi vers la *borie* de Gaucelme de Jean et vers l'église de la Capelle (3).

La nuit arrive pendant cette promenade et il faut encore renvoyer au lendemain, non sans de nouvelles protestations.

31° Le sergent du roi donne rendez-vous pour le vendredi, à La Capelle. Après les protestations, l'évêque continue à montrer les limites de la juridiction de Cahors : il montre la *borie* de Gaucelme de Jean, l'église de la Capelle et, de pech en pech, en passant par la *borie* de Gaucelme de Vayrols (4) il suit ces limites jusqu'au Lot.

On retrouve ces délimitations dans l'acte d'accord, au sujet des privilèges, entre l'évêque Bertrand de Cardaillac et les consuls (5). C'est pour cela que nous abrégeons.

---

(1) Il est impossible de lire la première moitié du nom.

(2) L'église de Montari est identifiée avec celle de Sainte-Marguerite dans le testament de Sibylle de Jean (voir doc. n° 143).

(3) Saint-Pierre de la Capelle, qui était une annexe de Saint-Maurice de Cahors. On l'appelait aussi Saint-Pierre aux Cent-Vents. C'est une section de la commune de Cahors.

(4) Il reste encore là aujourd'hui, dominant l'horizon très vaste, une tour démantelée, qui rappelle le château par lequel les Vayrols remplacèrent leur métairie.

(5) Voir Lacroix, *Series*, etc., p. 251, trad. Ayma, tome II, p. 155, il y a quelques variantes de noms (on s'explique des changements de 1288 à 1350).

Mais pour les limites qui séparent la juridiction de Cahors de celle de Caylus (1), le procureur du roi fait ses réserves, disant que tous les territoires qui sont en deçà du Lot, dans la direction de ces deux places, appartiennent directement au roi, et sont de la juridiction de ces places.

Procès verbal de tout cela est envoyé par Huard Gonbaut au sénéchal, sous son sceau particulier.

[Arch. munic. FF 10 — long. : 66 sur 54 — écriture : 61 sur 50 — le sceau manque ; anciens n^{os} : 10 et 43 — on lit au dos : « Aisso es la mostra que fetz l'avesque davant Huart, sirvent del rei a Caortz, de las causas de que plaeia ab los cossolz a Paris, que fo facha en l'an L XXX VIII » — on a mis plus tard : « *inutile*, le pariage a tout réglé. » Cette pièce reste pourtant intéressante pour la topographie du vieux Cahors, à cause de sa date.]

N° 158. 22 Déc. 1288.

L'évêque et les consuls.

Les démêlés au sujet des chapellenies.

Plusieurs bourgeois de Cahors ayant fondé par testament des chapellenies dont ils avaient fait les consuls patrons, et l'évêque de Cahors inquiétant ceux-ci dans leurs prérogatives (2), les conseillers du roi, réunis en Parlement à Toulouse (3), écrivent au sénéchal de donner ordre à l'évêque de ne rien innover en ces matières contre les droits des consuls.

Le lendemain de la fête de saint Thomas, apôtre, 1288.

[Lacroix, *Séries*, etc., § 140, Trad. Ayma, tome I, p. 416 — *Livre noir*, fol. xx[1] — *Livre nouveau*, tome II, p. 416.]

---

(1) Par le ressort au moins, les juridictions de Caylus et de Montcuq venaient presque aux portes de Cahors, rive gauche du Lot.

(2) Voir n° 145, lettre du sénéchal au sujet des Testaments.

(3) C'était une commission du Parlement de Paris siégeant à Toulouse, composée de l'abbé de Moissac et de deux clercs du roi. L'abbé est appelé « Philippus » dans le *Livre noir*, par erreur, parce que l'acte est inséré entre deux autres du roi de France ; le *Livre nouveau* porte « Bartholomeus » on a écrit au dessus ; « Bertrandus » : Bertrand de Montaigu.

N° 159. 1er Février 1289.

Actes des consuls.

Achat de quelque maison près des remparts.

Aux consuls de Cahors, représentés par Guilhem de Limoges, B. de Fortz, Arn. Rotlan, A. de Bonet, P. Galant, Arn. Andrio, la femme Arnaude, mère d'Arn. de la Graulière, vend, pour la somme de 122 livres 10 sols caor., une maison, avec boutiques, qui confronte d'un côté avec la place communale du portail Garrel, d'un autre avec la maison d'Arn. de Maradène, d'un autre avec le pont (levis) du portail, et enfin avec le fossé de la ville.

Fait le mardi, en la vigile de la Purification de la sainte Vierge, 1288, en présence de Rd de Cazèles, Arn. Seguy *(Seguini)*, Arn. Huc *(Hugonis)*, Gér. Benedicti, Bern. Carrière, citoyens de Cahors.

Notaire : Guilhem de Margis.

L'acte est authentiqué par G. Dellac, qui tient le sceau royal du bailliage de Lauzerte.

[Arch. municip. DD 1, pièce originale, avec le sceau royal sur cire verte ; — long, 0,25 sur 0,32.]

N° 160. Février 1289.

Le roi de France et les consuls de Cahors.

Il les autorise à nommer des notaires publics.

Les consuls demandaient de pouvoir créer des notaires revêtus de l'autorité publique, l'évêque repoussait cette prétention. L'enquête faite par le sénéchal ayant prouvé que les consuls avaient eu auparavant des Tabellions pour les actes publics, et l'Évêque ne prouvant pas suffisamment que c'était sans droit, le roi donne raison aux consuls.

Paris, en février 1288 (v. st.).

[Arch. municip., *Chartes* AA 4 (anciennement 41), parch. de 0,16 sur 0,24, où manque le sceau ; simple queue de parchemin ; — il y a aussi une copie du 17e siècle sur papier — *Livre noir*, fol. xx — *Livre nouveau*, tome I, p. 216 — Lacoste, *H. du Q.*, tome II, p. 376. Il met le 8 février 1288.]

N° 161. 4 Mars 1289.

L'évêque et les consuls.

Divers règlements faits aux assises de Cahors favorables aux consuls.

Sous le titre : « Arrêts de tailles », le *Te Igitur* rapporte une série d'arrêts, publiés par le sénéchal Raoul de *Bruell*, qui avaient été donnés, dans le Parlement de Paris de décembre 1288, en faveur des consuls : 1° ils lèvent les tailles et impositions pour subvenir aux expéditions militaires du roi ; 2° l'évêque avait fait saisir, au nom des gardes de Champagne (1), des chevaux d'un certain Capmas, mais il ne les avait pas appliqués au paiement de la dette dudit marchand ; il devra les rendre, si la plainte des consuls est fondée ; 3° l'évêque ni son official ne peuvent, sous peine de saisie de temporel, appeler devant le for ecclésiastique les citoyens, soit de Cahors, soit étrangers, pour des causes purement civiles (2) ; 4° ils ne peuvent pas non plus contraindre, par des voies spirituelles, les citoyens à traiter devant eux de leurs affaires personnelles ; 5° les consuls pourront être maintenus, si tel est vraiment leur droit, comme ils le prétendent, dans la permission de lever et recueillir des tailles sur les biens que les monnayeurs (3) possèdent dans la juridiction de Cahors ; 6° au sujet des travaux pour la navigation du Lot demandés par le roi d'Angleterre, on fera une enquête, et si ces travaux sont utiles au roi de France et au pays, le sénéchal confirmera l'accord fait entre le roi d'Angleterre, l'évêque et les consuls de Cahors (4).

Cahors, le vendredi après les octaves de saint Mathias, apôtre, 1288.

[Arch. munic. *Te Igitur*, fol. xvii^v — *éd. imp.*, n° 80, p. 72.]

---

(1) On a vu l'interdiction provisoire faite aux marchands de Cahors de se rendre à ces foires (document n° 69).

(2) Ampliation du mandement de 1286 (voir n° 138).

(3) Voir le document n° 185.

(4) Ce dernier détail est bizarre, puisque déjà le roi de France avait confirmé cet accord (voir doc. n° 132), en avril 1285 — voir doc. n° 164.

N° 162. 6 Avril 1289.

Actes des consuls.

Ordonnance au sujet de l'Hôpital consulaire.

Les consuls font une ordonnance sur le nombre des frères et des sœurs qui doivent faire le service de l'Hôpital de la Grand-Rue. Il ne devra y avoir désormais que 8 hommes et 12 femmes. L'acte renferme, outre les noms des consuls, ceux d'un très grand nombre de prud'homes qui l'ont approuvé (1).

Cahors, le mercredi avant la fête de Pâques, 1289.

[Archives mun., *Te Igitur*, fol. XVII — édit. imprimée, n° 79, p. 69.]

N° 163. 14 Mai 1289.

Les troubles de Cahors. — L'affaire de 1270.

Demande d'enquête au sujet du paiement de l'amende.

Lettre du roi de France à son sénéchal de Périgord et Quercy pour qu'il s'informe si les consuls et habitants de Cahors ont payé l'amende qui leur avait été imposée par le roi son père, à l'occasion du meurtre de Jacques Donadieu que les gens de cette ville avaient brûlé dans sa maison avec sa femme et ses enfants. Il demande qu'on lui fasse connaître le résultat de l'enquête.

Lorry, le samedi après la Saint-Nicolas d'été, 1289.

[Doat, vol. 118, fol. 232vo — d'après un extrait de diverses pièces trouvé aux archives de l'hôtel de ville de Cahors — et qui a disparu. Voir n°s 167, 170, 172.]

N° 164. Juin 1289.

La navigation du Lot.

Intervention du roi d'Angleterre.

Lettre du roi d'Angleterre à Itier d'Engolême (2), son connétable à

---

(1) A la fin est la forme du serment des novices à leur entrée à l'Hôpital. Remarquer le nombre des servants, qui montre l'importance de l'établissement.

(2) Le nom d'Itier, fréquent dans la famille de Concorès, nous fait penser que le connétable appartenait aux Engolême de Concorès et de Gourdon (voir Ed. Albe, *Autour*

Bordeaux, pour forcer les seigneurs des péages de la Garonne et du Lot à contribuer à la moitié des dépenses, le roi fournissant l'autre moitié.

(Mention dans Bréquigny, tome I, p. 362 — Voir, document n° 161, l'article 6e du règlement.)

N° 165. 21 Sept. 1289.

Testament de l'evêque Raymond de Cornil.

Il faut mentionner cet acte important qui a mérité d'être inséré dans les *Miscellanea* de Baluze. Nous ne le donnons pas, puisqu'il a été publié par cet auteur et surtout analysé par Lacoste (1) ; mais il était bon de le rappeler, parce qu'il montre bien le caractère généreux du prélat, que le *factum* de 1284 aurait peut-être contribué à faire mal juger. Les ordres religieux et les maisons hospitalieres de tout le diocèse ont une part à ses largesses (2).

Fait à Mercuès, en la fête de saint Mathieu, apôtre, 1289 (3).

(Baluze, *Miscellanea*, édit. Mansi, tome III, p. 102 — Lacoste, *H. du Q.*, tome II, p. 381.)

---

de Jean XXII, Familles du Quercy, tome II, ou 7e partie, p. 195 et suiv. ; *Maison d'Hébrard*, p. 142).

(1) Il indique l'Hôpital-Issendolus comme fait nommement legataire particulier ; il y a dans le testament : « à la fille de Roger de Cornil qui est religieuse de l'Hôpital de dame Aigline », et plus loin : « aux maisons du Temple et de l'Hôpital de Jérusalem qui sont dans le diocèse : 10 liv. caor. à chacune ». Il met : « à l'église de Creysse » ; il y a dans le testament : « *aux églises de Creysse* », et en effet il y en avait trois.

(2) Pour Cahors, legs aux Freres Mineurs : 50 livres ; aux F. Precheurs, 50 ; aux Augustins, Carmes et religieux de Grandmont, 15 livres à chaque maison ; aux Clarisses, de même ; à l'hôpital épiscopal de Soubirous (sans doute St-Michel, puisque l'Hôpital Saint Jean appartenait à l'ordre de ce nom, (voir doc. n° 157, art. 15, note) : 4 lits garnis et 25 livres argent ; à chacun des autres hôpitaux de la ville : un lit garni ; à chaque autel de la cathédrale : un calice d'un marc et demi ; autant aux églises ou chapelles de Saint-Jean et de Saint-Martin (Daymard, *Le Vieux Cahors*, p. 153 et 154) ; à la chapelle de sa maison de Cahors, de même ; plus cinq calices à distribuer suivant le testament de son ancien official, Guilhem Astorge ; legs à deux religieuses de la Daurade qui sont ses nièces. Sans compter les legs généraux à toutes les léproseries, à toutes les recluses, à toutes les maisons religieuses, à tous les recteurs du diocèse.

(3) Lacoste ne nomme pas, parmi les témoins : Bernard Delport, archidiacre de Montpezat ; Gme Boscot, recteur de Soyris (Labastide-Murat) ; Géraud Daymar *(Adhemari)*,

N° 166. Nov. 1289.

L'église de Cajarc.

Octroi d'indulgences pour sa reconstruction (1).

Aymeric (d'Hébrard), évêque de Coïmbre, accorde, et avec lui de nombreux prélats de divers pays, quarante jours d'indulgences à ceux qui donneront quelque aumône pour la construction ou réparation de l'église de Cajarc, au diocèse de Cahors.

Cajarc, le jeudi avant la fête de saint Martin, 1289.

[Archives munic. de Cahors — charte 154, parchemin original auquel manque le sceau. — Cf. Périé, *H. du Q.*, tome II, p. 90, qui a donné une explication assez amusante de cette pièce.]

---

recteur de St-Laurent de Sénezèles, et Me Hector de Turenne, recteur de Saux (ces deux églises sont de la commune de Montpezat, Tarn-et-Garonne); messire Pierre, sacriste de la Cathédrale. — Messire Hugues de Verneuil n'est pas de Séniergues, ainsi que le dit Lacoste, mais seigneur de Calès (canton de Payrac).

(1) Cette pièce est mal à sa place dans les archives de Cahors. Les Prélats qui octroient des indulgences à Cajarc, sur la demande évidemment de l'évêque de Coïmbre, originaire de cette ville, sont : *Opiscus*, patriarche d'Antioche; *Odonius*, card. év. de Tusculum; frère *Bentevenga*, card. év. d'Albano; frère *Tellius*, archev. de Braga; *Jean*, archev. de Monréal, en Sicile; *Hélie*, évêque de Périgueux; *Anselme*, év. d'Orange; *Gilo*, év. de Nevers; *Paul*, év. de Tripoli au royaume de Chypre; *Barthélémy*, év. de Gaëte; *Bénévento*, év. d'Ancône; *Godefredo*, év. de Turin; *Gui*, év. de Pavie; *Caiacomes*, év. de Crémone; *Opiscius*, év. de Parme; *Pierre*, év. de Rieti, dans la Pouille; *Paganus*, év. de Famagouste, au royaume de Chypre; *Burkard*, év. de Lubeck, en Allemagne; *Gonsalve*, év. de Burgos, en Castille; *Freudeolus*, év. d'Oviedo (id.); *Rodrigue*, év. de Ségovie (id.); *Didace*, év. de Carthagène (id.); *Vincente*, év. de Portogallo; *Mathieu*, év. de Lisbonne; frère *Jean*, év. de Cadix, en Castille; *Velasquez*, év. d'Idanna, en Portugal; *Matheo*, év. de Viseu, en Portugal; *Bartholomeo*, év. de Silva, (id.). Le grand nombre des évêques étrangers qui signent cette pièce, ainsi que les noms des Cardinaux, s'expliquent par le fait que, cette année-là, l'évêque de Coïmbre se trouvait à Rome, où il était allé pour régler la querelle qui divisait le roi de Portugal et le clergé portugais (Ed. Albe, *Maison d'Hébrard*, 1905, p. 12).

N° 167. 7 Déc. 1289.

Les troubles de Cahors. — L'affaire de 1270.

Nouvelle demande d'enquête au sujet de l'amende.

Lettre du roi de France à son sénéchal de Périgord et Quercy, au sujet de l'amende de 18.000 livres qui avait été imposée par le roi son père aux habitants de Cahors. Ils prétendent n'avoir à payer que 17.000 livres et disent que le roi leur avait fait remise de 1.000 livres, s'offrant à le prouver par le témoignage du maréchal Simon de Melun. Ils disent encore que les veuves et les orphelins ont été exemptés de payer, sauf ceux qui auraient été eux-mêmes coupables du fait. Guillaumon de Jean (1) reconnaît avoir reçu 12.545 livres et quelques sous. Le roi demande qu'on vérifie le compte de ce dernier et que, déduction faite des veuves et orphelins non coupables, on fasse payer le reste par les autres citoyens. Si l'on ramasse ainsi plus de 18.000 livres, on restituera le surplus.

Paris, le lundi après la saint Nicolas d'hiver, 1289 (2).

[Doat, 118, fol. 233, d'après le même document des archives de l'Hôtel de ville de Cahors — où il n'est plus — que les nos 163 et 171.]

N° 168. 28 Décembre 1289.

Eglises et couvents de Cahors.

Bulle de Nicolas IV en faveur de la Cathédrale.

Nicolaus, *etc.*, universis Christi fidelibus per Caturcensem, Petragoricensem et Agennensem civitates et dioceses constitutis......

...... Cum igitur, sicut accepimus, dilecti filii, capitulum ecclesie Caturcensis, ecclesiam eorum predictam, nimia vetustate consumptam, reparare inceperint

---

(1) Guillaumon de Jean, dont nous avons déjà vu plusieurs fois le nom, bourgeois de Cahors, avait les titres de panetier et de sergent du roi. En 1284 et 1285, il était chargé de percevoir pour le roi ce qui lui était dû sur la « coutume » de Bordeaux (voir Ed. Albe : *Les marchands de Cahors à Londres*, pièces justificatives).

(2) Lacoste, *H. du Q.*, tome II, p. 366, a cru que les consuls avaient été condamnés à cette amende de 18.000 livres, pour leurs torts envers l'évêque Raymond de Cornil. Il ajoute de plus que les consuls trouvèrent le moyen de faire rapporter cet arrêt en 1287. On a déjà vu et on voit encore ici combien cet auteur s'est trompé.

opere plurimum sumptuoso, nec adhuc proprie illi suppetant facultates, propter quod fidelium suffragia dinoscuntur eis plurimum opportuna... omnibus vere penitentibus et confessis, qui eis ad id manus porrexerint adjutrices, unum annum et 40 dies de injunctis eis penis misericorditer relaxamus......
...... Datum Reate, V kal. januarii, anni secundi (1).

(Arch. Vaticanes, *Reg. Vat.* 44, fol. 266, n° 448 — cf. Lacroix, *Series* etc., § 136 — trad. Ayma, I, p. 408 — Salvat, mn. cité, IV, p. 373.)

N° 169. JANVIER 1290.

Le roi de France et l'évêque de Cahors.

Préparation du pariage.

L'évêque Raymond de Cornil fait savoir qu'il s'est entendu avec le roi et qu'il va partager avec lui, moyennant une compensation, la juridiction de la ville de Cahors. Pour régler amiablement les détails de cette affaire « *super associatione temporalis juridictionis, alte et basse, civitatis cadurcensis, ad nos pertinentis, et competenti recompensatione de bonis dicti domini nostri regis nobis facienda* », ils ont fait choix, lui, de maître Rd Pauchel (le futur évêque), chanoine de Cahors, et de Gisbert de Jean, chevalier; le roi, de maître Gilles Camelin, chanoine de Laon, clerc du roi, et du sénéchal du même roi pour le Périgord et le Quercy,

(1) Ces bulles étaient d'ordinaire accordées pour un temps assez court : on va trouver (n° 171) une autre bulle de Nicolas IV. Nous aurions dû citer aussi, à la date du 3 décembre 1255, une bulle analogue du pape Alexandre IV, adressée à tous les fidèles de la province de Bordeaux, donnant pour cinq ans la même indulgence d'un an et 40 jours a ceux qui feraient une aumône pour les travaux de la cathédrale de Cahors. Cette bulle a cela de particulier qu'Alexandre IV fait mention d'une autre bulle de son prédécesseur Innocent IV, 1243-1254 (Arch. Vat. *Reg. Vat.* 24, f. 105 ; texte imprimé dans l'édition des lettres d'Alexandre IV par M. Laroncière). Or, nos auteurs locaux ne parlent que des travaux exécutés sous Raymond de Cornil, parce qu'ils ne connaissaient pas ces bulles, de beaucoup antérieures. En 1285, l'évêque Raymond avait porté dans le synode une ordonnance réglant que la moitié des revenus des bénéfices vacants serait employée aux travaux de la cathédrale. Cette ordonnance fut plusieurs fois renouvelée par ses successeurs, et jusqu'en 1682 (Lacroix et Salvat, *locis cit.*).

qui devront s'occuper des détails de la convention. La dite convention devra être approuvée par le Saint-Siège.

Cahors, le dimanche après l'octave de l'Epiphanie, 1289.

(Archives nationales — *Trésor des chartes*, J. 341, n° 3; Dufour, *Commune*, p. 63, parle du *pariage de 1291*, mais il n'en est question nulle part ailleurs dans son livre — Lacoste *H. du Q.*, tome II, p. 387 (1).)

N° 170. 19 JANVIER 1290.

Bourgeois de Cahors.

Extrait d'un testament de Jean Dartis en faveur de l'Hôpital consulaire.

Legs de 8 setiers de froment de rente sur les moulins de Ventajou (2), à condition que deux setiers seront donnés à l'Hôpital de La Roque des-Arcs, que l'on fera célébrer chaque année, dans la Cathédrale, une messe d'anniversaire, et qu'on y entretiendra une lampe devant l'autel de monsenhor San Salvador, etc., etc. Date du *vidimus* de l'officialité : le jeudi avant la fête de saint Vincent, 1289.

(Arch. mun., *Te Igitur*, fol. XVIII — *éd. imp.* n° 81, p. 76.)

N° 171. MARS 1290.

Les Eglises de Cahors.

Nouvel octroi d'indulgences pour la Cathédrale.

Nouvelle bulle de Nicolas IV en faveur de ceux qui visiteront, dans

---

(1) Il dit que « l'acte, qu'il dressa (l'évêque) de concert avec les chanoines, renfermait tant de clauses qui intéressaient l'évêque, le Chapitre et la ville, que le pariage n'eut pas lieu ».— Lacroix, *Séries*, etc., p. 145 (trad. Ayma, tome I, p. 419), parle de ce *premier* pariage, également avec la date de 1291 ; il a eu entre les mains les actes complets, dont « l'immense prolixité » l'effrayait. De même, Dominici *(loc. cit)* dit que R. de Cornil, « par acte de 1291 le mit (le roi) en partage et communauté de tous les droits, etc. » Ce qui est ici simplement annoncé aurait donc eu un commencement de réalisation. Nous aurions aimé que Lacroix, sans être prolixe, fût plus explicite.

(1) Il y a *da ventaio ;* dans l'éd. imp. l'on a mis *Caventaio*. Les moulins de *Ventajou* ou *Ventego*, aujourd'hui disparus, étaient situés en amont du port Bullier, sous la ville haute, sur la rive droite : on en peut voir encore quelques débris. Il en sera question ailleurs. Voir Daymard, *Le Vieux Cahors*, p. 228.

l'année, l'église cathédrale aux fêtes de la translation et de l'invention de saint Etienne, patron titulaire.

Rome, à Sainte-Marie majeure, le jour des nones de mars, an 3 (1).

[Arch. Vat., *Reg. Vatic.*, 45, fol. 6, n° 27.]

N° 172. SEPTEMBRE 1290.

Les troubles de Cahors. — L'affaire de 1270.

Arrêt au sujet du paiement de l'amende.

Les consuls prétendaient que l'amende dont la ville avait été punie était de 16.000 livres et non de 18.000; de plus, que le roi avait fait une remise de 1.000 livres, et que les veuves et les orphelins devaient être exempts. Il reste établi, après enquête faite par Me Pierre de Condat, que l'amende est de 18.000 livres et que la diminution en faveur des veuves et des orphelins monte à 2.625. Les consuls ont payé 320 livres au sénéchal Henri de *Gondocillari* et 20 livres à Simon Gisbert, sergent du roi, Guillaumon de Jean a reçu à son tour des consuls, pour le compte du Trésor, la somme de 12.545 livres et quelques sous. Il ne reste donc pas grand chose à payer (2).

[Doat, volume 118, fol. 234, d'après un extrait demandé par les consuls, en mai 1291, et dont le parchemin se trouvait aux Archives de l'Hôtel de ville; cet extrait comprenait les deux lettres du roi, de 1289, que l'on a vues, nos 163 et 167. Le document a disparu.]

---

(1) Cette seconde bulle, si rapprochée de l'autre, montre tout l'intérêt que Raymond de Cornil portait à sa Cathédrale. D'ailleurs ces bulles n'étant que pour une année, en général, devaient être renouvelées souvent. — La même année, le 14 juin 1290, il obtenait encore de Nicolas IV la création de la dignité de pénitencier dans le Chapitre de la cathédrale (Arch. Vatic., *ibid.*, n° 258).

(2) La pièce ci-dessus s'est retrouvée en copie dans un manuscrit du British museum de Londres, bibl. *Harleienne*, 4971, et a été publiée, avec les autres qui étaient jointes, comme formant des parties du *Liber inquestarum*, par M. Langlois dans la *Bibliothèque de l'Ecole des Chartes*, tome XLVI, 1885; mais il est assez etrange que ce soit au roi d'Angleterre que quelques-uns aient attribué l'imposition et la réclamation de l'amende. (Voir *Bulletin de la Soc. archéol. de Tarn-et-Garonne*, tome XIV, p. 32). Le roi d'Angleterre n'avait en réalité rien à voir à Cahors. Ses droits sur le reste du Quercy avaient été réglés par l'accord de 1286 (Ed. Albe : *Les suites du traité de Paris de 1259)*.

Dufour, *Commune*, p. 55, s'est bien trompé, comme Lacoste (*H. du Q.*, tome II, p. 366), au sujet de cette amende de 16.000 livres qu'il suppose devoir être payée à l'évêque. En tout cas il ne connait aucun document qui établisse « le fait ni le motif ».

N° 173. 6 Nov. 1290.

La navigation du Lot.

Achat du pas de la chaussée de Larribe, près Duravel.

Les consuls de Cahors achètent de « madone na Serena de Larriba » et de ses enfants Arnaud et Amalvin de La Tour, fils de feu Raymond de La Tour, demeurant à Duravel, et de Géraud et Bernard Berti, de la paroisse de Duravel, et de S. (Etienne) de Cahors, tuteurs de Guillaumette et Huguette, filles de feu S. Berti, le « pas de la paychera apelada del gal de larriba », et la terre avoisinante, du côté de Duravel, jusqu'au milieu du Lot, avec toutes appartenances, pour la somme de 3.500 sols de tournois noirs, plus 8 aunes de (drap) *pers*.

La procuration faite aux deux consuls, Gme de Limoges et Jean de Cos, par leurs collègues, porte qu'ils doivent faire des acquisitions des propriétaires du pas et de la rive de la chaussée du Fossat (1), du pas et de la rive de la chaussée d'Orgueil (2), du pas et de la rive de la chaussée des Ondes.

Cahors, le vendredi après la fête de Toussaint, 1290.

Acte de vente fait à Duravel, le 6 novembre 1290. Etaient témoins messire Arn. del Montat, chapelain (3); B. d'Orgueil, G. de Bar, fils de feu Gourdon de Bar, P. de Bourdeilles.

Le notaire est Pierre de Gratecambe, notaire de Lauzerte.

Acte authentiqué par G. de Lacu (Dellac), garde du sceau royal de Lauzerte.

[Arch. munic. DD 29. — La partie du parchemin où pendait le sceau a été coupée — long. 0,58 sur 0,38 — acte en roman — la procuration des consuls est en latin — cf. Dufour, *Commune*, etc., p. 54.]

---

(1) V. Acte du 4 juin 1292 : chaussée du Fossat, près d'Orgueil.

(2) Orgueil fut jadis un *castrum* important qui donnait son nom à une famille de seigneurs dont quelques-uns jouèrent un rôle dans l'histoire du Quercy (v. Ed. Albe, *Autour de Jean XXII*, 3e partie, tome 2, p. 21). — Les ruines de ce qu'on appelle la ville d'Orgueil sont dans la commune de Mauroux (Puy-l'Evêque).

(3) Chapelain de l'église de Cabanac (acte de 1292).

Nos 174-175. Juin-Juillet 1291.

Bourgeois de Cahors.

174. — *Emprunt des familles Fromentin et Rubei* (23 juin 1291).

Raymond Fromentin, de Cahors; sa femme Raymonde; Perrine, femme de Pierre de Vas, et Bernarde, veuve de Pierre Rubei ; autre Bernarde, veuve de Gér. de Melequi, reconnaissent avoir reçu de Gér. Redut, citoyen de Cahors, la somme de 50 livres tourn. noirs, qu'ils lui rendront, 30 livres à la Toussaint et 20 livres à la Saint-Jean-Baptiste de l'année suivante.

Acte passé devant l'official de Cahors, le 9 des kal. de juillet, 1271.

(Arch. munic., *Charte n° 103*, manque le sceau, long. 0,27 sur 0,29.)

175. — *Obligation faite par un mercier* (17 juillet 1291).

Aymeric de Hautefort (*Altoforti*), mercier de Cahors, reconnait devoir à Bernard de la Cozine, citoyen de la même ville, une somme de 70 livres caors. qu'il avait reçue en dépôt de Petronille, veuve de feu Benoit Castanh, citoyen de Cahors, et qui doit revenir à Bernard par son mariage avec la dite veuve.

Acte passé devant l'officialité diocésaine, le 16 des kalendes d'août, 1291. Signé (à part) : Juvenis, nom, sans doute, du clerc de l'official.

(Arch. munic., *Charte n° 109* ; long. 0,35 sur 0,28.)

No 176. 1er Août 1291.

L'évêque et les consuls.

Présentation d'un bayle épiscopal.

Hugues *d'Esprezalo*, prêtre, procureur de l'évêque Raymond, présente aux consuls Pierre de Jean, Jean Decos, Pierre Gonel, Géraud Benedicti, Arnaud de Maradena, Etienne del Sahuc, délégués des autres : *Gaucelme de Jean*, junior, fils de Gaucelme de Jean, bourgeois de Cahors, comme bayle de la ville, au nom de l'évêque. L'élu se dit prêt à prononcer devant eux le serment d'usage. Après qu'il l'a prononcé, les consuls le reçoivent pour bayle.

L'acte est passé dans les maisons du consulat, qui sont près du moustier et de la bladerie (halle au blé) de Cahors.

Témoins : Guilhem de Limoges, Bertrand de Fortz, B. Cornhet, P. Boisse, G. Mauri, Jacques Margot, Gaucelme de Vairols, Jean Ratier, B. Lhautier, D. de Salvanhic, B. Calvelh, Et. Buffet, G. Costans, G. de Varaire, Guilhem de Roussilhon, Imbert de Castelnau, dit le changeur, Guilhem de Marces, P. de Fourques, P. de Mages, Bern. Fabri, P. Galaup, R. Bernardon, Guilhem de Jean, R. de Caussade, P. de Lalbenque, P. de Cambairac, Guilhem (le) Pontonier, P. de Cabazac, Hugues de Bonet, B. de Toyrac, G. de Cazèles, Arn. Combèles, Arn. Rolland, Guilhem Rolland, G. Reduc, Jean Martin, et Pierre de Meunac, bourgeois de Cahors.

Notaire : R^d^ Philippi, qui a mis son seing.

[Arch. munic. FF 11 (anciens n°s 35 et 16), long. 0,43 sur 0,22 et copie du 17e siècle sur papier, texte en latin, sauf le serment qui est en roman, d'après le texte déjà connu.]

N° 177. 1er Oct. 1291.

Le pont Neuf.

Le roi autorise un droit de barre sur le pont Neuf, pour son achèvement.

Lettre du roi Philippe IV, autorisant — pour un an — les consuls à mettre un droit de barre sur le pont Neuf pour aider à son achèvement.

Donné à [Poilly, Pouilly ?], le lundi en la fête de saint Rémi, 1291.

Philippus etc., notum facimus quod nos civibus et communitati civitatis Caturcensis concessimus, ad opus seu fabricam pontis Caturcensis, per quem itur de Caturco ad ecclesiam seu domum fratrum predicatorum dicti loci, barram seu pedagium levandum et recipiendum ibidem (1), per unum annum continuum a tempore finite gratie quam super hoc anno preterito, eisdem dicimur concessisse, etc.

Actum apud Poilleiam, die lune in festo beati Remigii, anno Domini M. CC° nonagesimo primo.

[Arch. munic. CC. 9, (anciens n°s 77 et 17 bis) — parchemin orig. où pend encore un gros fragment du sceau royal sur cire brune avec queue de parchemin — G. Lacoste, *H. du Q.*, tome II, p. 387. — Daymard, le *Vieux Cahors*, p. 30.]

---

(1) M. Daymard met : « aux portes de la ville » ; c'est sur le pont même (*ibidem*), livré au public, mais auquel il manquait encore les tours et autres travaux de défense, que le droit d'octroi devait être levé.

N° 178. 6 Octobre 1291.

Actes des consuls.

Achat de maison et terre près du pont Neuf.

Les consuls, représentés par Bertrand Delart, Pierre de Jean, Gér. Benech, Pierre Gonel, achètent de Jacques Donadieu, bourgeois, qui avait des biens sur les deux rives du Lot, une maison, avec ayral et terre, située au bout du pont Neuf de Cahors, du côté des Frères Prêcheurs, confrontant avec la maison d'Arn. de Cazèles, qui en est séparée par un chemin, avec le jardin de Guilhem Peyrolier, avec le cimetière des Frères Prêcheurs (qui en est séparé par le chemin qui conduit du bout du pont aux combes Ruffenques). C'est précisément pour agrandir ce chemin qu'il leur a fait cette vente, au prix de six-vingt livres de bons caorcens.

Fait à Cahors, l'an 1291, sous le règne du roi Philippe et l'épiscopat de l'évêque Sicard, le 6 octobre. Témoins: maître Raym. Philippi, Raym. Cornhet, Imbert de Castelnau, Hugues *Sancii*, B. de Toirac. Le notaire est P. de Gratecambe, notaire public de Lauzerte.

L'acte est authentiqué par le garde du sceau royal de Lauzerte, Gér. de Lacu (en roman : *Dellac).*

[Arch. munic. *DD 12* (anciens n°s 18 et 40); avec le sceau royal sur cire verte et queue de parchemin; long. 0,32 sur 0,31; il y a une copie sur papier, du 17e siècle.]

N° 179. 25 Fév. 1292.

La navigation du Lot.

Défense faite à G^{m} de Balaguier de lever un péage sur la rive gauche.

Sur la demande des consuls de Villeneuve en Rouergue, Guilhem de Balaguier, damoiseau, reçoit du sénéchal du Rouergue, Albert d'Angeville, défense de lever le péage sur sa terre au delà du Lot, dans les parties de sa sénéchaussée, n'y ayant nul droit, ainsi que le seigneur le reconnaît. Témoins : Me P. Galtier, Me Bern Lhia, Me G. de Rodoles, G. Caroffi, Arn. de Genebrières, et le notaire de Villeneuve, Jean Donadieu ; « *anno MCCLXXXX primo* », le lundi après le 1er dimanche de Carême (*Vetus carnisprivium).*

D'après un *Vidimus* donné par le sénéchal anglais Amanieu de Fossat, le 19 mai 1363, à la demande des consuls de Villeneuve (1).

[Arch. munic. de Cahors, *charte* 136.]

Nº 180. MARS 1292.

Le roi de France et la ville de Cahors.

Authenticité accordée aux actes revêtus du seing seul des notaires nommés par les consuls.

Le roi avait décidé que les actes des notaires ne seraient pas regardés comme authentiques s'ils n'étaient revêtus du sceau royal (2), et, de plus, que les notaires ne pouvaient être désignés que par lui, sans préjudice d'ailleurs des droits des seigneurs ou des consuls qui peuvent en instituer et qui ont des sceaux authentiques. Mais le peuple s'est plaint, à cause de la difficulté de recourir au sceau royal, et le roi accorde, jusqu'à nouvel ordre, que les actes en forme, des notaires, pourraient être regardés comme authentiques avec leur seule signature (3).

Paris, le jeudi avant l'Annonciation de la sainte Vierge, 1291.

[Arch. munic. *Livre noir*, fol. XXI, d'après l'original où pendait le sceau en cire blanche sur queue de parchemin; on a mis comme titre: « Lettre enjoignant aux notaires pourvus par les consuls de faire mettre à leurs provisions le sceau royal ».]

---

(1) Noms des consuls de Villeneuve en 1291 : G[m] de Genebrières, Jean de Saumade, G. Lhia, P. Massip; en 1365 : G. Tanquilh, Vital de la Bacula, Barthelémy de Cavanh, Durand Delcros.

(2) Pour Cahors, ainsi que nous l'avons déjà vu, il fallait aller à Lauzerte; pour la région de Gourdon, à Domme; pour Figeac, à Fons.

(3) Cette lettre est d'intérêt général pour toutes les villes du Quercy.

N° 181. 4 Juin 1292.

La navigation du Lot.

Achat du pas de la chaussée du Fossat, près d'Orgueil, par les consuls de Cahors.

Dame Sibylle, veuve de feu Gér. de Manhac, chevalier, et leur fils Hugues de Manhac, damoiseau, pour lui et ses sœurs; dame Sibylle, veuve de feu Raymond Delbosc, pour leurs enfants, dont elle est tutrice; avec le cautionnement de Géraud de Bar, damoiseau, fils de feu Gér. de Bar, chevalier, et de Raymond Guilhem de Montcuq, frère de la dite Sibylle Delbosc; Arnaud de Belmas et Gasbert de la Gorse; tous ensemble vendent à Géraud de Sabanac, professeur de droit civil, consul de Cahors, acceptant pour les autres consuls et la ville de Cahors, le pas de la chaussée du Fossat (1), sur le Lot, sous le *castrum* d'Orgueil, d'une largeur de 39 pieds, depuis le roc sur lequel est construite la maison d'Hugues de Manhac, jusqu'à l'eau du Lot, pour la somme de 3.500 sous tournois noirs.

Acte passé dans l'église Notre-Dame de Cabanac, en présence de messire Arn. del Montat, chapelain de cette église, de messires Gasbert d'Orgueil, Amalvin de Pestilhac, Guilhem Séguy *(Seguini)*, chevaliers, Orgueilleux d'Orgueil, Bernard et Guilhem de Pic, père et fils, Bernard de Pestilhac, damoiseaux, Gasbert Canel, Gér. Aymeric, Gausbert Rotger, Géraud de Bourdeille.

Notaire : Raymond Philippi, de Cahors, qui a mis son seing.

[Arch. munic. DD 30 (ancien n° 10), long. 0,54 sur 0,42; cf. Dufour, *Commune*, etc., p. 54.]

N° 182. 10 Aout 1292.

Le roi de France et la ville de Cahors.

Il autorise une taille pour payer les dettes de la ville.

Le procureur de la ville assurait que Cahors était accablé de dettes et ne pouvait se libérer qu'en levant une taille ou collecte. Le roi écrit au

(1) Le Fossat (commune de Soturac, cant. de Puy-l'Evêque) est situé en face des ruines d'Orgueil. Voir doc. n° 173.

sénéchal de s'informer si la chose est vraie et si aucune bonne raison ne s'y oppose; dans ce cas, il permettra la levée de cette taille, en agissant contre les récalcitrants en cas de besoin. Qu'il fasse aussi rendre compte, aux receveurs de l'amende, imposée en 1270, des 1.600 livres qu'ils auraient reçues en plus de la somme par eux versée.

Donné à Paris, le mercredi après la Saint-Laurent, 1292.

Philippus, etc., senescallo Petragoricensi et Caturcensi vel ejus locumtenenti salutem. Significavit nobis procurator civitatis Caturcensis quod dicta civitas pluribus debitis est onerata et oppressa, et quod acquitari non potest nisi collecta vel tallia fiat in eadem. Quare mandamus vobis quod si sit ita et non sit aliquid rationabile quod obsistat, collectam seu talliam predictam fieri permittatis, rebelles ad solvendum compellentes prout in tali casu est fieri consuetum. Item receptores emende nostre, in qua nobis tenebatur civitas predicta, qui, ultra summam nobis solutam, mille et sexcentas libras turon. dicuntur ab eadem levavisse, compellatis ad reddendum computum et rationem de predictis, vocatis qui fuerint evocandi.

Actum Parisius, die mercurii post festum sancti Laurentii, anno Domini M. C C. nonagesimo secundo.

[Arch. munic. CC 10 (anciens n°s 3 et 48), de 0,9 cent. de h. sur 0,20 de large — et copie sur papier du 17e siècle — *Livre nouveau*, tome I, p. 181 — cf. Lacoste, *H. du Q.*, tome II, p. 390.]

N° 183. 10 Mars 1293.

Bourgeois de Cahors.

Les consuls et la levée des tailles.

« Lettres patentes du roi Philippe qui permet aux consuls de Caors de lever tailles des biens d'Arnaud Beraldi (1) [varlet du roi] comme ils avoient acoustumé ».

Philippus... senescallo Petrogoricensi salutem. Cum ex parte consulum civitatis Caturcensis nobis fuit datum intelligi quod, cum ipsi, nomine dicte ville, sint et fuerint longo tempore in possessione capiendi et levandi talhias suas,

(1) Arnaud Beraldi, fils d'autre Arnaud Beraldi et de Sibylle de Jean. Voir plus haut (document n° 143) le testament de sa mère et, à la date de 1295, son propre testament. Ces marchands de Cahors étaient déjà devenus de grands seigneurs; on leur rappelle ici leur origine roturière.

de bonis Annardi (*sic*) Beraldi et ejus patris, sicut de aliis dicte ville, et dictus Arnaldus recusat talhias predictas solvere, ea de causa quod asserit se valletum nostrum, vobis mandamus quathenus, hoc non obstante quod sit valletus noster, eisdem consulibus levare talhias ordinarias ab eodem A... permittatis et ad ipsas solvendas, si necesse fuerit, compellatis.

Actum Parisius, die martis post *Letare Jherusalem*, anno Domini millesimo ducentesimo nonagesimo secundo. Presens littera est sigillata prout littera precedens.

[Arch. munic., *Livre noir*, fol. xxi — Lacoste, *H. du Q.*, tome II, p. 390.]

N° 184. 7 Août 1293.

L'évêque et les consuls.

Présentation de bayle.

Maître Aymeric de Belfort, dit aussi *Odo Cardinalis*, sénéchal, lieutenant et vicaire de la temporalité de l'évêque Raymond, présente, dans le consulat, aux consuls Pierre de Cabazac, Raymond de Salvanhic, Géraud del Pech, agissant au nom des autres et de la communauté de Cahors, *Géraud Escudier* (1) comme nouveau bayle épiscopal. On lui lit la formule, le bayle prête serment et les consuls le reçoivent pour bayle de la ville. Lecture est faite ensuite de deux lettres de l'évêque : la première, adressée à Aymeric de Belfort, pour lui donner ses pouvoirs de procureur ou lieutenant, datée du mardi avant la fête de saint Marc l'Evangeliste, 1293 (21 avril); la seconde, adressée à Géraud Escudier pour sa nomination, datée du jeudi en la fête de saint Sixte, 1293 (6 août).

Témoins : G^me Rolland, G^me Fulcrand, P^re Gonel, Raym. Delerm, G^mon de Jean, senior, Arnaud de Jean, son frère, et Me G^mon de Jean, clerc, Raym. de Caussade, Bert. Delerm, Raym. Cotarel, G^m de Gourdon, citoyens de Cahors, Pons de Saint-Gily, et Raym. Bernard, son frère, damoiseaux.

Le notaire est Raym. Philippi.

[Arch. munic. AA 3, 2e partie du parchemin décrit à la date de janvier 1288 (document n° 152).]

---

(1) Présenté pour la 2e fois comme bayle (voir document 149, 25 août 1287).

N° 185. 6 Mars 1294.

Actes des consuls.

Les ouvriers de la monnaie de Cahors tenus à payer la taille.

Les consuls, représentés par quelques-uns d'entre eux : Jacques de Jean, Guilhem de Limoges, Guilhem d'Arcambal, et Géraud de Cazèles, s'entendent avec les monnayeurs et les ouvriers de la monnaie : Ythier Bodin, Arnaud et Guilhem de Jean, frères, Raym. Bernardon, Martin Pegaret et Géraud Teischendier, citoyens de Cahors, pour nommer Guillaumon de Jean comme arbitre dans la question de la taille et des contributions municipales que ces monnayeurs ne voulaient pas payer, se disant exempts.

Formules de l'accord.

L'arbitre décide qu'ils sont tenus de prendre leur part de la taille et des contributions de la ville, pour les terres, cens, rentes, maisons et possessions diverses qu'ils ont ou peuvent avoir, mais non pour leurs biens meubles. En disant cela, il n'entend pas aller contre les privilèges des monnayeurs dans les autres cas. Jusqu'ici ils ont été exempts des collectes, ils garderont ce privilège. On leur rendra ce qu'on leur aurait saisi. Les consuls doivent les traiter comme les autres citoyens.

Etaient témoins : messire Géraud de Sabanac, docteur en droit civil; Arn. de Cazèles, Bern. de Fortz, Raymond de Salvanhic, Gaucelme de Vayrols, G^m Rolland, Déodat Delmas, bourgeois de Cahors.

Notaire : Raymond Phillippi, qui a mis son seing.

[Arch. munic. FF 12 (ancien n° 17) parch. orig. de 0,58 sur 0,31. Voir le document 161, art. 5.]

N° 186. 28 Février 1295.

Le roi de France et la ville de Cahors.

Défense de faire des réunions illicites.

Publication, en l'église des Frères de la milice du Temple de Cahors (1), par Me Arnaud Clari, clerc du roi de France et juge du sénéchal, noble homme Guitard de *Marsiaco,* et Guillaume d'Antéjac,

(1) Voir Daymard, *Le Vieux Cahors,* p. 83.

damoiseau, valet du roi et châtelain de Bergerac pour le roi, de lettres patentes par lesquelles il est défendu à un certain nombre de gens de Cahors, dont quelques-uns sont nommés (1), et généralement à tout le peuple de Cahors, sous peine de saisie de corps et de biens, de former dans la ville des réunions, conspirations, complots, confédérations illicites, indus et deshonnêtes, contre le roi, la ville et les consuls.

De quoi ont demandé acte les consuls : Guillaume de Limoges, Guillaume Archambald, Jacques de Jean, Géraud de Cazelles, Arnaud Rolland, Bernard Rodil, Géraud Crota, Pierre Fabri, Pierre Manhan.

Témoins : Me Gme Meschin, clerc, sage en droit; Me Guillaume Bernard de Belpech, clerc, sage en droit, official de Cahors; Gasbert del Bosc, archidiacre de Comminges; Bertrand de Sainte-Arthémie, docteur ès droits; Mo Raymond de Calès, clerc, sage en droit; Berard de Ast (?), professeur ès lois; Guillaumon de Jean; Jean de Vairac, bourgeois de Cahors; maîtres Raymond Philippi et Raymond Benedicti, clercs, notaires royaux de la sénéchaussée.

Et Hugues de Grandson, clerc, également notaire public royal dans la sénéchaussée, qui a mis sa griffe (dernier jour de février 1294).

[Doat, vol. 118, fol. 241 — d'après un document disparu des archives de l'hôtel de ville de Cahors — cf. Archives du Lot, F. 100.]

No 187. Mai-Juin 1295.

L'évêque et les consuls.

Intervention du roi à propos du serment à l'évêque Sicard.

Le 3 juin, Arnaud Clari, clerc du roi de France, juge, et lieutenant du sénéchal de Périgord et Quercy, donne commandement, en vertu de lettres patentes du roi, à Guillem de Limoges, Jacques de Jean, Guillem Arcambal, Gér. de Cazèles, Hugues de Bonet, Arn. Rolland, Pre Fabri, et Gér. Crota, consuls, de prêter le serment au nouvel évêque Sicard de

(1) Pierre d'Espédalhac, Pre Delpérier, Rd Vaishe, Gisbert de la Croix, Bern. de la Bruguière, Gme de la Garrigue, Gér. Fabri, Gme Garrigue, *senior*, Gme de Sabadel, Bern. Fabri, *sarralher*, Pre de Saint-Anhan, Gér. David *de las taulas*, Pre de Lhinairal, Arn. Vidal, Barthel. de St-Geniès, Arn. Donzel, Rd de Montauban, Jean Daniel, Gasbert Fabri, *sarralher*, Gasbert Blanquet, Pre de Cambairac, Gme del Fraishe, Pre Valeta, Ete Marti, Rd Delmas, Pre de Dome, Arn. de Vairols.

Montaigu (1), suivant la forme ordinaire. Les consuls répondaient qu'ils le feraient à la condition que cet acte ne nuirait pas à leurs intérêts et au procès pendant devant la curie du Parlement entre eux et l'évêque de Cahors (2).

Suivent les lettres du roi Philippe au sénéchal. L'évêque Sicard avait réclamé devant lui que les consuls lui prêtassent le serment comme ils avaient fait à son prédécesseur Raymond. Puisque c'est un serment d'usage, il faut obliger les consuls à le rendre.

Fait à Vincennes, en la vigile de la fête de l'Ascension (3) du Seigneur 1295 [11 mai.]

Arnaud Clari publiait cette lettre le vendredi après les octaves de Pentecôte (3 juin).

L'acte ci-dessus est passé en l'église de Notre-Dame la Daurade, en présence de Guillaumon de Jean, Pierre Cabazac, Pierre de Jean, Jacques Donadieu, Gaucelme de Vayrols, Géraud Delpech, Jean Martini, Gér. de Maissonon, citoyens bourgeois de Cahors, Me Pre Rayne, notaire de la curie du sénéchal. Acte passé par Raymond Philippi, notaire de la ville, qui a mis son seing (4).

[Arch. munic. charte n° 117, long. 38 sur 33 — Doat, 118, fol. 239.]

N° 188. 11 Juin 1295.

Le roi de France et la ville de Cahors.

Annonce d'assises. — La monnaie du roi et celle de l'évêque.

Les commissaires de Charles de Valois, comte d'Alençon, et de Raoul de Clermont, connétable, convoquent à Cahors, pour le 13 juin suivant, les députés des communes de Cahors, Figeac, Gourdon, Peyrilles, La Bastide-Fortanière, Lauzès, Lavercantière, Cazals, Salviac, Pestillac,

---

(1) Sicard avait été élu en mars 1294 (Lacoste, *H. du Q.*, tome II, p. 393) — Déjà membre du Chapitre, il connaissait bien les affaires de son prédécesseur et continua sa politique.

(2) Les consuls ne s'en réfèrent pas à leurs coutumes et privilèges, quand cela les gêne.

(3) Doat : *vigile de l'Assomption*, avec la date 1294.

(4) Voir *Te Igitur*, fol. XIX[t] (éd. imp. n°s 82 et 83, p. 82): divers conflits à l'occasion du bayle épiscopal, vers la même date (18 et 29 juin 1295).

Mont-Dome [en Périgord], Souillac, Roc-Amadour, Puy-l'Evêque, Duravel, Bélaye, Luzech, Martel, Creysse, Caylus, Caussade, Septfonds, Puy-la-Garde, Saint-Projet, Lacapelle [Livron], et de toutes les villes et places où le bayle de Cahors enverra pour ce sujet lettres ou messagers. Ils devront arriver la veille, mardi, comme les commissaires, et coucher à Cahors, afin d'être là, le matin, à l'ouverture des assises (1).

Fait à la Bastide de Valence, le lundi après la Saint-Barnabé, 1295.

---

(1) Il n'est pas question dans cette lettre de ce qui doit être traité en ces assises, qui semblent être comme *une ébauche des Etats provinciaux du Quercy*. On y dit simplement qu'on s'y occupera de questions qui intéressent la gloire du roi et l'état du royaume et même de tout le pays. Mais cette lettre est écrite à la suite d'une pièce où sont résumés les accords intervenus au sujet de la monnaie entre l'évêque de Cahors et les communes du Quercy sous-nommées, *« dejos nominadas »*, ce qui met une relation évidente entre cet acte et la lettre des commissaires qui nomment les dites communes. De plus, un second parchemin est attaché à celui-là, qui est une proclamation de la part du roi de porter aux trésoriers le tiers des objets d'or ou d'argent qu'on a chez soi, pour les faire convertir en monnaie, moyennant un prix qui sera donné en échange. Nous donnons ici le premier de ces documents, et le second à la suite de la lettre des commissaires. C'est donc surtout de la monnaie épiscopale et de la monnaie royale qu'il devait être question en ces assises du mercredi 13 juin 1295. On remarquera, à la fin du second document, que le trésorier du roi consulte le célèbre homme de loi cadurcien, *Géraud de Sabanac*, dont le nom se retrouve à cette époque dans tous les actes importants de la région.

A. — *Accords entre l'évêque et les communes du Quercy.*

Remembransa sia que aisso las covenensas quesso estadas parladas entre mossenh. l'avesque e las comunas dejos nominadas sobrel fag de la moneda.

Es assaber, 1° que hom deu penre dels deniers e de las mealhas per diversas borzas, aissi coma corra en la ciutat de Caortz, tro que à la soma de x lhibras, e d'aquela moneda meselada lessais deu estre faitz, e, segan so que sera atrobada en pes e en ley, mosenhor l'avesque deu far obrar sa moneda blanca noela e en noela forma, quant poira aprofechablament, e si cauza era que aquesta levada, que hom fara, nos *(ne se)* continues ab aquela que fo facha prumiera, en tal maniera que la dicha moneda no pogues obrar, aquela deu esser attemptat per dos pros homes, so es assaber per en Johan W. de Figac e per en Gui de Tornamira, en tal maniera que la dicha moneda pogues obrar à profeg de mosenhor l'avesque e de las communas. 2° Item la forma et la maniera de las mealhas, cum se puescon obrar à profeg de mosenhor l'avesque e de las communas, deu esser aordenat per en Johan W. e per en Gui de Tornamira desus digs, al jorn de dimartz dejos dig. 3° Item mosenhor l'avesque deu coffermar sa moneda noela a perpetualetat, per se *(pour lui)* e per sos successors, e o deu far aproar e coffermar a son capitol *(chapitre cathédral)*. E mosenhor l'avesques deu soffrir que la moneda antiqua corra ab la noela engalmen ab aquela, aitant quant se poira sostener. E per razo de la cofermacio, mosenhor l'avesques, que ahoras es, deu aver de cascu fuec de son avesquat, on *(où)* sa moneda a uzat acorre *(a cours)*, XVIII den. de la moneda noela, una vegada tant solament, e cascus de sos successors deu aver e levar de cascu fuec de l'avesquat, en sa noeletat, XII den. tant solament una vegada. 4° E per aques XVIII den. que deu aver lodigs

Frater Egidius de Biturre, de ordine fratrum Predicatorum, frater Arnaldus de Monte Ardito, prior de Regula, et Jacobus de Bononia, locum tenens domini senescalli Vasconie et judex generalis in ducatu Aquitanie pro domino nostro rege Francie, gerentes vices magnificorum virorum domini Karoli, regis Francorum filii, comitis Valesien. Alenconien. Carnoten. et Andegaven. necnon et domini Radulphi de Claromonte, conestabularii Francie et domini Nigelle, dilectis suis baiulo civitatis Caturci pro domino nostro rege et consulibus ejusdem civitatis vel eorum locotenentibus, et omnibus et singulis baiulis et consulibus castrorum et villarum de Figiaco, de Gordonio, de Pei-

---

mosenhor l'avesques que ahoras es, e per los XII den. que deu aver cascus de sos successors en cadau fuec, aissi cum dig es, deu esser dada fermetatz per las communas à mosenhor l'avesque, e per mosenhor l'avesque, e per son capitol, à las communas, à l'esgart *(suivant l'appréciation)* de savis homes; e làs communas devon aquesta cofermacio de la moneda, e las causas sobredichas procurar, à los proprias despessas, à bona fe, e segon lor poder, que s'aproo *(qu'elles soient approuvées, louées et confirmées)* es lauzo es coffermo per nostre senhor lo rey de Fransa. Empero no s'entendo..... de donar al rey, si lor voluntatz non era (?). 5° E mosenhor l'avesques deu donar coselh e trametre procurador *(un délégué)*, à son despes, à la cort de Fransa, per cosselh donar als procuradors de las communas, cossi *(de façon que)* nostre senhor lo reys aproe las causas sobredichas. Si empero las communas vezio que mosenhor l'avesques agues mestier *(besoin)* d'anar en sa propria persona al rei, per aquest negossi de la moneda, e mosenhor l'avesques no podia et volia anar, que aloras las communas lhi satisfagesso de las despessas d'aital soma, coma las personas cauzidoiras *(à choisir)* conoischeran. 6° E per aquestas covenensas *(accords)* a fermar *(à signer)* per mosenhor l'avesque e per las communas, es assignats jorns lo dimartz apres las oblavas de la assumptio de nostra Dona Santa Maria, à Caortz, al qual jorn las dichas communas devo trametre lors procuradors o sendics ab sufficient poder per affermar las causas desus dichas. 7° E es aordenat que las dichas communas, tengut aquest jorn devandig, devo far certz procuradors e trametre à nostre senhor lo rey per sopleyar (*le supplier*) e per procurar coma (*faire que*) nostre senhor lo reys cossenta e vuelha la dicha ordenansa e coffermacio, cum sia grant profegs communals de la terra. 8° E se aissi era que, de dins la S. Luc, las dichas communas o lor procurador no poguesso aver delhiourat (*réglé*) ab nostre senhor lo rey, cum las cauzas desus dichas poguesso venir à fermetat e perfectio, aquelas cauzas parladas e tractadas sobredichas no aguesso valor ni poguesso far prejudici à mosenhor l'avesque ni à las communas, el negossis (*et que l'affaire*) de la moneda fos en l'estament (*reste en l'état*) en que es lo jorn d'uey, e que mosenhor l'avesques pogues far sa moneda enaissi coma pot far al jorn d'uey; e las cauzas desus dichas totas e cadauna fosso nullas. 9° Elh prohome deios (*ci-dessous*) nomnat an jurat que ilh procuraran à lor poder, à bona fe, ab lors companhos e ab lor cosselh de lors communas, cossi totas e cadauna de las cauzas desus dichas aio perfectio.

(Archives de Gourdon — CC. 41 — 1295, 1re partie du 1er parchemin.)

relha (1) de Bastida Fortanerii de Gordonio (2), de Auzetz (Lauzès), de la Vercantiera (3), de Cazalibus, de Salviaco, de Pestilhaco (4), de Monte Dome (5), de Solhaco, de Rupe Amatoris, de Podio episcopi Caturcensis, de Duravello, de Belaico (6), de Luzeg, de Martello, de Crueisha (7), de Caslutz, de Calciata (8), de Septem fontibus (9), de Fontibus (10), de Podio de la Garda, de Sancto Projecto, de Capella Templi (11), et omnibus et singulis bajulis et consulibus villarum et castrorum et communitatibus, ad quas et pro quibus mittet suas litteras baiulus de Caturco, vel nuncios, salutem et presentibus dare fidem. Cum apud Caturcum debeamus esse, die mercurii proxima ante festum beati Johannis Baptiste, et parlamentum vobiscum tenere ibidem, et vestra personalis presencia sit nobis necessaria ad ordinandum et tractandum super quibusdam negotiis tangentibus honorem domini nostri regis et corone et regni et totius terre statum, vobis et cuilibet vestrum districte precipiendo mandamus quathenus, die martis proxima ante festum beati Johannis Baptiste, conveniatis et veniatis personaliter apud Caturcum, ita quod ibi dicta nocte jaceatis, vobiscum de quolibet loco bonos et sapientes viros adducentes, ita quod super mutuo quod a vobis habere volumus pro domino nostro rege et super aliis que vobis duxerimus exponenda, injungenda seu etiam requirenda, pro habendo consilio et deliberatione non oporteat vos redire, setz (?) in dicto loco de Caturco possitis nobis respondere, consulere et parere super predictis et aliis que vobis duxerimus exponenda ; et hec facere nullatenus obmittatis, sub fortfactura et pena, nostro arbitrio committenda, et, in quantum domini nostri regis commodum diligitis et honorem, precaventes quod in predictis

---

(1) Peyrilles, commune du canton de Saint-Germain.

(2) Aujourd'hui Labastide-Murat.

(3) Commune du canton de Salviac.

(4) Paroisse de la commune de Montcabrier, canton de Puy-l'Evêque ; fut autrefois chef-lieu d'archiprêtré ; le titre en passa ensuite à Montcabrier.

(5) Domme, chef-lieu de canton de l'arrond[t] de Sarlat (Dordogne) ; c'était là qu'était à cette époque le sceau royal pour la région Gourdonnaise.

(6) Duravel, commune du canton de Puy-l'Evêque, et Bélaye, c. du canton de Luzech.

(7) Creysse, commune du canton de Martel, autrefois chef-lieu de châtellenie ; prieuré dépendant de Souillac.

(8) Caylus, Caussade, chefs-lieux de canton de l'arrondissement de Montauban (T.-et-G.).

(9) Commune du canton de Caussade.

(10) Commune du canton de Figeac-Ouest ; autrefois baylie royale où était le sceau pour toute la région Figeacoise ; autrefois, important prieuré bénédictin.

(11) Communes du canton de Caylus.

nullum faciatis defectum; ita quod, die mercurii predicta, de mane, hora prime, nostrum possimus incipere parlamentum; nam et nos, die martis predicta, ibi jacebimus, Deo dante, et contra eos qui ibi non fuerint die mercurii predicta, bono mane, tanquam contra contumaces et rebelles, viriliter procedemus. In cujus rei testimonium, sigilla nostra presentibus duximus apponenda. Datum apud bastidam Valentie, die lune proxima post festum beati Barnabe apostoli, anno Domini millesimo ducentesimo nonagesimo quinto.

R. (?) dictis litteris sigilla apposita. Transcriptum est.

[Arch. de Gourdon — CC1 — n° 435 — en bas du parchemin (1).]

---

(1) Voici la proclamation mise à la suite de la lettre de convocation :

B. — *La proclamation au sujet de la monnaie du roi.*

Er aujatz que vos fam assaber : mandamens nos es vengutz de nostre senhor lo rey que totas manieras de gens, quicque sian el regne, que non an VI melia librar. de renda, dins XV jorns que aquesta crida sera facha, aporto e fasso aportar als thesauriers de nostre senhor lo rey la tersa partida de l'aur e de l'argent que ilh auran, en qualque maniera que sia, sia en vaischela d'aur e d'argent, am copas o en anaps, ab pe o senes pe, dauratz o no dauratz, o en coronas, o en garlandas d'aur o d'argent, o en platas, o en qualque maniera ilh l'aio, sinon era en sanhtuari, e que negus, sobre pena de cors o d'aver, noy fassa frau; e las doas partz que aremandran, tengo e gardo entruescas que (*jusqu'à ce que*) aio autre mandament del rey nostre senhor; loqual aur e argent lo digs reys nostre senhor vol aver per far sas monedas, pel profeg communal del royaume, e quel reys a ordenat cert pretz al marc del aur e de l'argent, so es assaber XLVIII sols de parizis lo marc de Paris senhat, e l'autre argent no senhat segon que valra, el marc de l'aur de Paris fondut, de XX carros, XXVIII lh. X s. de tornes petitz. E si tant era que negus hom fos à aisso rebelles, quel agues perdut lo meitat de las doas partz desus dichas de l'aur e de l'argent que lor deu demorar; enqueras que negus hom no porte ni fassa portar aur ni argent ni bilho foras del royaume, sobre pena de cors e d'aver.

Enqueras vos faim assaber que autres mandamens nos es vengutz del rey nostre senhor, que totas manieras de gens, sio privat o estranh, prendo e meto la moneda noela del rey nostre senhor: reyal dobles, a totas denairadas e mercadarias, so es assaber cascu denier per dos tornes petitz, daquels que an la pila semblable a la pila dels tornes petitz; els autres, cascu denier per dos e mealha de tornes petitz. E que negus hom, sobre pena de cors e d'aver, nols (*ne les*) auze refudar.

Au dos de ce dernier parchemin:

W. Mauricis, elh thesaurier, se ero suffert de far la crida troque aguesso parlat ab mosenhen G. de Sabanac, que devia venir digmergue mati, per que nostra appellacios non era facha, e si cove ques fassa, sen trametre las nostras razos, e la appellacio formada sobre aquel fag, pel prumier home que trobarie de la, o vos farie assaber so que ner (*en sera*) fag lio ?, oh no (?).

(Archives de Gourdon — CC. 41 — 2e parchemin).

Il semble, d'après le détail concernant le jurisconsulte Géraud de Sabanac, que la proclamation s'est faite le jour même des assises (mercredi 13 juin), ou fort peu de temps après. Nous n'avons pu lire très bien la dernière ligne de la note qui était écrite au dos du parchemin.

N° 189. 14 Sept. 1295.

Bourgeois de Cahors.

Testament d'Arnaud Beraldi, fils de Sibylle.

Fils d'autre Arnaud et de Sibylle de Jean, paroissien de N.-D. des Soubirous, il se fait enterrer comme ses parents à l'église des Frères Prêcheurs; ses legs, moins importants, rappellent ceux du testament de sa mère : ils intéressent de nombreuses paroisses où les Beraldi avaient des possessions (1). Les legs à « l'œuvre » de l'église des Frères Prêcheurs et à celle du pont du Port-Bullier semblent indiquer que ces deux grands travaux n'étaient pas tout à fait terminés.

[Bibl. nat., *Cabinet des titres*, p. orig. 292, pièce 4.]

N° 190. 14 Août 1296.

Actes des consuls.

Arrangement avec le seigneur de Luzech au sujet d'un droit de péage qu'ils l'autorisent à lever près de Cahors.

Le seigneur de Luzech reconnaît qu'il tient des consuls de Cahors l'autorisation de percevoir, à l'entrée de la ville, près de la barre de

(1) L'hôpital de La Roque-des-Arcs y est appelé de *Valroufié* (à cette époque La Roque, Valroufié et La Madeleine ne formaient qu'une paroisse avec trois églises). Il y a des legs pour les églises de Nuzéjouls, Maxou, Saint-Pierre-la-Feuille, Saint-Denis près Catus, Livernon, Sonac, Thémines, Anglars, Cazals (Notre-Dame de Jimalhac). Ses fils aînés, *Raymond* et *Hugues*, sont ses légataires universels : le premier a Cessac (et les biens de la région de Douelle et de Pradines); le second a Boissières (et les biens de cette région); le troisième fils, *Pierre* ou Peyronet, est d'Église : il sera un jour évêque d'Agde; il y a une fille, *Aigline ;* legs pour ses frères Guillaume et Pierre ; pour ses neveux et ses nièces : les enfants de Guillaumon de Jean et ceux de Jacques Donadieu ; sa femme Aigline est nommée tutrice de ses enfants ; les autres exécuteurs testamentaires sont, après elle : le prieur des Fr. Prêcheurs de Cahors ; frère Arnaud de Jean, du même ordre ; Bertrand Delard, son cousin « mon cozi » ; son frère P. Beraldi ; son beau-frère G. de Jean ; Bernard, moine, fils de messire Hugues de Castelnau ; Armand de Comarque (déjà mentionné dans le testament de Sibylle). Parmi les conseillers de ses héritiers sont « Monseigneur Sycart, avesque de Caortz ; Arman de Montagut, son bot (neveu de l'évêque) ; mons. Me Guilhem Bernat de Belpueg ; fr. Arnal del Lart, de l'ordre dels prezicadors, e Me Guilhem del Vernet ».

Parmi les témoins : P. Johan, P. de Cabazac, Huc Cambalo, Johan Ratier. — Arnaud Beraldi était mort avant la Saint-Luc de la même année.

Saint-Michel, le péage qu'auparavant il percevait également à l'entrée de la ville, mais plus loin, près de l'hôpital de Toulousque (1). Il cessera de lever ce péage quand il en aura reçu mandat de la part des consuls, pourvu qu'il puisse le lever en autres lieu et temps opportuns.

Fait à Cahors, le mardi en la vigile de l'Assomption, 1296.

Noverint universi... quod nos Ysarnus de Lusetgio, dominus castri de Lusetgio, domicellus, recognoscimus vobis, dominis Petro Boischa, Petro de Soplessa, Bernardo de Cabazaco et Bernardo Cornheti, consulibus civitatis Caturcensis et recipientibus pro vobis et aliis consulibus... quod nos, de gratia vestra speciali et de licentia nobis a vobis concessa et de voluntate vestra, levamus et levari et recipi facimus, in introitu civitatis Caturci, juxta barram sancti Michaelis, pedagium nostrum quod levare et percipere solebamus apud hospitale vocatum de Tholosca, licet in introitu dicte civitatis, in dicto loco, jus aliquod levandi... dictum pedagium non haberemus, promittentes... nos a dicto pedatgio levando in dicto loco desistere et cessare quandocumque vestre placuerit voluntati et quandocumque a vobis de certo mandato vestro fuerimus... requisiti, salvo tamen quod nos dictum pedatgium nostrum levare et percipere possimus in aliis loco et tempore opportunis. In cujus rei testimonium, sigillum nostrum, etc.

Actum et datum Caturci, die martis in vigilia Assumptionis beate Marie virginis, anno Domini millesimo ducentesimo nonagesimo sexto.

[Archives munic. BB 4, parchemin de 0,12 de long sur 0,27 de large; — il manque le sceau — *Livre noir*, fol. XXI^r; Lacoste, *H. du Q.*, tome II, p. 397; Dufour, *Commune*, etc., p. 62.]

N° 191. 10 Nov. 1297.

Actes des consuls.

Echange entre les consuls et les syndics de l'Hôpital consulaire.

Les consuls : Jacques Donadieu, Pierre Boisse, Bernard de Cabazac, *senior*, Hugues de Cambalon, Bernard Cornhel, Pierre de Soblissa, Bernard Fabre, R[d] de Laroque, Jacques de Probolène et G[me] Genibre, font un échange avec les gardiens ou administrateurs de l'hôpital de la Grand-Rue, Jean Poujade et Armand Huc, bourgeois de Cahors et le

(1) Sans doute il ne le touchait plus depuis l'accord conclu entre les consuls et l'évêque au sujet de ce territoire (doc. n° 151).

commandeur dudit hôpital, Arnaud de la Lhieusera (?). Ces derniers abandonnent un revenu de six livres cinq sous trois deniers de cens, avec une double d'acapte (1), et les consuls leur paieront chaque année huit sétiers de froment en quatre termes.

Fait à Cahors, en la maison du consulat, en présence des témoins : Bernard Delvy (Delvini), Géraud Constans, Bernard Vigier, maître Jean de Lalbugue, notaire, Pierre Rubei et Pierre Ravardelli, citoyens de Cahors, et messire Guillem des Arques, prêtre, et de Rd Philippi, clerc, notaire royal à Cahors.

Les consuls ont apposé leur sceau.

[Arch. munic., *Livre nouveau*, tome III, p. 138 à 148 ; Dufour, *Commune*, p. 62.]

---

(1) Voici les noms de ceux sur qui sont les rentes données aux consuls : 1° L'Hôpital de Cazelles, pour un jardin qui fut de Pierre Redoul, une vigne qui fut de Bertrand Sire, un jardin qui fut de Pre de Brive, au terroir del prat, et se tient avec celui de Guillaume Pélissié. 2° Géraud dels tourons. 3° Barthélemy dels tourons. 4° Arnaud de Gauffrezés. 5° Dame de Monclar, pour le jardin del prat qui se tient avec le pontet de la Beyne. 6° Les héritiers de Jean de Gauffrezés. 7° La femme d'Arnaud Bec. 8° Barthélemy del tremoulet, pour un jardin qui fut de Géraud Basset. 8° Déodat de Ramundi : jardin à la Orta et jardin qui fut de la femme de Pre Pélissié. 9° Rd Barrière : jardin à la Orta qu'il acheta de Pre Crota. 10° Gme Pontanié, même lieu. Nous relevons encore les noms de la femme d'Arnaud Garrabot (jardin qui fut de Gme de Gasc), Barthélemy et Etienne Inier, Gm Donadieu, Etne de la Obra, Jean de la Peyrière, Raynal Roque, Laurent Salustre, Bertrand de Lerm ; les consuls de Cahors, pour une vigne, aux Combes Ruffenques, qui fut de Gaucelme de Varagnes ; Arnaud Maurini et les héritiers d'Hugues de Bournazel ; les héritiers de Raymond de Salvanic ; Laurent del Couailliou ; Jacques Margot ; Gaucelm Aymerici ; les héritiers de Gaucelme de Lafon ; les héritiers de Arnaud Calvet, pour vigne au bout du pont Vieux ; les héritiers de Jean de Falguières, Géraud de Godor ; Etne del Vignal, Gme de Cargafueilha, Bernard de Caribens, Petrone d'Oubrié, Hugues Gasco, Pre de la Sudrie ; les héritiers de Pierre de la peyrière ; Bertrand de Mareilhac, Bernard de la combe, Bernard Popia, Bernard Carriera, Pierre Sirven ; Géraud Fabri le pélissié, pour une maison qui fut de Hugues de *Fachas*, près des abattoirs du pont ; Bertrand de Lerm, Raymond de la Masse, « pro domo quam habet in *carreria vocata del garric* juxta dictos *macellos pontis* » ; Bernard de Rondil ; Jacques Pistorici, pour des possessions qui furent d'Hélie de Marcenac, de Gme dels boyssols ou de Gme Tournié ; Durand de las Garrigues : maison devant le cimetière de St-Laurent ; Pierre Salgas, Etienne de la Molhiera ; Raymond de Narcès : maison qui fut de Donadieu Blanc ; messire Gme de Jean, Pre de Begous ; les héritiers de Bertrand de Cazèles ; Pierre Peytavi, Bernard de Varaire ; Pre Porger : maison de la Garrelie ; tous les suivants pour jardins de (c'est-à-dire aux pieds du mont) *Saint-Cirq* : Gme de Puechlong, Pr de Cabanoles, Etne de Salvinhias, Hugues Cambalon, Bernard de Bonhome, Arnaud de Begous, Adémar de Bénac, Pre Blanquier, Imbert Delbrueil, Jean Seguy et Pre de Concas. Les héritiers de Gasbert del Caumas : jardin *de la recluse* (près la chapelle Notre-Dame) ; Jean Poujade pour sa terre de *Fontanel*. Il y a encore : Jean de Melia, de Parnac ; Etne de Lacombe, de St-Remezy ; et la

N° 192. 1297.

L'Évêque et les consuls.

Sicard de Montaigu pardonne à ses adversaires.

Les consuls avaient fait condamner au gibet par leurs semainiers un certain Jean de Saint-Géry (1), au détriment, disait l'évêque, de la juridiction épiscopale. De même ils avaient fait quelques saisies qu'il

veuve de Gasbert de Lacombe : près à la *font de Condressac*. Sur le terroir de *la Raymondie :* Jean Nadal, G^me^ de St-Peyre et Pierre Ratié. Sur le terroir de *las gravas :* Géraud Morini (vigne achetée de Géraud de Rossillon), Arnaud Delmas, les héritiers d'Hélie des Prez, Giraude de Laborie, Hélie de Silvet, P^re^ Beyna, Rd Ranol, Jean de Marguarida, Arnaud Passiflor (?). Sur le terroir de *Piscan :* Rd Amiel, Bernard Dagut, le v^ve^ de Rd de Larey, la veuve d'Hugues de Born, Arnaud de Torons, Etne de Lacoste, Arn. de Lhumo. Sur le terroir de *las talhades :* G^me^ Adam, Imbert Adam, Etne de la Talhada, les héritiers de Barth. Martin, dame de Puecheau, P^re^ de Gourdon, Géraud Sarrazis, Jean Espassie (terre qu'il tient à cens des frères de l'ordre de Grandmont), Bernard Valade, Rayn. de las peyras, les héritiers de Rigaud de la poujade, les héritiers de Géraud de St-Géry, Bernard de Puechméja, les héritiers de Gasbert Pagès, Raymond de Salvanhic, Gasbert de Balayé, Arnaud del toron, les héritiers de Rd Froment, Arnaud Séguy, P^re^ de Lafargue, P^re^ Porger, les héritiers de Gér. de Cazèles, Jean Austruc, Et. de Lafargue. Sur le terroir de *las Balmas* qui fut de la Grossia : les héritiers d'Arn. Cabarias, Arnaud Catus, Gasbergue Paut, Gér. Tailhade, Barthélemy de Sorris, Etienne de Malaguat, P^re^ Fabri, G^me^ de Castelin, P^re^ de roqua rocha. Sur le terroir de *la poujade* de prats : les héritiers de Géraud de Lalbugue, Jacques Margot (vigne de P^re^ Fabri de Marescal), G^me^ da Valhac, Hugues Rigaldi, *la maison du Temple de Cahors*, Géraud Roque (vigne de feu Perrin), P^re^ de Calvinhac (vigne qui fut de P^re^ de Soblessa).

Noms de propriétaires anciens ou décédés : P^re^ Galaja, Hélie Rochy, G^me^ Astorgue, Rd Barthe, G^me^ Dubreil, Etne de Salvinhes, Gisbert de Lard, Rd Daeral, Pons Ratier, G^me^ de Maffre, P^re^ Borrel, Laurent de Larey, Géraud Brun de Laroqua, Etne del Truffe, Arnaud de Laval, Jean de Lartigue, G^me^ de Monmejone, Bernard Betusse et Jean d'Aurière.

(1) Lacroix a imprimé « de S. Ineri » que Foulhiac a très bien lu Saint-Juéry (pour Saint-Géry). Plusieurs auteurs ont été chercher « Saint-Sozy » ! par exemple, M. Dufour, *Commune*, etc., p. 61, qui donne à tort pour référence le *Livre nouveau*. On voit dans le rapport de Gaubert Pelphi (*Codex privil.*), que ce Jean de Saint-Géry était un clerc, et que les consuls l'avaient fait pendre, malgré l'appel des officiers de l'évêque Raymond de Cornil. Les consuls furent condamnés à 2.000 livres d'amende, qui furent ramenées à 1.000 sous Raymond Pauchel. L'affaire était encore pendante au moment de l'arrivée d'Hugues Géraud. Lacoste, *H. du Q.*, tome II, p. 398, dit que Jean de Saint-Jory était un *prêtre* fort estimé. Ce n'est pas du tout dans le document. Et si l'évêque réclame, c'est parce que les consuls ont agi en dehors de la curie épiscopale, au détriment de sa juridiction ; mais il ne parle pas en faveur du condamné.

croyait injustes. L'évêque leur pardonne tout cela et arrête les poursuites commencées à ce sujet devant le Conseil du roi.

[Lacroix, *Series*, etc., p. 154, § 152; trad. Ayma, tome I, p. 436 — cf. Arch. munic., *Codex privilegiorum*, man. 41 de la Bibl., fol. XIX[v].]

No 193. 8 Déc. 1298.

L'Evêque et les consuls.

Serment de préposés au péage et à la leude.

Serment de P. Audebert, dit *l'aze*, préposé par l'évêque au péage, et de P. de Laval, préposé à la leude. Ils jurent de ne faire aucune nouveauté dans la levée de ces droits. (1)

[Arch. mun., *Te Igitur*, fol. XII[v] — éd. imp. n°s 52 et 53 — p. 49-50.]

No 194. 1299.

Actes de consuls.

A. — *Ordonnances somptuaires*, etc. (25 fév. 1299).

Les consuls portent une ordonnance concernant la toilette des femmes, les visites, les cadeaux, les cortèges de baptêmes et de mariages, et de plus, la pesée des farines, les comptes de l'hôpital et de la léproserie des consuls, les mesures, etc. (2)

[Arch. munic., *Te Igitur*, fol. LXXI[v] — *éd. imp.*, n° 438, p. 266 — Dufour, *Commune*, p. 62.]

B. — *Ordonnances sur le pain* (1299).

Sur le poids que doit avoir le pain, suivant qualité.

[*Ibidem*, fol. LXX[ro] et LXXI — éd. imp., p. 261, 263, n°s 435 et 436.]

C. — *Arrentement de terre dans les fossés* (fin XIIIe siècle).

Les consuls (aucun nom) arrentent à Bernard Basset, citoyen, deux brasses de terre au fossé de Bocarie *« del nostre valat de Bocaria »* (deux

---

(1) Cet acte semble montrer que les passions étaient apaisées et que consuls et évêque s'entendaient pour le moment ensemble.

(2) Rattachons-y une ordonnance de juin 1296 sur les eaux ménagères (*Te Igitur*, fol. LXXIII[v]; *éd. imp.*, n° 442).

brasses de profondeur en allant vers la *sole* du fossé, au devant et sur la largeur de la maison dudit citoyen, laquelle confronte avec le dit fossé, et avec la maison de Gm Hemerat) il pourra y faire un verger fermé de pieux et de buissons, avec entrée de sa maison sur le fossé. Le cens est de 12 deniers par an, l'acapte de 2 sols.

Ni date, ni noms de témoins — acte inachevé.

[Arch. munic. ZZ 4 — (ancien 37); long. 0,26 sur 0,23.]

N° 195 — 6 Août 1299.

Les églises de Cahors.

Donation de Trespoux, par l'évêque Sicard, aux religieuses de la Daurade.

Les Bénédictines de Cahors ayant encore besoin de ressources pour subvenir soit aux frais du culte, soit aux dépenses de la maison, l'évêque unit à leur mense l'église Saint-Sauveur de Trespoux, dont elles paieront le chapelain en lui donnant sa portion congrue. Le Chapitre approuve cette donation.

Cahors, en notre chapitre général, le jeudi après l'Invention de saint Etienne, de l'année 1299.

Vidimus de l'official de Cahors : le 7 sept. 1316.

[Arch. munic., *Charte 12* (anciens nos 1 et 352), long. 0,28 sur 0,25. — Manque le sceau de l'official.]

N° 196. — 17 Mai 1300.

Le roi de France et l'évêque.

Lettres du roi Philippe pour empêcher les empiètements de l'évêque en matière de justice.

Philippus... Senescallo Petragoricen et Caturcen.....

Mandamus vobis quathenus jurisdictionem nostram, in hiis que ad forum nostrum temporale pertinent, non permittatis per jurisdictionem ecclesiasticam dilecti et fidelis nostri episcopi Caturcensis, vel ejus officialis, sibi aliquo ficto colore quesito, occupari indebite vel turbari. Et si quid circa hoc in nostrum prejudicium factum fuerit indebite ad debitum statum faciatis reduci, prout ad nos noveritis pertinere.

Actum apud pontem sancte Maxentie, die martis ante Ascensionem Domini, anno ejusdem millesimo trecentesimo (1).

[Arch. munic., *Livre noir*, fol. XXIᵛ.]

N° 197. 24 SEPTEMBRE 1300.

Le roi et les consuls.
La taille.

Le roi écrit à son sénéchal de ne pas s'opposer à ce que les consuls de Cahors lèvent des tailles sur les marchands, les monnayeurs et autres laïques de la dite ville, quand il aura constaté par enquête l'existence de cette coutume.

Fait à Paris, le samedi après la Saint-Mathieu, 1300.

[Arch. munic., CC 11 — (0,10 sur 0,23) — il y a une copie du XVIIᵉ s. sur papier — cf. Dufour, *Commune*, etc., p. 64.]

N° 198. 20 NOV. 1300.

Pouvoirs des consuls.
Statuts des cordonniers.

Anno... MCCC (2), XIª die, exeunte mense novembris, domino Philippo, Dei gratia rege Francorum, regnante,

Conoguda cauza sia.... que lhi... sabatier, cordoanier de Caortz, degos escrigs, per lor e per nom de tota la... universitat dels cordoanies de Caortz, en presencia de mi, notari, e dels ondrables senhors cossols de la ciotat de Caortz, dichero e propauzero e mostrero e fero propauzar e dire quel mestier lor de la cordonaria, e las corduras, que hom faia universalmen els rapols (?) e en las solas, se conreava mal es cozia mal, e que, a profieg de tot lo comu e de tota la universitat de Caortz, coma en las autras velas bonas que ero pels autres luexs, volieu, am voluntat e am cossentamen dels sobredigs senhors

---

(1) Le *Livre noir* donne comme analyse de cette lettre ces mots : « Lettres du roi Philippe qui exclut la justice de l'évêque de connaitre de la justice royale », c'est-à-dire d'empiéter sur la juridiction civile du prince.

(2) L'inventaire fait erreur sur la date, qui a été lue : M CCC X, die exeunte.

cossols, e ab lor aiutori, emendar, melhurar, e tornar la obra e lor mestier en bon e en melhor estamen que non era devan aicho, ni avia estat, e, coma ad aquels que demando drechurieras cauzas non lor deia esser donatz denciamens, per amor d'aicho, ilh meseih cossol, volens far las condicios de la vela far melhors per cominal profieg de cadau, al cossentamen e a la requesta dels pros homes dejos escrigs, sabatiers e cordoaniers, essemps am los digs proshomes, volens, requerens e cossentens, aordenero e cossentiro :

1° Que totz cordoas e motoninas, ques solia adobar am seù *(suif)*, pur o mescladamen am sai *(graisse de porc)*, sadobe per tos temps mai, a Caortz e en la onor, am sai, ses tota autra mescla d'ongemen negu, per tal qual coirams *(pour que les cuirs)* ne sia melhors e quen dure mais.

2° Item aordenero lhi sobre dig proome, am cossentimen e am voluntat dels senhors cossols avandigs, que nulhs corduriers de sabbataria, pueih que nuegs sera, que hom no veira cozer ses lhum, no coza nulha obra de sabataria, cals que sia, se non era peleris o gens viadans, esse, en aquel cas, cozio en obrador, que tenguesso la una porta de l'obrador huberta.

3° Item aordenero, a honor de Dieu, de lassua beneigia Maire, et de totz los SS. de Paradis, am licentia dels avandigs senhors cossols, que negus homs de lor mestier, avegu disabde, pueih que completa sera sonada, fasso neguna obra de lor mestier, seno costregen necessitat a peleris o viadans, aichi coma dessus es expressat.

Laqual aordenansa e establimen, aichi coma dessus es expressada e expressatz, lhi dig proome, dejos aquest prezent public estrumen nomnat, promero per tos temps, per lor e per lor successors, de tener e de gardar e de complir per tos temps, ses debat e ses enueg, que dichero que noi fario en negu temps; eilli mezeih senhors cossols promero de gardar e volgro, per cominal profieg de cadau, que tos temps aquesta ordenacio e establimens sie gardats (1).

E fo mai aordenat, per tal que mielhs fos tengutz per tos temps aquest aordenemens, que cascus homs, que encontrà àquest prezen ordenacio vendra o fara venir, aitantas vetz quantas vendria o faria venir en contra, pague e reda als guardias del mestier, per dezobediencia, una lhiora de cera, e que la cera que hom ne levara sie messa en un cert luec, tro que hom ne puesca far huna bona candela, que sia messa devan mossenhor S. Salvayre à Caortz, e que argua aqui, à la messa, à honor de Lhui e de la sua beneigia Maire.

E aquest prezen establimen e ordenacio fero Jacme de Probolen, Guilhem de Boichols, G. Lhatguier, G. de Martel, Symo Planteli, Pons del Verdier, W. Mathio, G. Mazelier, P. de Patras, Johan de Monfort, Peire Bonhome, Huc Beneig, Salamo, cordoanier, B. delhions, Peire delhions, Ramon Amelhs,

(1) Suivent des formules dans le même sens.

Guilhem Emerat, Guilhem Richart, cordoanier, Peire Bernart, Guilhem Arnal, Ramon Amielhs, Bernart de Vernhet, Ramon de Martel, Ar. Delverdier, Arnal de la moliera, Esteve Pelhisso, W. Ymbert, Arnal de Solpeirnih, Peire de Cambairac, B. de Castelnuo, Bernat Bertran, B. de Tragieg, W. de Lacosta, Jo. de Mauriac, Guilhem Vaicha, S. Marti, Ramon Guorssa, maestre P. derriomes, Peire Roquas, lhi qual volgro que fos tengut per tos temps ses corruptio.

Aicho fo fag en cossolat, prezens : Bernat Cornhet, Huc de Bonet, G. delpueg, Nar. Rollan, cossols, en prezencia den Peire despinarc, d'en G. de la Moliera, Johannis Michaelis, Huguonis de Ihunaguarda, Johannis Porquier, magistri Raymondi Philippi, notarii, testium ad hoc vocatorum et roguatorum, et mei Johannis de Lalbugua, publici notarii, qui... etc.

[Archives de la ville BB 7 (0,33 sur 0,27); anciens n°s 72 et 29 ; datée : dernier novembre 1310 sur le parchemin et dans l'inventaire.]

TABLE SYNCHRONIQUE

Rois de France	Seigneurs Comtes de Toulouse	Evêques de Cahors [1]	Sénéchaux (2) mentionnés dans l'inventaire	
Philippe-Auguste	Raymond VI	Géraud-Hector	Guillabert de Maubuisson — 1233...	46
mort 1223	mort 1222	mort 1202	Géraud de Malemort — 1246	35
		Guillaume	Hugues Lemère, lieutenant du sén.	
		1202-1211	Aymeric Danois — 1259.........	57,202
		Barthélemy ?	(Sicard Alaman) sén. du comte de Toulouse, A. de Poitiers - 1268	66
		1212	Raoul de Trapes — 1266-1270.......	67
Louis VIII	Raymond VII	Guil^me de Cardaillac	(Reg. de Rouvray) — 1271..........	76
1223-1226	1222-1249	1213-1235	Jean de Villette-1275 - sén. d'Ag. & Quercy	85
Louis IX		Pons d'Antéjac	Simon de Melun — 1277-1280.......	87, 100
1226-1270		1235-1236	Jean de Villette — 1282-1283.......	115-6
	Jeanne de Toulouse	Géraud (de Barasc?)	Jean de Grailly, sén. de Guyenne 1285-8.	133,157
	et Alph. de Poitiers	1236-1250	Auger de la Mothe, sén. d'Agenais..	134
	1249-1270	Barthélemy (de Roux)	Pierre de Barbery —1285-6..........	141
		1250 — ?	Raoul de Brulley *ou* Brully—1288-9	159, 167
Philippe III		Barthélemy de *Gristas*	Henri de Gaudonvillers — 1290.....	174
1270-1285		? — 1273	(Jean d'Arreblay) — 1293...........	181
		Raymond de Cornil	Guichard de *Marziac* — 1294-8......	183
Philippe IV		1280-1293	(Gér. Flotte) — 1300...............	196
1285-1314		Sicard de Montaigu		
		1293-1300		

[1] Cette liste n'est pas une liste définitive ; mais elle suffit pour l'inventaire.
[2] Les *noms* des sénéchaux mis entre () ne sont pas dans l'inventaire. Ils sont tirés du fonds Lacabane : Arch. du Lot, F. 97 à 100.

ERRATA

CORRECTIONS ET ADDITIONS

Si ces errata ne sont pas plus nombreux (d'ailleurs nous n'oserions dire qu'ils sont complets), nous le devons en très grande partie à M. l'Abbé C.-A. Viguié, directeur de la Défense, *un de nos collègues de la Société des Etudes du Lot, qui a bien voulu nous faire profiter de ses connaissances historiques et typographiques et revoir nos épreuves. Qu'il veuille bien agréer, à la fin de ce volume qui lui doit beaucoup, nos plus vifs remerciements.*

P. 5. — Ajouter après l'alinéa D : — E) — Paul Lacombe, *Une commune du Midi au XIIIe et au XIVe siècle* (Cahors) ; article paru dans « la Décentralisation littéraire » du 15 février 1864, p. 177 à 205 ; article de vulgarisation, avec trop peu de dates et sans références, mais intéressant et assez vrai, et qui nous fait vivement regretter de ne connaître que par une mention au volume, de 1860, de la « Bibliothèque de l'Ecole des Chartes », la thèse présentée, en novembre 1859, par le même auteur, pour obtenir son diplôme de chartiste : *Histoire du consulat de Cahors de 1200 à 1351*. M. Lacombe n'a pas connu plusieurs des documents que nous analysons ici et qui peut-être eussent changé ses opinions sur plus d'un point.

P. 10, n° 5 — Guillaume de Cardaillac — Si l'on admet l'existence d'un évêque du nom de Barthélémy, en décembre 1212, (fondée sur un acte qui se trouve dans le volume 120 de Doat, fol. 203, et aux Archives du Tarn-et-Garonne G. 651), il faut admettre par suite deux évêques du nom de Guillaume, et c'est le second seulement (1217-1235) qui appartenait à la famille de Cardaillac.

P. 11 — dernière ligne de la note : Calzegia, *lire* Caslar *ou* Cascar.

P. 23 — n° 25, ligne 1, lire : *fut conclu* à Roc-Amadour.

P. 25, 6e ligne avant la fin, supprimer : (Nadal) — 3e ligne avant la fin, lire : totz aques dos (*tous ces dons*).

P. 43, note 1 — cette note se rapporte à l'article 8 de la page 42.

P. 56, nos 55-58 — ajouter à la référence : l'original a disparu, mais une copie s'en trouve parmi les papiers Greil, à la bibliothèque de la ville. Cet extrait, authentiqué par les consuls, a été levé « à la réquisition de mre Bertrand de Roux, escuyer, sieur de Laval, advocat et procureur du roy au sénéchal de Casteljaloux... le 29 juin 1681 — signé :

Roaldès, consul ; de Roux, sieur de Laval, requérant ; Roques, notaire, secrétaire ».

A la suite, se trouve un autre extrait, des mêmes archives, fait dans les mêmes conditions, sauf qu'il n'y a pas la signature de M. de Roux. Ce document est beaucoup plus intéressant, parce qu'il donne des détails tout à fait inédits. Le Chapitre de la Cathédrale envoie au Doyen et au Chapitre de Poitiers un rapport sur le meurtre du chanoine Vincent, archiprêtre de [Saint-André de] Cahors, et de deux de ses serviteurs. C'est le *vidimus* du procès-verbal d'Hugues Lemaire, lieutenant du sénéchal (1), qui s'était occupé de cette affaire et de l'arbitrage fait à la suite.

S'étant rendu dans la *salle* épiscopale, en présence du bayle de l'évêque, de quelques chanoines et prudhommes de la ville, il a entendu les aveux de Pierre Pailhot, un Angoumois, d'Hélion, servant *(servientis)* de Raymond, frère dudit évêque, et de Marie et Pétronille, servantes de Pierre Barthélémy, son neveu. Les deux premiers racontent ce qu'ils ont vu : Dans la nuit du dimanche avant la fête de saint Vincent, Raymond et Pierre-B. vinrent à la porte de la chambre où couchait l'archiprêtre ; Pierre frappa et appela : « ouvrez ». Aymar, servant de l'archiprêtre, ouvrit la porte. Raymond le frappa de son épée, pendant que Pierre donnait un coup de masse d'armes sur la tête de l'archiprêtre, couché dans son lit. Les deux meurtres commis (2), Pierre prit les clefs des coffres, les ouvrit, et les deux assassins prirent l'argent qui s'y trouvait et qui fut porté chez Pierre B. par deux serviteurs de Raymond, Hélion ci-dessus nommé, et Colin Alaman qu'on dit avoir été arrêté à Jonquière, comme complice. Pailhot avoue avoir pris pour lui-même quatre draps de lit et des chausses.

Les deux servantes avaient vu, ce soir-là, Raymond et Pierre Barthélémy souper ensemble dans la chambre de ce dernier ; après quoi Pierre entra dans sa chambre comme pour se coucher. Plus tard elles le virent revenir avec Colin Alaman qui portait deux hanaps *(ciphos)* en argent. Elles demandèrent : Que portez-vous là ? — Est-ce que cela vous regarde ? fut la réponse qu'elles reçurent.

En conséquence, le bailli Lemaire ordonna au bayle épiscopal de faire son devoir à l'égard de Pailhot et d'Hélion dans les huit jours. Puis il demanda qu'on tirât Raymond de prison pour qu'il l'interrogeât en présence de l'official.

---

(1) Il est dit : bailli du Limousin et Quercy. Le sénéchal, pour le Quercy, le Limousin et le Périgord, s'appelle *Aymeric Danois* ou *Daneys*.

(2) Il n'est question que du meurtre d'Aymar et pourtant on écrit : « interfectis dicto archipresbytero et *dictis servientibus*. »

L'official était là d'ailleurs. Le bayle dit : « C'est lui qui a les clefs de la prison. » L'official répondit qu'il fallait consulter l'évêque.

Dont acte. Fait à Cahors, le dimanche après le *carnis privium velus* (qui est le premier dimanche de Carême ; il s'agit donc ici du second dimanche) 1258 ; soit le 9 mars 1259.

Peu après,le bailli avait déjà commencé une enquête sérieuse contre le chanoine Raymond de Guistres ou Guishes et quelques autres personnages compromis dans l'affaire, lorsqu'il reçut des lettres de l'évêque de Toulouse, Raymond, faisant savoir que les deux parties, l'évêque Barthélémy et les consuls de Cahors, l'ont choisi pour arbitre (l'acte de compromis est inclus dans les dites lettres) et qu'il a réglé,ainsi qu'il est dit dans l'acte d'arbitrage. (*Voir. doc.* 56-57).

Cette lettre des chanoines de Cahors, qui ne renferme pas l'acte de soumission de l'évêque Barthélémy, est datée du dimanche avant la Saint-Urbain (22 mai) 1261.

[Bibliothèque de la ville — papiers Greil, n° 51 — 1 et 2 — texte latin.]

P. 68, note 2. M. Paul Lacombe, (article cité plus haut), paraît avoir bien vu les causes de l'émeute de 1270.

P. 72 et p. 73, n° 3. Remarquer que cet article sert à préciser la date du factum (vers 1271), puisque l'évêque dit qu'il s'était rendu au Parlement de la Saint-Martin d'hiver (1270), où il fit lever la saisie mise sur sa justice.

P. 101, note 3, lire : Guillaumon.

P. 111, n° 113, lire : 1282.

P. 142, n° 139 — ajouter à la suite : au mois de juin de la même année les consuls conféraient cette chapellenie à Etne Darlande. (*Livre nouveau*, II, p. 449 ; qui, p. 453, donne encore cet acte, avec la fausse date de 1360).

P. 156, n° 152, ligne 1, lire : Gaucelme de Vairols.

P. 184, ligne 10 ; mettre cette note : Gme Meschin, Périgourdin, fut fait successivement, par Jean XXII, évêque de Pampelune, de Troyes et de Dol. Il mourut en 1324. (Ed. Albe : *Autour de Jean XXII*, 1re partie, p. 24).

P. 192, note, 2e ligne avant la fin. Il s'agit ici non de la recluse de la chapelle de Notre-Dame, mais du reclus de Saint-Julien de la Beyne (route de Toulouse).

TABLES DES MATIÈRES

I

TABLE MÉTHODIQUE

C. — Le comte de Toulouse et l'évêque de Cahors.

D. — Le roi de France et l'évêque de Cahors.

E. — L'évêque de Cahors et les consuls.

Pages

F. — Le Chapitre et les consuls.

G. — Actes consulaires (1).

(1) Voir, à la suite : *La navigation du Lot, les ponts de Cahors.*

H. — La navigation du Lot — les ponts de Cahors.

Pages

I. — Cahors — la ville — les bourgeois, etc.

J. — Pièces diverses.

K. — Le Quercy.

II

TABLE DES NOMS (1)

(1) Pour les noms des rois, comtes de Toulouse, évêques et sénéchaux, v. tableau, p. 199

Cahors, imp. G. Rougier, 4, rue Frédéric Suisse.

www.ingramcontent.com/pod-product-compliance
Ingram Content Group UK Ltd.
Pitfield, Milton Keynes, MK11 3LW, UK
UKHW022057260726
13993UKWH00001B/165